# CODE

### DES

# DESSÉCHEMENS.

IMPIMERIE DE FAIN, PLACE DE L'ODÉON.

# CODE

# DES DESSÉCHEMENS,

ou

# RECUEIL

DES RÉGLEMENS RENDUS SUR CETTE MATIÈRE,

DEPUIS LE RÈGNE D'HENRI IV JUSQU'A NOS JOURS;

Suivi d'un Commentaire sur la Loi du 16 septembre 1807,
et d'un Tableau général des Marais du Royaume.

*(Poterlet jeune*

# A PARIS,

CHEZ
- L'AUTEUR, rue Cassette, n°. 20;
- CROZET, libraire, rue de Rohan, n°. 8.
- Et le Concierge de l'administration générale des Ponts et Chaussées, place Vendôme, n°. 4.

1817.

# A MONSIEUR

# LE COMTE MOLÉ,

## PAIR DE FRANCE,

### CONSEILLER D'ÉTAT, DIRECTEUR GÉNÉRAL DES PONTS ET CHAUSSÉES ET DES MINES.

MONSIEUR LE COMTE,

LORSQUE je fus chargé par vous, au commencement de 1811, de la partie d'administration relative au desséchement des marais, je sentis que cette confiance m'imposait une tâche difficile.

Je lus, j'étudiai soigneusement la loi de 1807; mais je reconnus bientôt que je n'en saisirais tout l'esprit qu'en remontant à l'origine de notre législation sur cette matière.

L'ouvrage que j'ai l'honneur de vous présenter est le fruit de cette étude, et de cinq années d'expérience.

Si j'ose en hasarder la publication, tout incomplet qu'il est, c'est parce que j'ai l'intime conviction qu'il peut être utile, même dans son état d'imperfection, non seulement aux spéculateurs dont la plupart ignorent entièrement les formes administratives, mais aussi aux administrateurs dont il facilitera la marche encore incertaine dans une route à peine frayée.

En développant les avantages que l'on doit se promettre de la loi du 16 septembre 1807, avantages que l'on ne pourra apprécier que quand l'affermissement de la paix aura rendu l'essor aux grandes entreprises, je ne me suis point fait illusion sur ce qu'elle laisse à désirer sous quelques rapports secondaires.

On regrette d'y rencontrer des titres entiers absolument étrangers à son objet.

Quelques dispositions me paraissent devoir être indispensablement modifiées : je me bornerai, Monsieur le Comte, à vous en citer ici deux exemples :

1°. En livrant les entreprises de desséchemens aux spéculations et à l'industrie des grands capitalistes, la loi a toutefois respecté religieusement le droit des propriétaires, à qui elle a laissé la faculté de se charger eux-mêmes de l'opération, de préférence au premier soumissionnaire qui a conçu et dressé le projet à ses frais.

Dans ce cas, elle n'accorde d'autre dédommagement à ce premier soumissionnaire que le simple remboursement de ses dépenses ; et encore la loi est-elle ici tellement obscure qu'elle ne laisse pas deviner si ce remboursement doit comprendre autre chose que les frais matériels de levée et vérification des plans adoptés, ou si l'on doit avoir égard aux dépenses accessoires d'opérations préliminaires et d'études : car on sait que tel projet a été dans le cas d'être refait jusqu'à trois fois avant d'avoir été définitivement adopté.

Mais en supposant même que le premier soumissionnaire soit indemnisé de la totalité des sacrifices qu'il peut avoir faits pour la confection d'un bon projet, et même de ses frais de voyage, il n'en reste pas moins frustré du prix de son temps et de son industrie, dont les propriétaires recueillent ainsi gratuitement le fruit.

Ne penseriez-vous donc pas, Monsieur le Comte, qu'il serait juste que dans le cas d'éviction du premier soumissionnaire en faveur des propriétaires, la loi lui reservât une part quelconque dans la plus-value ?

Les anciens règlemens attribuaient une somme de quarante sols par arpent, au maître des digues, lorsque les propriétaires exécutant à leurs frais le desséchement de leurs marais, s'aidaient et se prévalaient des lumières, de l'expérience et des soins de celui-ci, tant pour la confection que pour l'exécution des projets.

2°. Une autre disposition non moins rigoureuse de la loi envers le concessionnaire, est le droit réservé aux propriétaires de payer la portion de plus-value attribuée à l'entrepreneur par l'acte de concession, en rentes sur le pied de quatre pour cent.

Il faut de grosses avances et beaucoup de soins pour opérer un desséchement ; et il est difficile de croire que l'on rencontre beaucoup de capitalistes qui soient tentés d'acheter à ce prix des rentes à 4 pour 100, qui, susceptibles de passer soit à des cohéritiers, soit à des acquéreurs successifs, pourront se subdiviser tellement par la suite, que le recouvrement serait plus coûteux que ne vaudra la chose.

Je ne doute pas, Monsieur le Comte, que ces deux dispositions de la loi de 1807, n'aient concouru, plus encore que les circonstances politiques, à éloigner les capitalistes de ce genre de spéculation.

Nous approchons sans doute de l'époque où l'on pourra s'occuper des améliorations à faire dans cette partie importante de notre législation, et la porter enfin au degré de perfection qu'elle est près d'atteindre.

Je ne vous ai encore entretenu, Monsieur le Comte, que de questions d'utilité générale; j'ai pensé que c'était le moyen le plus sûr de donner à cette lettre quelque intérêt à vos yeux; qu'il me soit permis, avant de la terminer, d'y consigner l'hommage public d'une reconnaissance à laquelle vous avez tant de droits, et qui ne finira qu'avec ma vie.

Puisse, Monsieur le Comte, cet Ouvrage, à l'idée duquel vous avez déjà bien voulu applaudir, justifier votre attente et mériter votre approbation! Elle sera pour moi un titre honorable à la confiance publique, et la plus douce récompense de mes efforts.

J'ai l'honneur d'être, avec un profond respect,

MONSIEUR LE COMTE,

Votre très-humble et très-obéissant serviteur,

POTERLET, jeune.

# RECUEIL
# DE RÈGLEMENS,

## CONCERNANT

## LE DESSÉCHEMENT DES MARAIS.

## ÉDICT DU ROY HENRY IV,

### POUR LE DESSEICHEMENT DES MARAIS, EN VINGT-UN ARTICLES;

Donné à Fontainebleau le 8 avril 1599.

*Registré en Parlement le 15 novembre 1599, en la Chambre des Compts le 2 avril 1600, en la Cour des Aydes le 10 décembre 1601, au Parlement de Dijon le 5 février 1601, et au Bailliage et Siége présidial de Provins le 14 décembre 1601.*

Henry, par la grace de Dieu, Roy de France et de Navarre : à tous présens et à venir, Salut. La force et richesse des Rois et Princes souverains consiste en l'opulence et nombre de leurs sujets. Et le plus grand et légitime gain et revenu des peuples, mesmes des nostres, procede principalement du labour et culture de la terre, qui leur rend, selon qu'il plaist à Dieu, à usure le fruict de leur travail, en produisant grande quantité de bleds, vins, grains, légumes et pasturages ; dequoy non-seulement ils vivent à leur aise, mais en peuvent entretenir le

1

traffic et commerce avec nos voisins et pays lointains, et tirer d'eux, or, argent, et tout ce qu'ils ont en plus d'abondance que nous, propres et communs à l'usage de l'homme. Ce que Nous considérans, et que Dieu par sa sainte bonté nous a donné la paix dedans et dehors nostre Royaume, Nous avons estimé nécessaire de donner moyen à nosdits sujets, de pouvoir augmenter ce trésor ; joint que sous ce labour infinis pauvres gens destruits par le malheur des guerres, dont la pluspart sont contraints mandier, peuvent travailler et gagner leur vie, et peu à peu se remettre et relever de misere : et pour ce sçachans bien qu'en plusieurs nos provinces et pays, mesme le long des mers de l'un et l'autre costé, des grosses et petites rivieres, et autres endroits de nostredit Royaume, il y a grande quantité de palus et marais inondez et entrepris d'eau, et presque inutils et de peu de profit, qui tiennent beaucoup de pays comme désert et inhabité, et incommodent les habitans voisins, tant à cause de leurs mauvaises vapeurs et exhalaisons, que de ce qu'ils rendent les passages fort difficiles et dangereux : lesquels palus et marais estans desseichez, serviront partie en labour, et partie en prairies et pasturages : aussi en réparant les chaussées, vieux fossez et achenaux descheus, qui ont esté autrefois navigables, en faisant de nouveaux és endroits où il est requis, les chemins et passages en seront abrégez, la navigation se gaignera, et en proviendront plusieurs autres profits et commoditez pour le bien public.

Pour à quoy parvenir, ne s'estant trouvé aucun de nos sujets qui Nous en ait fait offre, soit à raison des grandes difficultez, risques et despenses, ou autrement, Nous jugeant cette œuvre très-nécessaire, et pour obvier, tant

que faire se pourra , aux grandes inondations et desbor-
demens des eaux qui adviennent souvent , ruinant plusieurs terres et maisons , voire des villages entiers , comme
il est, à nostre grand regret, n'agueres advenu en nos provinces de Poitou , Bourdelois , Xainctongne , Bretagne et
autres : sur l'advis qui Nous a esté donné de la suffisance,
expérience et pratique en l'art et profession de maistre des
digues, de nostre bien amé le sieur Humfrey Bradleij , de
Bergues sur le Zon , au Duché de Brabant, et qu'il estoit
pour faire et parfaire cette entreprise , avec plus d'avantageuse condition pour Nous et le publicque nul autre :
avons fait venir pardevers Nous ledui Bradleij , auquel
ayant fait entendre nostre intention , et après avoir par
luy veu et visité une grande partie desdits palus et marais ,
il Nous auroit fait offre de les desseicher à ses propres
coust, frais et despens , risques , périls et fortunes , sans
qu'aucune advance lui soit faite , aux charges et conditions
cy-après déclarées : lesquelles ayans esté leues , veues et
bien entendues par Nous , et autres princes , prélats , seigneurs et notables personnages estans en nostre Conseil.

Sçavoir faisons, que de l'advis d'iceluy, et de nos certaine
science , pleine puissance et authorité Royale , Nous avons
dit, statué et ordonné , disons , statuons et ordonnons par
ces présentes , voulons et Nous plaist , que tous les palus
et marais estans dans nostredit Royaume, pays , terres
et seigneuries de nostre obéissance , tant dépendans de
nostre domaine et à Nous appartenans , que ceux appartenans aux Ecclésiastiques , gens nobles et du Tiers-Estat,
sans aucune exception de personne , assis et situez le long
desdites mers , rivières , ou ailleurs , soient desseichez et
essuyez par ledit Bradleij ou ses associez , ou lesdits propriétaires , et par eux rendus propres audit labour, prai-

1 *

ries ou herbages, selon que leur situation et naturel le permettra. Néantmoins avons défendu et défendons audit Bradleij et propriétaire de diguer ou desseicher les marais où l'on fait du sel, les marais ou palus faits en estangs ou pescheries, ou nécessaires pour entretenir l'eau dans les fossez des villes, chasteaux et places d'importance, et principalement et sur toutes choses, ne pourront toucher aux achenaux, canaux, rivieres, ruisseaux et fossez navigables, ny mesme aux marais, ny leurs flaches, qui servent d'estenduë et receptacle pour la marée à s'y respandre, et de-là par son rapport, cours et recours, maintenir quelqu'un de nos havres, ports ou rivieres, en leurs creux et bon estat, ou autre marais dont l'inondation excéde le proffit et esmolument du desseichement : et quant aux autres palus et marais n'estant de la qualité susdite, entendons qu'ils soient desseichez, soit par les propriétaires, ou par ledit Bradleij et ses associez, aux charges, restrictions et conditions qui ensuivent :

ART. Iᵉʳ. Pour dédommager et récompenser ledit Bradleij, ses associez, leurs hoirs et ayans cause, tant de frais, coust et despens, qui leur conviendra faire et advancer de leurs bources à faire faire et dresser les digues, levées, turcyes, bords, chaussées, fossez, canaux, achenaux, arcades, ponts, auges, retenuës, bondes, écluses, moulins à tirer l'eau, et plusieurs autres choses pour borner les eaux, vuider celles qui y sont, et empescher qu'autres n'y viennent, que de leur expérience, industrie et intention : Nous leur avons, et à leurs associez, hoirs et ayans cause, donné, octroyé, cédé, quitté, transporté, délaissé, et par la teneur des présentes, donnons, octroyons, cédons, quittons, transportons et délaissons pour Nous et nos successeurs Roys, la juste moitié de tous les palus et marais appartenans à Nous et dépendans de nostre domaine, qu'ils auront ainsi desseichez et essuyez, tant de ceux arrentez et subjets à redevances, que non arrentez, ny subjets à redevances; pour icelle moitié demeurer propre à perpétuité audit sieur Bradleij, ses associez, leurs hoirs et ayans cause, en joüir, user et disposer comme de leur vray héritage, sans qu'ils en puissent estre dépossédez pour quelque cause ou occasion que ce soit : à la charge d'en payer par eux en nostredit domaine; à sçavoir pour ceux qui sont arrentez et chargez de cens ou autres redevances, les mesmes cens ordinaires, à l'acquit des premiers preneurs; et pour ceux qui ne le sont, ils Nous en payeront cens par chacun an, à telle raison qu'il se paye selon la coustume des lieux, avec lods et ventes, quints, ou treiziéme, aux mutations où ils écherront; selon la susdite coustume de chacun pays.

II. Le semblable sera fait par ledit Bradleij et ses associez, à leurs despens, coust et risques, des palus et marais appartenans aux Ecclésiastiques, gens nobles et du Tiers-Estat; pourveu toutesfois que ce soit du gré et consentement des propriétaires ausquels à cette fin, pour entendre leur volonté et résolution sur les desseichemens desdits marais, Nous avons ordonné et ordonnons qu'ils ayent à déclarer dedans deux mois, après la publication du présent nostre édit, au Parlement de leur ressort, s'ils ont intention de desseicher leursdits palus et marais, eux-mesmes à leurs propres cousts et risques, et à cette fin, passer acte de leur déclaration aux greffes des eaux et forests des lieux; voulans après lesdits deux mois passez, au cas qu'ils n'eussent fait ladite déclaration, que leurs marais soient desseichez par ledit Bradleij et ses associez : lesquels pour récompense de leurs advances, frais et industries, auront

et prendront pareillement la moitié de ce qu'ils auront
desseiché, aux mesmes charges que dessus.

III. Et d'autant que plusieurs palus et marais appartiennent en commun à divers propriétaires, ou se trouvent
tellement meslez et enclavez les uns parmy les autres,
qu'il seroit impossible audit Bradleij et propriétaires de
les desseicher, sinon conjointement et une mesme opération de levées, fossez, moulin à tirer les eaux, et autres
engins : Voulons et ordonnons que, où lesdits propriétaires seroient de différents advis pour le fait dudit desseichement, la voix des propriétaires ayans la plus grande
partie des marais, emporte celuy de la moindre part.

IV. Et où les propriétaires, tant de marais, palus meslez, que tous autres, déclareront au greffe, comme dit
est, vouloir faire le digage et desseichement eux-mesmes
et à leurs frais et risques, faire le pourront, pourveu que
leurs marais ne soient de la qualité de ceux réservez cy-
dessus ; et à cet effet seront tenus y faire travailler dans
trois mois après ladite déclaration faite, et continuer la
besogne incessamment par nombre compétant d'ouvriers,
jusques à la perfection de l'ouvrage, lesquels ils seront
tenus rendre accomplis et parachevez devant le temps qui
leur sera préfix et limité par le grand-maistre des eaux et
forests, ou maistre particulier des eaux et forests, des provinces.

V. Et au cas que lesdits propriétaires, qui auront déclaré vouloir desseicher leursdits marais eux-mesmes à
leurs risques et dépens, désireroient s'ayder et prévaloir
dudit maistre des digues, pour ses directions, expérience
et invention ; en ce cas il sera tenu de se transporter à
heure et temps convenables selon les lieux, ou pour le
moins y envoyer à ses despens personnes dont il sera rés-

ponsable, habiles, bastans et actuellement expérimentez,
avec des instructions requises pour ordonner, désigner,
commencer, poursuivre et parachever la besogne et ouvrage
qui sera requise et nécessaire, tout ainsi que si ledit Bradleij
en estoit entrepreneur : auquel Bradleij lesdits propriétaires seront aussi tenus payer et délivrer pour ses peines,
salaires et vacations, la somme de quarante sols pour une
fois seulement, pour chacun arpent à la mesure de Paris,
et ce dans deux mois après ledit desseichement fait : et
à faute de faire le payement desdits quarante sols pour arpent, dedans ledit temps de deux mois, avons déclaré et
déclarons la sixième partie des marais et palus desseichez,
acquise et appartenir audit Bradleij, et luy avons adjugée
et adjugeons par ces présentes, pour en jouir et disposer
par luy et ses ayans cause, ainsi que son vray héritage,
en payant cens et redevances aux Seigneurs à qui elles
sont deuës.

VI. Advenant que les ouvrages entrepris et commencez à faire par ledit Bradleij et ses associez, vinssent à
faillir contre leur dessein, soit par tremblement desdits
palus et marais, fausseté de fonds, sables mouvans, viva-
citez et abondances de sources, violence et desbordement
de mer, rivières et torrens, ruptures et brisement de leurs
levées, machines et autres défauts, de sorte que l'ouvrage
ne fust parachevé, Nous n'entendons qu'iceux entrepreneurs en encourent ny tombent en aucune autre perte ny
dommage que de ce qu'ils y auront mis, le fonds demeurant aux propriétaires.

VII. Et où il plaira à Dieu favoriser les actions et entreprises dudit Bradleij, de sorte que les effets dudit
desseichement ensuivent, Nous avons ordonné et ordonnons, afin qu'iceluy Bradleij puisse recevoir le fruit de

ses mérites, advances et labeurs, et que les partages de
la moitié à luy attribuée, puissent estre exécutez sans dis-
pute et remise de la part des propriétaires, que le jour
du desseichement dépende de la nomination, arbitrage et
discrétion dudit Bradleij, sous les réserves et restrictions
mentionnées cy-après és articles X, XI et XII, et que les
marais et palus soient estimez et reputez digues et desseichez et essuyez réellement, actuellement et de fait, du
jour qu'il en aura fait l'affirmation pardevant notaire ou
tabellion royal des lieux, où il aura fait à sçavoir ledit
desseichement estre fait, comme il est porté par l'article
suivant : et incontinent après pourra, ledit Bradleij faire
tracer les terres desseichées, ou marquer par des piquets
l'allignement et partition desdites terres en deux parties, les
plus égales qu'il pourra, desquelles les Seigneurs et propriétaires auront le choix, à en prendre la moitié la plus
advantageuse à leur volonté et discrétion, l'autre moitié
demeurant audit Bradleij, chargée de cens, rentes ou autres redevances, comme dessus. Et après le choix fait
en la forme et manière qu'il sera dit cy-après, lesdits propriétaires seront tenus contribuer pour leur moitié aux
frais des fossez, chemins, hayes, bornes et autres défenses
qu'il conviendra faire pour l'exécution dudit partage; en
laquelle moitié dudit Bradleij, entendons estre compris
tous les arbres, flaches, ports et ruisseaux qui s'y trouveront enclavez.

VIII. Et pour ce que plusieurs propriétaires sont peut-
estre morts, absents, mécognus, mineurs ou autrement
négligents à venir faire le susdit choix, ledit Bradleij sera
tenu le déclarer par acte au greffe des eaux et forests des
lieux, respectivement le jour dudit desseichement et partition marquée ; en outre faire notifier et signifier aux

Églises parochiales et places publiques, à jour et heure de service et marché, le peuple estant assemblé par trois dimanches, ou jours de marché consécutivement, pour venir faire le choix, lequel ils seront tenus, dedans quinze jours après la dernière publication, faire enregistrer, et en laisser l'acte susdit ausdits greffes des eaux et forests.

IX. Et en cas qu'aucuns desdits propriétaires soient négligents ou défaillants de faire dans le susdit temps le choix et option, Nous mandons, commettons et enjoignons par ces présentes, à nos officiers de nosdites eaux et forests des lieux, de faire, huit jours après la quinzaine expirée, ledit choix et option pour les défaillants et non comparants, et laisser l'autre moitié audit Bradleij et ses associez, pour en jouyr, comme dit est, afin qu'ils ne soient privez du fruit de leur labeur et dépense.

X. Les propriétaires qui seront en doute que ledit des-seichement ne sera bien fait, pourront contraindre ledit Bradleij et associez, de prendre pour un temps de sept ans ensuivants et consécutifs, ladite moitié des terres des-seichées appartenantes à iceux propriétaires, et de leur en payer de ferme un quart par an, plus que le total desdits marais ne leur souloit valoir de revenu et profit avant ledit desseichement, demeurant la moitié desdits Bradleij et ses associez, affectée et obligée à leurdite ferme; et les sept ans commenceront à courir du jour du choix et par-tage réellement exécuté et accomply.

XI. Et pour nostre plus grande asseurance, comme aussi des Seigneurs fonciers et autres intéressez, Nous avons ordonné et ordonnons, que ledit maistre des digues de-meurera chargé de l'entretien et réparation de tous et cha-cuns ses ouvrages, faits et dressez pour le desseichement, l'espace de trois ans consécutifs après le jour dudit desseichement, au cas que lesdits propriétaires ne retirent la moitié dudit Bradleij.

XII. Et d'autant qu'aucuns desdits propriétaires pour leur commodité voudront retirer ladite moitié dudit Bradleij, nous voulons que luy et ses associez leur quittent et délaissent leurdite moitié à juste et raisonnable prix, voir à une cinquiesme partie moins qu'elle ne sera estimée : et pour ce faire, iceux Bradleij et ses associez feront l'estimation de leurdite moitié en dedans deux mois après le choix fait, puis le laisseront à l'option desdits propriétaires, soit de donner et bailler, ou de prendre et accepter ledit prix, comme si lesdits Bradleij et associez estimoient à quatre cens escus leur part des terres desseichées ; il sera au choix et option du propriétaire de la prendre à cedit prix ; ou bien iceux Bradleij et associez, soient tenus de bailler et payer cinq cens escus pour la moitié des propriétaires, et auront aussi iceux propriétaires deux mois de temps pour prendre ou laisser lesdits marais desseichez, si bon leur semble, à compter du jour que ladite moitié desdits Bradleij et associez aura esté prisée, et dont apparoistra par actes qui en seront dressez aux greffes des eaux et forests des lieux, comme dessus. Celui à qui escherra de tirer toute la terre, aura deux ans de terme et respit pour faire le payement, à compter du jour du choix fait par lesdits propriétaires, demeurants cependant tous deux en paisible possession de leur moitié : et à faute de payement dans lesdits deux ans, Voulons que lesdits propriétaires ou intéressés, en vertu des présentes soient décheus à jamais de leurdit droit de rachapt ; et lesdits Bradleij et ayans cause demeurent paisibles possesseurs à perpétuité de la moitié à eux attribuée.

XIII. Ladite moitié desdites terres desseichées, qui

demeurera ausdits Bradleij et associés, ne sera tenuë, obligée ny hypothéquée, sinon aux cens, rentes foncieres et devoirs seigneuriaux, à commencer du jour dudit choix et option, sans qu'on la puisse prétendre chargée d'aucunes debtes, hypotheques ou obligations, usufruits, usages, doüaires, donations, arrérages de loyers, de ferme, ou rente, ou autrement, en quelque sorte et maniere que ce soit, sinon en cas qu'elle soit retirée par lesdits propriétaires, suivant l'article précédent.

XIV. Ordonnons et commandons aux maistres des digues, en cas qu'au fait de sa besogne pour le desseichement, il vienne en des endroits à remonstrer le moyen de retirer et remettre quelque vieil achenail, rivieres ou fossez, qui ayent esté quelquesfois navigables, et à présent soient presque ou du tout déchteuz et gastez; ou bien de faire de nouveaux fossez, achenaux, chemins et passages dans les marais desseichez, pour la commodité et proffit de nosdits subjets; qu'il soit tenu de restablir lesdits fossez et achenaux, ou redresser lesdits chemins par de nouveaux allignemens, selon la commodité des lieux; à la charge qu'il sera payé séparément desdits ouvrages extraordinaires, tant par les propriétaires des marais, que par les voisins mesmes des provinces adjacentes, à mesure qu'ils pourront ressentir des profits et émoluments desdits ouvrages, ou autres y ayans intérests, desquels il en aura esté requis, selon le prix dont il conviendra avec eux de gré à gré.

XV. Et, d'autant que lesdits Bradleij et associez seront contraints d'employer grande quantité de bois pour la confection de leurs moulins, outils, engins, dont ils ne pourront commodément chevir, s'il ne leur est par Nous pourveu; Voulons qu'en cas qu'il n'y ayt vente ouverte en nos forests, proches des lieux esquels lesdits Bradleij et associez puissent achepter le bois à eux nécessaire, qu'il leur soit fait délivrance par nos officiers jusques à la quantité de trois arpents et au-dessous, és lieux plus commodes que faire se pourra ; à la charge que lesdits Bradleij et associez en payeront le prix, selon les dernieres couppes, et qu'il en sera autant diminué sur les ventes de l'année suivante, le tout sans abus, en gardant les Ordonnances : Et, au cas que ledit Bradleij et associez ayent besoin de plus grande quantité de bois que trois arpens, Voulons qu'il y soit pourveu par nostre grand-maistre des eaux et forests, aux mêmes charges que dessus.

XVI. Ceux du Pays-Bas et autres estrangers qui viendront trouver ledit Bradleij et associez, pour servir et travailler ausdits desseichements et ouvrages, seront tenus et réputez comme nos vrais subjets ; et faisant apparoir, par certificat de nos officiers et dudit Bradleij, comme ils en auront esté continuellement l'espace de deux ans, il leur sera par Nous octroyé lettres de naturalité, comme dés-à-présent, Nous leur octroyons, sans qu'ils soient tenus nous en payer aucune finance, ny durant ledit temps de deux ans, advenant le trépas d'aucuns d'iceux de nos officiers, ni ceux d'aucun Seigneur haut-justicier, puissent prétendre leurs biens aubenaux.

XVII. Et, pour faciliter l'exécution de ce grand œuvre, tant pour le bien public que particulier de plusieurs personnes, dont néantmoins toutes les circonstances, qualitez, et accidents, advancements et retardements ou difficultez, ne se peuvent qu'à peine reconnoistre du premier coup par la nouveauté du fait ; Nous avons enjoinct au grand-maistre de nos eaux et forests, maistres particuliers d'icelles, et leurs lieutenans, après la publication du présent Édict, de visiter tous les marais et palus estants en l'estenduë de leurs charges et seigneuries, et informer de l'estat, nature et qualité, situation et voisinage des villes, bourgs, villages, montagnes, rivieres ou fossez, et de la commodité ou incommodité que pourra apporter au pays le desseichement d'iceux, entendre les advantages, nécessitez et remonstrances de nos subjets sur la facilité ou difficulté de l'exécution du présent Édict, dont ils envoyeront quinze jours après ladite visitation faite, fidel et ample procez-verbal au greffe du siége de la Table de Marbre de nostre Palais à Paris, pour y avoir recours quand besoin sera, et pourvoir par Nous, ou nostredit grand-maistre et ses lieutenans, à ladite exécution, et pour la commodité des chemins, passages, navigation et contentement des propriétaires desdits marais, villes et places voisines, ou particuliers y ayants intérest, ainsi qu'il sera advisé; desquels procez-verbaux, ledit Bradleij pourra tirer copie collationnée à ses despens, toutesfois et quantes que bon lui semblera.

XVIII. Voulons que nostredit grand-maistre, ou ses lieutenans et maistre particulier, les uns en l'absence des autres, après lesdits desseichemens faits et publiez comme dessus, partagent pour Nous, avec lesdits Bradleij et associez, nos marais et palus qui auront esté desseichez, et fassent choix et option de nostre moitié, selon qu'ils jugeront nous estre plus commode et utile, laissant l'autre moitié audit Bradleij et associez, dont ils les mettront en saisine et possession de par Nous, sans qu'il soit besoin avoir autres lettres de provision, don ou transport, que lesdites présentes, ou le vidimus d'icelles, pour en joüyr, user et disposer pleinement par ledit Bradleij et associez, leurs hoirs et ayans cause, aux charges, et ainsi que dit est.

XIX. Et advenant débat et procez entre lesdits propriétaires, seigneurs fonciers, communautez, ou autres
particuliers prétendants intérests sur lesdits palus et marais desseichez, et lesdits Bradleij et associez pour raison
desdits desseichements, circonstances et dépendances
d'iceux, et exécution du présent Edict, Nous avons commis et attribué toute Cour, jurisdiction et connaissance
en première instance au grand-maistre et enquesteur,
surintendant et général réformateur des eaux et forests de
France, ou ses lieutenans et officiers és siéges de nos
Tables de Marbre, privativement à tous autres juges ; et
où il n'y aura siége et Table de Marbre establis, en iceluy
nostre palais à Paris, et par appel en nos Cours de Parlement : Voulons néantmoins pour soulager ledit Bradleij,
et afin qu'il ne soit contraint de consommer son temps et
ses moyens en procédure de justice, que les sentences qui
interviendront ausdits siéges des Tables de Marbre, soient
par provision exécutées, nonobstant et sans préjudice de
l'appel, pourveu que le cas soit réparable en diffinitive,
et qu'au jugement ayent assisté jusques au nombre de
cinq juges.

XX. Et outre avons ordonné, ordonnons et Nous plaist,
en considération de tout ce que dessus, que nul de nos
sujets ou autres ne s'entremettent, entreprennent ou at-
tentent de quinze ans consécutifs, après la publication des
présentes, de besogner, diguer, travailler ou contre-
faire les façons, outils, machines, directions, expériences,
moyens et pratique usuelle dudit Bradleij, au fait ou desseichement par ses ouvrages d'eaux, ny mesmes faits à la
façon d'échantillon, ou exemple d'iceux, si ce n'est de
son consentement et bon gré ; le tout à peine de dix escus
d'amende pour chacun arpent entrepris à desseicher sans

son consentement, applicable la moitié à Nous , et l'autre moitié audit Bradleij : et à cette fin révoquons toutes commissions, Ordonnances et Edicts précédens et contraires à ce présent nostredit Edict, et autres qui pourroient cy-après estre obtenus de Nous par inadvertance ou autrement, lesquels dès-à-présent, comme pour lors , avons déclaré et déclarons objectifs, subreptifs, et de nul effet et valeur : deffendons à tous nos juges , officiers et subjets y avoir aucun esgard.

XXI. Nous avons pris et prenons la personne dudit maistre des Digues et celle de tous ses domestiques, leurs biens, meubles, terres, engins et ouvrages, en nostre protection et sauvegarde.

Si donnons en mandement à nos amez et féaux les gens tenans nostre Cour de Parlement à Paris , Chambre des Comptes, Cour de nos Aydes, trésoriers généraux de France audit lieu , surintendant général et grand-maistre des cauës et forests de France, maistres particuliers ou leurs lieutenans , à tous nos baillifs, seneschaux , prevosts ou leurs lieutenans généraux et particuliers, officiers qu'il appartiendra , que le contenu de ces présentes ils entretiennent , gardent et observent , fassent de point en point respectivement , chacun en droit soy , entretenir, garder, observer, lire , publier et enregistrer , sans aller ne venir, ne souffrir estre allé ne venu directement ou indirectement au contraire en quelque maniere que ce soit : car tel est nostre plaisir, nonobstant quelconques Ordonnances, restrictions, mandemens ou deffences à ce contraires : et pour que de ces présentes on pourra avoir affaire en plusieurs et divers lieux , Nous voulons qu'au vidimus d'icelles fait sous scel royal , foy soit adjoustée comme au présent original , auquel en tesmoin de ce que dessus , Nous avons fait mettre nostre scel. Donné à Fontainebleau le huit d'avril, l'an de grace mil cinq cens quatre-vingt-dix-neuf, et de nostre regne le dixiesme. *Signé* Henry. *Et plus bas, par le Roy estant en son conseil, de* Neufville. *Et scellé du grand scel de cire verde, en lacqs de soye rouge et verde, et à costé est escrit ce qui s'ensuit.*

*Registrées, ouy le procureur général du Roy aux charges et comme il est contenu aux registres de ce jour. A Paris, en Parlement, le* 15 *novembre* 1599.

Signé du Tillet.

*Registrées semblablement en la Chambre des Comptes, ouy le procureur général du Roy, pour joüir par ledit Bradleij de l'effet d'icelles, ainsi qu'il est contenu en l'arrest de ce. Fait le* 2 *avril* 1600.

Signé de la Fontaine.

*Registrées en la Cour des Aydes, ouy le procureur général du Roy, pour joüir par l'impétrant du contenu en ces présentes, suivant et aux charges portées par l'arrest du jourd'hui. A Paris le* 10 *décembre* 1601.

Signé Bernard.

Ce jourd'hui vendredi 14 décembre 1601, lecture et publication a esté faite judiciairement en l'auditoire royal du bailliage et siège présidial de Provins, les plaids ordinaires tenans, oüy ce requérant le procureur général du Roi audit bailliage et siége présidial, de l'Édict par Sa Majesté, et Arrests donnez sur icelui cy-devant déclarez, et iceux enregistrez au greffe dudit bailliage, pour y avoir recours quand besoin sera. Faict et expédié en jugement audit Provins, les an et jours que dessus dits. Signé,

## *Extrait des registres du Parlement.*

Du 15 novembre 1599.

Ce jour, après avoir veu par la Cour les lettres patentes du Roy en forme d'Édict, données à Fontainebleau le huit avril dernier, signées HENRY, et sur le reply, par le Roy estant en son conseil, de NEUFVILLE, et scellées de cire verde sur lacqs de soie rouge et verde; par lesquelles, pour les causes y contenuës, ledit Seigneur ordonne que tous les palus et marais estant en ce Royaume, pays, terres et seigneuries de son obéïssance, tant dépendants de son domaine, et à lui appartenants, que ceux appartenants aux ecclesiastiques, gens nobles et du tiers-estat, sans aucune exception de personne, assis et situez le long des mers, rivières et ailleurs, soient desseichez par Humfroy Bradleij, de Bergues, et ses associez, et par eux rendus propres au labour, prairies ou herbages : Deffend néantmoins ausdits Bradleij et propriétaires, de diguer et desseicher les marais où l'on fait du sel, les marais ou palus faits en estangs ou pescheries, ou nécessaires pour entretenir l'eau dans les fossés des villes, chasteaux et places d'importance, aux charges, conditions et restrictions plus amplement contenuës esdites lettres ; conclusions du procureur général du Roy, matieres mises en délibération :

Ladite Cour a arresté et ordonné, que lesdites lettres seront enregistrées és registres d'icelle, ouy le procureur général du Roy, pour joüir par ledit Bradleij de l'effet d'icelles, et desseicher les marais du domaine du Roy, aux charges et conditions y contenuës, à ses despens, sans

prendre aucun bois és forests dudit Seigneur, et sans préjudice des droits d'usages, esquels les possesseurs et détenteurs ne pourront estre troublez; si aucunes instances
sont intentées pour ce regard, seront préalablement jugées.
Pourra aussi desseicher les marais des particuliers, de leur
consentement seulement, et sur les différends qui pourroient intervenir en exécution desdites lettres, les parties
se pourvoiront pardevant les juges ordinaires des lieux.
Faict en Parlement le 15 novembre 1599.

Signé DU TILLET.

*Fxtrait des registres de la chambre des Comptes.*

Du 22 avril 160c.

Veu par la Chambre les lettres patentes du Roy en forme
d'Édict, données à Fontainebleau le huit avril mil cinq
cens quatre-vingt-dix-neuf, signées HENRY; et sur le reply,
par le Roi estant en son Conseil, de NEUFVILLE, et scellées
de cire verde sur lacs de soie rouge et verde, par lesquelles,
et pour les causes y contenuës, ledit Seigneur veut et ordonne que tous les palus et marais estans en ce Royaume,
pays, terres et seigneuries de son obéissance, tant dépendants de son domaine, et à lui appartenants, que ceux appartenants aux ecclesiastiques, gens nobles et du tiers-
estat, sans aucune exception de personne, assis et situez
le long des mers, rivieres et ailleurs, soient desseichez par
Humfroy Bradleij, de Bergues, et ses associez, et par eux
rendus propres au labour, prairies, ou herbages; desfend
néantmoins desseicher et diguer les marais où l'on fait du
sel, estangs, pescheries, ou nécessaires pour entretenir
l'eau dans les fossez des villes, chasteaux et places d'importance, aux charges et ainsi que plus au long le con-

tiennent lesdites lettres. L'Arrest de la Cour de Parlement donné sur la vérification d'icelles, du 15 novembre dernier, par lequel ladite Cour auroit ordonné lesdites lettres enregistrées, pour joüir par ledit Bradleij de l'effet d'icelles, et desseicher les marais du domaine du Roy, aux charges et conditions y contenuës, à ses despens, sans prendre aucun bois ès forests dudit Seigneur, et sans préjudice des droits d'usages esquels les possesseurs et détenteurs ne pourront estre troublez; et que si aucunes instances sont intentées pour ce regard, seront préalablement jugées : pourra aussi desseicher les marais des particuliers de leur consentement seulement, et sur les différends qui pourront intervenir en exécution desdites lettres, les parties se pourvoiront pardevant les juges ordinaires des lieux. Les conclusions du procureur général du Roy, auquel le tout a esté communiqué ; et oüy au bureau Herman Taffin, sieur de Torsay, poursuivant la vérification desdites lettres ; qui a dit avoir charge dudit Bradleij, qu'advenant qu'en faisant ses ouvrages, il ne peust par quelque inconvénient les parachever, il restituera les choses et lieux en leur premier estat à ses despens ; et, tout considéré :

La Chambre a ordonné et ordonne lesdites lettres estre registrées, oüy le procureur général du Roy, pour joüir par ledit Bradleij de l'effet d'icelles, aux charges et conditions portées par ledit Arrest de la Cour de Parlement ; et outre que si, en faisant ses ouvrages, il advenoit par quelque inconvénient qu'il ne peust les parachever, il sera tenu de restablir et restituer les choses et lieux en leur premier estat à ses dépens, et à la charge que les lettres patentes de Sa Majesté, que ledit Bradleij et ses associez obtiendront, seront rapportées en ladite chambre pour y estre registrées en la maniere accoustumée. Faict le 22

avril 1600. Et plus bas est escrit : *Extrait des Registres
de la Chambre des Comptes.*

Signé DE LA FONTAINE.

## Extrait des registres de la cour des Aydes.

Du 10 décembre 1601.

Veu par la Cour les lettres patentes du Roy en forme
d'Édict, données à Fontainebleau le huit avril mil cinq
cens quatre-vingt-dix-neuf, signées HENRY. Et plus bas,
Par le Roi estant en son Conseil, DE NEUFVILLE, et scellées de cire verde sur lacqs de soie rouge et verde ; par lesquelles, et pour les causes et considérations y contenuës,
Sadite Majesté, de l'advis de son Conseil, et de sa certaine
science, pleine puissance et autorité royale, dit, statuë,
ordonne, et lui plaist, que tous les palus et marais estant
en ce Royaume, pays, terres et seigneuries de son obeys-
sance, tant dépendants de son domaine à lui appartenans,
que ceux appartenants aux ecclesiastiques, gens nobles et
du tiers-estat, sans aucune exception de personne, assis
et situez le long des mers, rivieres et ailleurs, soient desseichez par Hunfroy Bradleij, de Bergues, et ses associez, et
par eux rendus propres au labour, prairies, ou herbages :
deffend néantmoins audit Bradleij et propriétaires de diguer
et desseicher les marais où l'on fait du sel, les marais ou
palus faits en estangs ou pescheries, ou nécessaires pour
entretenir l'eau dans les fossez des villes, chasteaux et
places d'importance, aux charges, conditions et restrictions
plus à plein contenuës esdites lettres, les Arrêts de vérification desdites lettres, tant de la Cour de Parlement, que
Chambre des Comptes, des 15 novembre audit an 1599, et
22 avril 1600, les conclusions du procureur général du
Roy, et tout considéré :

La Cour a ordonné et ordonne, que lesdites lettres seront registrées au greffe d'icelle, pour jouyr par ledit impétrant, du conteñu ausdites lettres; à la charge que la connoissance et jurisdiction des différends et procez qui interviendront, pour raison des réparations des grands chemins, ponts et passages, en appartiendra aux esleus des lieux en premiere instance, et par appel en la Cour. Prononcé le 10 décembre 1601.

Signé BERNARD.

### Extrait des registres du Parlement de Dijon.

Du 5 janvier 1601.

Veu l'Édict donné à Fontainebleau le huit avril mil-cinq cens quatre-vingt-dix-neuf, pour dessécher les palus et marais estants dans ce Royaume: conclusions du procureur général du Roy:

La Cour, les Chambres assemblées, ordonne que ledit Édict sera leu, publié et registré, et les extraits d'iceluy et du présent arrest, envoyez à la diligence du procureur général és bailliages et siéges de ce ressort, pour y estre pareillement leus, publiez et registrez, à ce que personne n'en prétende cause d'ignorance. Faict à Dijon, en Parlement, lesdites Chambres assemblées, le 5 février 1601.

# ÉDICT DU ROY,

## POUR LE DESSEICHEMENT DES MARAIS,

Donné à Paris au mois de janvier 1607.

*Registré en Parlement le vingt-trois août 1613.*

Henry, par la grace de Dieu, Roy de France et de
Navarre, à tous présens et à venir, Salut. Entre tous les
moyens licites que Nous avons recherchez pour soulager
et enrichir nos sujets, depuis nostre advenement à cette
couronne, ayant reconnu que le revenu de la terre estoit
le plus utile et assuré, comme étant celle qui produit les
fruits, et les matieres propres pour toutes sortes de nour-
ritures, d'ouvrages et manufactures, qui sont au commerce des hommes : Nous avons à cette occasion desiré
et fait rechercher les moyens de faire desseicher un grand
nombre de marais, palus et terres innondées en plusieurs
endroits de notre Royaume, desquels le fonds est bon et
fertile, s'il estoit en l'estat d'estre cultivé; pour lequel
nostre dessein effectuer, Nous avons mandé et fait venir
des Pays-Bas le sieur Humfroy Bradleij, gentil-homme du
pays de Brabant, natif de Bergues sur le Zoom, nostre
maistre des digues, personnage fort expérimenté et entendu aux desseichements et diguages des terres inondées. Sur les ouvertures duquel Nous aurions fait nostre
Edict du mois d'avril 1599, mais ledit Bradleij s'estant
mis en devoir de faire travailler au desseichement de
plusieurs marais de notre Royaume, il y auroit esté
interrompu par les traverses, procez, oppositions, et

autres procédures ; par la longueur desquelles ses ouvrages estants demeurez en aucuns lieux, les eaux ont regagné les terres, et rendu la pluspart de son travail quasi inutil. Comme aussi cette entreprise estant de grand soing, et ne se pouvant exécuter sans une grande advance de deniers, à quoy ledit Bradleij ne pouvoit pas seul suffire, il se seroit associé avec des personnages de qualité, de mérite, d'industrie, et de grands moyens, entre lesquels sont les sieurs Hyerosme de Comans, nostre conseiller, et maistre d'hostel ordinaire, Marc de Cosmans, les enfans de deffunct Gaspart de Comans, gentils-hommes du pays de Brabant, François de la Planche, gentil-homme flamand, et Hyerosme Vanuffle, gentil-homme dudit pays de Brabant, tant pour eux, que respectivement chacun d'eux pour leurs associez, pour lesquels ils se font et portent forts : tous lesquels Nous ont fait entendre qu'ils estoient resolus de poursuivre cette entreprise, et rendre lesdits marais et palus dessechez en nature de terre labourable, prez et pastis, y faire bastir des maisons, et des bourgs et villages, pour y retirer et faire habiter plusieurs familles de Flamands, Hollandais, et autres estrangers, qu'ils y feront venir pour faire valoir lesdites terres, et en retirer la pluspart des commoditez requises pour la vie humaine, pour veu qu'il nous pleust avoir leur entreprise agréable, et pourvoir aux difficultez et inconvéniens par lesquels les ouvrages dudit desseichement ont esté ci-devant arrestés et interrompus, et leur accorder les privileges et immunitez portées par les articles qu'ils nous ont présentez, pour jouyr librement du fruit de leurs labeurs, grandes risques et advances qui sont à faire en cette entreprise : Nous, après avoir veu leurs articles et demandes, et icelles fait voir aux princes, prelats, seigneurs, et notables person-

nages de nostre conseil, sçavoir faisons, que de l'advis
d'icelui, de nostre certaine science, pleine puissance et
autorité royale, avons dit, statué et ordonné, disons, statuons et ordonnons par ces présentes, Voulons et Nous
plaist ce qui s'ensuit.

Art. Iᵉʳ. Que l'Edict fait au mois d'avril 1599 pour
ledit desseichement, vérifié au Parlement de Paris, le 15
novembre suivant, ait lieu, et sorte son plein et entier effet
pour tous les susdits associez et entrepreneurs, suivant
leur contract d'association, tout ainsi que s'ils estoient
dénommez en icelui, selon les ampliations, modifications
et interprétations contenuës en nostre presente déclaration,
et ce pour vingt ans, à commencer du jour que cette dite
déclaration aura esté verifiée en chacun Parlement.

II. Et pour autant que pour l'exécution de cette entreprise profitable au public, Nous reconnoissons qu'il faut
un grand fonds de deniers, et une continuelle assistance
de personnes expérimentées aux affaires : Nous avons déclaré et déclarons avoir ladite association pour agréable,
et permis et permettons à toutes personnes, tant ecclesiastiques, nobles, officiers, que du Tiers-Estat, de quelque
qualité qu'ils soient ou puissent estre, d'estre et entrer
en ladite société, sans pour ce préjudicier ne déroger à
leurs charges, dignités, privileges, exemptions, immunitez, et autres prérogatives.

III. Avons aussi permis et permettons ausdits entrepreneurs, de faire travailler audit desseichement et canaux
navigables qui se feront esdits marais, non-seulement en
vertu dudit Édict fait en leur faveur, mais aussi en
vertu des contracts qu'ils ont faits, ou pourront faire de
gré à gré avec tous princes, seigneurs, ecclesiastiques,
communautez, ou autres particuliers : auquel cas les

clauses et conventions portées et contenuës par leurs
contracts, seront entretenuës, encore qu'elles ne fussent
conformes au contenu dudit Edict, ains plus ou moins
advantageuses pour eux, pourveu qu'il n'y ait rien es dits
contrates qui soit contre le droit public et les coustumes
des lieux, que les particuliers sont tenus de suivre et garder.

IV. Et d'autant que lesdits entrepreneurs associez Nous
ont fait entendre qu'encore que leur intention soit de traiter de gré à gré avec tous les propriétaires et usagers desdits marais pour l'achapt d'iceux, tant particuliers que
communautez, il pourroit néanmoins advenir qu'eux ayans
acquis en une mesme estendue et continence la plus grande
part du territoire, ceux à qui la moindre part appartien-
droit, y feroient difficulté, ou refus de traiter avec eux
aux mesmes conditions des autres, qui y auroient le plus
grand intérest; ce qu'arrivant, ils seroient contraints de
cesser leurs ouvrages, et quitter leurs marchez, pour ne
travailler et faire de grands frais au profit d'autruy. Pour
à quoi remédier, Nous avons ordonné et ordonnous, que
les propriétaires, usagers, et autres prétendants droit ou
intérest esdits marais, qui ne voudront s'accorder avec lesdits entrepreneurs, seront contraints par nos juges des sie-
ges plus prochains, ou par les commissaires qui à ce seront députez, de faire vente de leurs parts desdits marais,
aux mesmes prix et conditions des autres qui y en auroient
la plus grande part, si mieux ils n'aimoient laisser et quitter leursdites terres et marais pour leur juste prix et valeur, selon l'estimation qui en sera faite par lesdits juges
ou commissaires par l'avis d'experts. Et ce qui aura esté
ordonné par lesdits juges ou commissaires, tiendra et
sera exécuté par provision, nonobstant oppositions ou
appellations quelconques, sans que, par dénonciation de

nouvel œuvre, complainte ou autrement, lesdits propriétaires ou usagers qui auront fait ledit refus, puissent empescher ou retarder l'ouvrage entrepris ; pourveu que si
lesdits propriétaires ou usagers choisissent de recevoir le
prix, ils en soient payés et satisfaits par lesdits entrepreneurs, ou bien qu'ils ayent consigné deuëment à leurs refus, selon et ainsi qu'il sera ordonné par les juges ou
commissaires.

V. Et pour leur donner plus de courage d'entreprendre
et de facilité d'exécuter ce dessein, avons encore ordonné que tous matériaux, comme briques, pierres,
chaux, bois, et autres semblables ; ensemble toutes sortes
d'outils qui peuvent servir, tant au desseichement des marais et terres inondées, qu'à la construction des eschenaux, canaux navigables, ponts, escluses, et tous autres
edifices et bastimens qu'ils voudront faire esdits marais,
concernans le desseichement d'iceux, seront et passeront libres et exempts du payement de tous péages, pontages, et toutes autres charges et contributions qui se
payent aux passages, de quelque part que leur commodité soit, de les avoir et tirer, soit par eau, soit par terre,
de quoy nous les avons exemptez et deschargez, exemp-
tons et deschargeons par ces presentes ; et faisons très-
expresses inhibitions et défenses à toutes personnes, d'exiger et prendre aucune chose d'eux pour ce regard.

VI. Comme aussi Nous leur avons permis et permettons de faire venir toutes sortes de bestiaux, soit des autres provinces de ce royaume, pays estrangers, pour en
peupler lesdits marais qui seront par eux desseichez, en
payant néantmoins par eux les droits qui nous sont deubs
és lieux et passages où ils sont establis, tout ainsi que tous
nos autres sujets.

VII. Et, afin que lesdits entrepreneurs ne soient divertis de faire travailler au desseichement des marais et terres inondées, qu'ils auront acquises à quelque titre que ce soit; de crainte qu'elles soient retirées par les lignagers ou seigneurs féodaux, après qu'ils les auroient mises en bonne nature avec beaucoup de peine et frais; Ordonnons que le retrait lignager et seigneurial n'aura point lieu pour les premières ventes et alienations qui seront faites ausdits entrepreneurs, sans préjudicier, pour ce en autres cas, aux droits desdits lignagers et seigneurs féodaux.

VIII. Tous les marais, palus et terres inondées qui sont de notre domaine, et seront desseichez par les entrepreneurs, en vertu dudit edict, seront nobles; et les déclarons dès à présent de ladite nature et qualité, pour en jouyr par lesdits entrepreneurs et ceux qui auront droit d'eux noblement en fief, et en toute justice haute, moyenne et basse, à la charge de les relever de Nous, et des droits qu' Nous devront appartenir à cause de ce, selon les coustumes des lieux où lesdites terres seront assises. Permettons néanmoins à chacun desdits entrepreneurs et associez en particulier, de disposer de sa part, et la mettre en censive et roture si bon lui semble. Et, pour le regard des terres qui sont en la seigneurie, censive ou directe des communautez et seigneuries particulieres, n'entendons y toucher; mais voulons que ce qui aura esté stipulé et convenu par les contracts et traitez faits de gré à gré, soit suivi et gardé.

IX. Et afin que lesdits entrepreneurs puissent faire habiter et cultiver lesdits marais et terres inondées qui seront par eux desseichez, leur permettons aussi d'y faire bastir et construire des bourgs, villages, ès lieux et endroits qu'ils jugeront les plus commodes, et en iceux des églises parrochiales, et y establir des foires et marchez, pourveu qu'és jours auxquels se tiendront lesdites foires et marchez, il n'y en ait à quatre lieuës à la ronde.

X. Dans lesquels bourgs, villages et terres desseichez, tous estrangers seront receus, et y pourront habiter et construire maisons, cultiver les terres pour les rendre fertiles et en bon estat, et y travailler, faire toutes sortes d'ouvrages, manufactures et traficq; ce que faisant, ils seront tenus et réputez pour vrais et naturels François, pour jouir des mesmes droits, franchises et privileges qu'eux ; après néanmoins qu'ils auront déclaré pardevant nos juges les plus prochains, ou desquels ressortissent lesdits lieux, qu'ils y élisent leur domicile et habitation ordinaire, et qu'ils auront pris un certificat de leur demeure, qui leur sera délivré par les entrepreneurs, ou l'un d'eux. Lequel acte de leur déclaration susdite et certificat, servira de lettres de naturalité en vertu des présentes, sans qu'il leur soit besoin d'autre expédition.

XI. Lesquels estrangers naturalisez, après avoir travaillé audit desseichement, ou cultivé partie des terres desseichez trois ans continus, pourront se retirer, si bon leur semble, en autres lieux de la France, pour s'employer aux manufactures, negociations, traficq et labeur, sans pour ce perdre leurs privileges et naturalité.

XII. Et, pour inciter encore davantage lesdits estrangers à venir habiter et cultiver lesdits marais, terres desseichez, bourgs ou villages construits par lesdits entrepreneurs : Voulons qu'ils demeurent exempts pendant vingt années, de toutes tailles pour les biens qu'ils tiendront esdits lieux, non toutesfois pour ceux qu'ils pourront acquérir és autres endroits du Royaume, pour le regard desquels ils contribuëront tout ainsi que nos autres

sujets. Le semblable sera observé pour les naturels François, qui acquerront des biens et possessions esdits marais
desseichez et réduits en culture et prairies. Et, quant à la
traicte foraine, nous les en avons aussi exemptez à perpétuité, pour toutes sortes de choses et denrées, tant grosses
que menues, qui ne sont à présent comprises en nos
fermes.

XIII. Voulons en outre que ceux qui résideront esdits
lieux, soient exempts de toutes charges personnelles,
comme commissions de justice, assiette et collecte des
tailles, charges de villes et communautez, guet et garde
des portes et places fortes, tutelles et curatelles, et autres
semblables, sinon, que ce soit pour et au dedans de l'estendue desdits marais, terres desseichées, bourgs et villages construits par lesdits entrepreneurs, au profit des
personnes qui y demeureront, ou des enfans de ceux qui
y seront decedez.

XIV. Es provinces et endroits où les tailles sont réelles,
et payées par les possesseurs, de quelque qualité qu'ils
soient, pour les héritages tenus en roture, et non pour les
héritages nobles, si lesdits entrepreneurs y acquierent quelque marais et terres inondées, qui, auparavant leur acquisition, n'estoient sujettes à aucune contribution, mais
exemptées et tenuës noblement, ils en jouiront avec la
mesme immunité. Et pour le regard des marais et terres
qui estoient roturieres, et n'avoient esté exemptées que
pour cette seule considération, qu'elles ne rapportoient
aucun profit aux possesseurs d'icelles, estant mises en valeur : la moitié sera exempte pour jamais desdites contributions, sans qu'elle puisse estre comprise en roolle des
tailles ni cadastres, qui se feront des héritages esdits lieux :
et l'autre moitié jouira de cette exemption pour vingt ans

seulement ; mais ledit temps passé, y sera assujettie, tout ainsi que les autres héritages de même qualité et nature.

XV. Avons pareillement ordonné que lesdits marais et terres qui auront esté desseichées et mises en culture, ne payeront aucunes dixmes, soit aux ecclesiastiques, ou autres seigneurs seculiers qui les pourront prétendre, comme estant au territoire dans lequel ils ont droit de lever et percevoir dixmes, et ce, durant le temps de dix ans, à compter du jour que lesdits marais auront esté réduits en culture. Lequel passé, seront tenus les possesseurs desdits héritages les payer ; mais à raison seulement de cinquante gerbes l'une, ores que les dixmes des parroisses où lesdits héritages seront assis, ou bien des lieux circonvoisins, ayent accoustumé d'estre payées à plus haut compte.

XVI. Et sur ce que les entrepreneurs Nous ont remonstré qu'ils feroient volontiers des canaux assez larges et profonds pour la navigation, ès lieux et endroits où la commodité s'en offriroit, encore que cette dépense ne fût nécessaire pour la perfection de leurs ouvrages ; pour les inciter davantage de le faire, comme estant travail qui doit estre utile à tous nos sujets, Nous leur ayons permis et accordé, après que lesdits ouvrages et canaux auront esté faits, d'y establir des péages à leur profit, et pour leurs successeurs à perpétuité, tels et ainsi que le jugerons raisonnable : ayant égard aux frais que lesdits entrepreneurs auront faits pour les construire, à la despense de l'entretenement et utilité publique.

XVII. Et d'autant qu'ils feront ledit desseichement à leurs dépens, périls et fortunes ; tous les comptes qu'ils auront à rendre pour raison de ce, seront rendus et examinés entr'eux-mesmes, comme affaires particulieres, sans qu'ils

soient sujets à une reddition de compte pardevant nos officiers, quels qu'ils soient, si bon ne leur semble.

XVIII. Lesdits entrepreneurs et tous ceux qui auront
charge et pouvoir d'eux, soit pour arpenter lesdits marais
qu'on voudra desseicher et mettre en culture, dresser les
plans et figures, faire des allignemens, et toutes autres
sortes de marques concernant ledit desseichement et canaux navigables, pourront entrer, passer et rapasser par
les héritages d'autruy quand il sera nécessaire, ou qu'ils
ne pourront prendre ledit passage ailleurs qu'avec trop
d'incommodité, à la charge toutesfois de payer de gré à
gré l'intérest du maistre et propriétaire (si aucun intérest
y a eu) s'ils ne s'en peuvent accorder : selon qu'il sera
arbitré et jugé sommairement par le juge ordinaire du
lieu, ou les commissaires qui seront par Nous à ce ordonnés; sans que pour raison desdits différends (s'il y avoit
quelque longueur) l'ouvrage puisse être en aucune sorte
empesché et retardé.

XIX. Pourront lesdits entrepreneurs, pour faire le
desseichement et la construction et entretien des canaux
navigables et non navigables, et des digues, levées, escluses, ponts et autres ouvrages, dresser des réglemens
tels que bon leur semblera pour leur commodité particulière; mais s'ils en veulent obliger autruy et le public, ils
les mettront en main des commissaires, qui en feront leur
rapport au conseil, pour les y faire voir, considérer et
autoriser, et jusques à ce ne pourront servir de loy et de
réglement.

XX. Et d'autant que les ouvrages d'eau, et les saisons
de travailler aux marais et terres inondées, pour les
desseicher et les garantir contre les inondations et des-
bordemens de la mer, et des rivières et des torrents, ne

peuvent recevoir aucune demeure ne délai après la besogne commencée : Nous avons permis et permettons auxdits entrepreneurs, de faire travailler audit desseichement et entretien d'icelui pendant les festes que besoin sera, sauf et excepté les dimanches et les quatre festes solemnelles, et festes de Nostre-Dame et d'apostres, pendant lesquelles leur travail cessera, selon et ainsi qu'il a ci-devant esté ordonné par nos Édicts.

XXI. Sera aussi loisible auxdits entrepreneurs de faire abbattre et oster tout ce qui les pourroit empescher ou retarder de faire ledit desseichement, comme les escluses, glacis, moulins et tous autres obstacles qui arresteroient le coulement des eaux, et les empescheroient de passer et continuer leurs tranchées, fossez, canaux, levées, ponts, chemins, et tous autres ouvrages nécessaires pour l'exécution de leur entreprise, en réparant néantmoins de gré à gré le dommage qu'ils feront à autruy; et s'ils ne s'en peuvent accorder, en le faisant au préalable visité par les juges des lieux, ou commissaires qui seront par Nous députés pour connoistre la commodité ou incommodité des choses, et en faire estimation, afin que lesdits entrepreneurs dédommagent les particuliers intéressez, selon et ainsi qu'il a esté ci-dessus dit en l'article XVIII.

XXII. Et d'autant que par le moyen dudit desseichement, fait aux despends, péril et fortunes desdits entrepreneurs, tous lesdits marais et terres inondées seront améliorées, et de beaucoup plus grande valeur, en telle sorte que la moindre partie vaudra plus que ne fait le tout à présent : Nous avons ordonné et ordonnons qu'après qu'ils auront fait ledit desseichement, soit en vertu de l'Edict, ou en vertu des contracts et traitez faits avec les particuliers, la part qui leur appartiendra sera et demeurera

franche, libre et quitte de toutes debtes, douaires, engagemens, hypotecques, et autres charges et prétentions
généralement quelconques, dont lesdites terres pourroient
estre auparavant chargées envers qui que ce soit, sauf à
ceux qui prétendroient droit d'hypotecque, ou autre,
d'avoir recours sur la portion qui sera demeurée aux seigneurs propriétaires, ou sur les cens, rentes et devoirs
qu'ils se seront réservez.

XXIII. Et pour le regard des marais, palus et terres
inondées, qui seront acquises par lesdits entrepreneurs à
prix d'argent, avons ordonné pour l'utilité publique, et
seureté desdits acquéreurs, que l'hypotecque qui estoit
sur lesdits marais sera transmuée et remise sur les deniers
en provenans, et à cet effect que les créanciers seront colloquez sur iceux, suivant l'ordre de leurs hypotecques, et
tout ainsi que si c'étoit un immeuble. Et à cette occasion
seront tenus lesdits acquéreurs consigner et déposer le
prix de leur achapts ès mains des receveurs des consignations, ès lieux où il y en aura : sinon ès greffes de la jurisdiction royale la plus prochaine du marais aliéné : par
authorité de laquelle les criées et proclamations seront
faites, comme il est accoutumé en aliénations par décret
des immeubles ; et ce à la diligence du premier des créanciers qui en voudra prendre la charge, et si aucun
ne se présente, à la diligence desdits entrepreneurs qui
en auront fait l'achapt. Les frais desquelles diligences seront pris sur les deniers déposez ; puis, au bout d'un an,
seront lesdits deniers délivrez au propriétaire auquel ils
doivent appartenir, ou distribuez par ordre d'hypothecque
aux créanciers, si aucuns surviennent dans ledit temps :
lequel temps passé, et lesdites proclamations faites en la
forme susdite, lesdits entrepreneurs en demeurcront vala-

blement deschargez, sans que, sous prétexte de minorité, absence ou autrement, l'on puisse plus s'adresser à eux, n'auxdits marais et terres desséchées.

XXIV. Et afin que ce qui aura esté commencé par lesdits entrepreneurs se puisse parachever selon leur intention, et que nuls autres ne les en divertissent, Nous avons défendu et défendons à toutes personnes, sous peine de mil livres d'amende (moitié de laquelle appartiendra auxdits entrepreneurs, et l'autre moitié à nous) et de plus grande peine s'il y eschet, desbaucher ou faire desbaucher les gens et ouvriers desdits entrepreneurs. Et avons ordonné et ordonnons que les estrangers qu'ils auront fait venir en France, ou auront commencé à travailler pour eux et à leurs ateliers, ne pourront de trois ans après servir à autres, ne travailler à faire fossez et desséchemens en autres lieux, sinon du consentement desdits entrepreneurs; et, s'ils le faisoient, les pourront contraindre par justice, de retourner à leurs ateliers, ou de se retirer hors du Royaume.

XXV. Et, pour donner plus de courage auxdits entrepreneurs de continuer leur dessein, déclarons estre nostre vouloir et intention de gratifier et honorer du titre de noblesse douze d'entr'eux, choisissant ceux qui ne le sont point par leur naissance, que nous jugerons avoir plus de mérite, et contribuer davantage à la perfection desdits ouvrages; à condition toutefois que ceux qui auront esté décorez de ce titre de noblesse, ne feront après ledit annoblissement aucun acte dérogeant à ladite qualité; Nous réservant en outre d'accroistre ci-après le nombre de douze, si Nous jugeons que faire se doive.

XXVI. Lesdits entrepreneurs, leurs gens, et ceux qu'ils feront venir demeurer ès terres qu'ils auront desséchées.

et ès bourgs et villages qu'ils auront construits, pourront seuls, privativement à tous autres par privilége spécial, pendant vingt années, faire en iceux des fromages à la façon de Milan, Tourbes, et Houilles de terres propres à brusler; comme aussi y faire venir des cannes de sucre, du ris et de la garance.

XXVII. Comme encore Nous avons permis et permettons auxdits entrepreneurs, leurs domestiques et commis, pour travailler audit desséchement, de porter bastons à feu auxdits marais, proche et au long d'iceux, pour six ans seulement; espérant que dedans ledit temps ils auront par leur soing, travail et alvance, rendu lesdits marais peuplez et habitez, et par ce moyen qu'ils n'auront besoin d'autres armes et protection que de celle dont il est permis à nos autres sujets d'user.

Si donnons en mandement à nos amés et féaux conseillers les gens tenants nos Cours de Parlement, Chambres des Comptes, Cours des Aydes, Trésoriers généraux de France, surintendant général, et grand maistre réformateur des eaux et forests de France, seneschaux, baillifs, prevosts, vicomtes, leurs lieutenans généraux et particuliers, et à tous nos autres justiciers et officiers, et à chacun d'eux comme à soi appartiendra, que le contenu en ces présentes ils fassent lire, publier et enregistrer, et le gardent, observent, et fassent garder, observer et entretenir de poinct en poinct, selon sa forme et teneur, sans aller ne venir, ne souffrir estre allé ne venu directement ou indirectement, au contraire, en quelque sorte et manière que ce soit : Car tel est nostre plaisir : nonobstant quelsconques Ordonnances, règlemens, restrictions, mandemens, défenses et lettres à ce contraires, auxquelles Nous avons dérogé et dérogeons pour ce regard, et à la dérogatoire de la dérogatoire y contenuë. Et pource que de ces présentes on pourra avoir affaire en plusieurs et divers lieux, Nous voulons qu'au vidimus d'icelles, fait par l'un de nos secretaires, ou par notaires royaux, foi soit adjoustée comme au présent original; auquel, en tesmoin de tout ce que dessus, Nous avons fait mettre nostre scel, sauf en austres choses nostre droit, et l'autruy en toutes. Donné à Paris, au mois de janvier, l'an de grace mil six cents sept, et de nostre regne le dix-huit. Signé HENRY. Et à costé, Visa. Et plus bas est escrit, par le Roi, DE LOMENIE. Et scellé sur double queuë de cire verde en lacqs de sóye rouge et verde. Et au-dessous est escrit ce qui s'ensuit.

*Registré à Paris, en Parlement, le 23 aoust 1613.*

Signé VOISIN.

# ARREST ET REGLEMENT

*Fait par le Roy en son Conseil, sur le desseichement des marais de France.*

Du 22 octobre 1611.

## AU ROY,

## ET A NOSSEIGNEURS DE SON CONSEIL.

SIRE,

Humfroy Bradlee, maistre des digues de France, et ses associez pour l'entreprise du desseichement des marais de vostre Royaume, Vous remonstrent très-humblement, qu'il auroit pleu à Votre Majesté, par son Édict en forme de déclaration, du mois de janvier 1607, leur concéder et accorder plusieurs privileges en faveur de ladite entreprise : et par iceluy déclaré ses intentions et volonté, sur les difficultez proposées pouvoir naistre en l'exécution dudit dessein ; mais comme il estoit mal aisé les prévoir toutes pour les décider par ledit Edit, Vostre Majesté auroit renvoyé lesdits associez à se pourvoir pardevers messieurs les commissaires, par Elle députez sur le fait dudit desseichement, pour leur estre fait droit sur les obstacles qui s'y pouvoient rencontrer : c'est pourquoy lesdits supplians, pour estre résolus de difficultez qu'ils ont trouvées et non prévues, recourent à Vostre Majesté, à ce qu'il lui plaise leur pourvoir, et singulièrement sur les articles qui ensuivent :

1. Que plusieurs villes et communautez estant retenuës de traiter avec les supplians, de leurs marais et terres inondées, crainte qu'après le dessechement quelques autres n'obtiennent de Vostre Majesté la part qu'ils se seroient réservée, sous couleur que la disposition des terres vaines et vagues Vous appartient, ou sous quelqu'autre prétexte; ce qui les priveroit non-seulement de la commodité qu'ils en espèrent, mais aussi de celle dont ils jouyssent à présent; Votre Majesté est très-humblement suppliée ordonner que toutes les parts et portions desdits marais et terres inondées, dont icelles villes et communautez jouyssent à présent, et qui leur sont demeurées et demeureront par les contracts faits avec lesdits supplians, ne leur pourront estre ostées, ains en jouyront pleinement et paisiblement sans pouvoir estre troublez ny inquietez, sous couleur desdites donations, ou autre prétexte; en payant toutesfois par lesdites communautez, ou les supplians, s'ils en sont chargez par les contracts, les droits et redevances que le total desdits marais et terres inondées devront à Sadite Majesté, ou autres à qui ils seront deubs.

« Sa Majesté ordonne que les parts et portions des ma-
» rais et terres inondées que les villes et communautez se
» sont réservées, et se réserveront cy-après par les con-
» tracts ja faits ou à faire, avec lesdits associez, dont elles
» jouissent à présent, et ont jouy paisiblement depuis
» cinquante ans, leur demeureront en pleine propriété,
» sans qu'ils puissent y estre troublez ny inquiétez, sous
» prétexte des dons que l'on en pourroit obtenir, ou
» auroient esté obtenus de Sa Majesté, en continuant de
» payer à Sadite Majesté, ou autre à qui il seroit deu,

» pareilles redevances et devoirs qu'ils faisoient aupara-
» vant ledit desseichement d'iceux marais. »

II. Qu'encores que par le quatriesme article dudit
Edict, il soit ordonné aux propriétaires et autres prétendans droit ès moindres parts et portions des marais par les
suppliants entrepris de desseicher du consentement des
seigneurs et propriétaires des plus grandes parts, de suivre
et observer les conditions des autres voisins, ou de laisser
leurs marais pour leur juste valeur, selon l'estimation qui
en seroit faite par les juges ou commissaires à ce députez,
et que cette Déclaration et Ordonnance se puisse entendre
pour toutes sortes de personnes indifféremment, tant pour
biens appartenans à Vostre Majesté, mineurs, qu'autres
qui seront en saisies et criées, ou autrement contestez;
ils supplient très-humblement Votre Majesté déclarer et
ordonner qu'ils pourront travailler esdits marais et terres
inondées, appartenans à Votre Majesté, ou ausdits mineurs, ou estans litigieux, par saisie, criées, ou autres
controverses, aux mesmes charges, clauses et conditions
que pour les autres dont ils auroient contracté, ou bien
en payant ou consignant la juste valeur, suivant l'estimation qui en sera faite par les juges des lieux, ou commissaires, comme il est porté par ledit quatriesme article.

« Pourront lesdits associez, en travaillant au desseiche-
» ment desdits marais et terres inondées, pour lesquelles
» ils auroient ja contracté, desseicher et disposer des ma-
» rais contigus, pourveu qu'ils soient en moindre quan-
» tité que celle desdits marais, en terres, dont ils auroient
» ja contracté, soit qu'ils appartiennent à Sa Majesté, aux
» mineurs, ou autres qui n'ont pouvoir ny liberté de
» contracter, comme aussi de ceux qui sont litigieux,

» ou qui sont saisis ou mis en criées. Lesquels par le des-
» seichement pour lequel ils auront ja contracté, rece-
» vroient commodité ou descharge des eaux qui les ren-
» droient inutiles, ou moins commodes ou profitables ; et
» ce aux mesmes charges, clauses et conditions que les
» autres marais, pour lesquels ils auroient contracté en
» la mesme continance, ou en payant leur juste prix et
» valeur, suivant l'estimation qui en sera faite, comme
» il est porté par le quatriesme article de ladite déclara-
» tion, sur lequel prix les créanciers et prétendans droit
» seront colloquez, ainsi qu'il est ordonné par les vingt-
» deux et vingt-troisiesme articles de ladite déclaration. »

III. Qu'il plaise à Sa Majesté ordonner que les propriétaires ou possesseurs des héritages et terres voisines,
qui se ressentiront dudit desseichement et en amenderont ;
seront tenus contribuer aux frais qu'il conviendra faire
pour l'entretennement desdites chaussées et levées, selon
l'amélioration et commodité que ledit desseichement leur
aura apporté ; ce qui sera arbitré par les commissaires.

« Sa Majesté entend que ceux qui se ressenteront du
» bénéfice et commodité dudit desseichement, contribuent
» au *prorata* du bien et amendement qu'ils en recevront ;
» ce qui sera jugé et liquidé par lesdits commissaires ou
» juges des lieux, ausquels en est attribuée la connoissance. »

IV. Comme par le septiesme article dudit Edict, que le
retrait lignager féodal n'auroit point de lieu pour les acquisitions desdits marais qui se feront par lesdits associez :
qu'il plaise aussi à Vostre Majesté ordonner qu'ayant contracté avec qui que ce soit, et après leurs ouvrages faits ou
commencez, quelqu'autre prétendant la propriété, usage,
ou autres droits esdits marais, évinceroient ceux avec les-

quels ils auroient contracté ; les évicteurs seront tenus à
l'observation des clauses et conditions du contract fait
avec celuy qui auroit esté évincé, sans pouvoir prétendre
aucune chose de nouveau contre lesdits supplians.

« Sadite Majesté ordonne, que si après le desseiche-
» ment fait ou commencé à faire, de quelques marais et
» terres inondées, dont lesdits associez auroient contracté,
» soit avec elle, les ecclesiastiques, communautez ou
» particuliers, qui auroient, ou leurs autheurs, jouy
» paisiblement dix années précédentes, quelqu'autre ré-
» clame la propriété, usage ou autre droit esdits marais
» et terres inondées, et les évincent, que les marchez et
» conditions convenues et stipulées, tiendront, ou seront
» observées par les évicteurs, sans y pouvoir prétendre
» aucune chose de nouveau contre lesdits associez. »

V. Et comme par le seiziesme article de ladite déclaration, il leur a esté permis d'establir des péages sur les
canaux qu'ils feront navigables par les marais qu'ils desseicheront, ou au long d'iceux, et qu'à ce mot de *péage*
plusieurs s'aheurtent : mesme les Cours de Parlement
ont fait difficulté de le vérifier ; ils requierent, qu'au lieu
desdits péages, il leur soit loisible d'entreprendre seuls les
navigations sur lesdits canaux, pour y faire porter tout
ce qui se présentera, avec pouvoir de bailler ce droit à
ferme, à telles personnes qu'ils adviseront, ou autrement
en disposer comme de chose propre, sur les terres par eux
acquises tant seulement, ainsi qu'il s'observe en Flandres,
nommément sur les canaux qui vont de Bruxelles à Anvers,
de Gand au Sas, de Bruges à l'Escluse, et autres lieux.

« Ordonne pareillement Sadite Majesté, qu'au lieu des
» péages que lesdits supplians peuvent prendre sur les

» canaux navigables qu'ils ont ja faits, ou pourront faire
» cy-après, en conséquence des Edicts et déclarations qui
» leur ont esté accordez, ils pourront seuls entreprendre
» de faire porter dessus lesdits canaux tout ce qui se pré-
» sentera volontairement de gré à gré, avec les proprié-
» taires desdites marchandises, desquels droits ils pour-
» ront disposer, comme de choses à eux appartenantes,
» sans préjudice toutesfois des droits de Sa Majesté, ou
» particuliers, lesquels seront payez sur les marchandises
» qui seront transportées par lesdits canaux, ainsi et en
» la mesme forme qu'il est accoustumé d'estre payé aux
» passages des rivieres, et autres endroits, par lesquelles
» elles sont à présent transportées. »

VI. Et d'autant que, pour faire lesdits desseichemens, il
est nécessaire de faire de grandes tranchées, et couper
beaucoup de terres voisines desdits marais; ce qui ne peut
estre fait sans endommager les propriétaires qui les pourroient empescher, pour n'estre le vingt-uniesme article
dudit Edict clairement expliqué; Votre Majesté est très-
humblement suppliée permettre ausdits associez de faire
lesdites tranchées sur les terres du voisinage, selon qu'elles
se trouveront nécessaires pour faire ledit desseichement,
et conduits desdits canaux et chemins, en payant par eux
aux intéressez le dommage qu'ils en recevront, selon l'arbitrage des juges des lieux où seront assis et situez lesdits
héritages, ou des commissaires, qui à ce faire seront
députez.

« Sa Majesté permet ausdits supplians, en faisant ledit
» desseichement, de prendre ce qui leur sera nécessaire
» des terres voisines desdits marais, pour faire leurs ca-
» naux, chemins et levées, selon les devis et dessins qu'en

» auront faits ceux qui ont la conduite dudit desseichement:
» en payant toutesfois et récompensant les propriétaires
» desdites terres, de gré à gré, ou selon qu'il sera arbi-
» tré par le juge des lieux, ou commissaires, qui, à ce,
» seront députez, comme il est porté par les dix-huit et
» et vingt-uniesme articles de ladite déclaration. »

VII. Les supplians, ayans besoin d'un grand nombre de
personnes, tant pour travailler audit desseichement, que
pour habiter lesdits marais quand ils seront en estat d'estre
cultivez; qu'ils sont contraints faire venir avec leur mes-
nage de divers lieux, et introduire en plusieurs endroits
du Royaume, où ils feront ledit desseichement, pour
s'en servir lors qu'ils en ont besoin, lesquels comme
estrangers pourroient faire difficulté de quitter leur pays,
s'il ne leur est permis demeurer ès villes et villages voisins, et y exercer leur mestier et vacations, attendant que
lesdits marais soient habitables, avec mesmes privileges
et libertez que les naturels François, comme il leur est
accordé après ledit desseichement : supplient Vostre Majesté, qu'il luy plaise permettre à tous estrangers, de
quelque nation qu'ils soient, faisans profession du chris-
tianisme, de pouvoir demeurer ès villes et villages proches
desdits marais, attendant qu'ils soient desseichez et habitables, sans qu'ils puissent estre troublez en la jouyssance
des privileges dont jouyssent les naturels François, et tout
ainsi qu'il a pleu à Vostre Majesté leur accorder, par
l'article dixiesme dudit Edict, lors qu'ils seront demeurans
esdits marais desseichez pour les labourer, cultiver et y
faire exercice de leur mestier, traficq et vacation.

« Permis ausdits estrangers, quels qu'ils soient, pour-
» veu qu'ils fassent profession de la religion catholique,

» apostolique et romaine, ou prétenduë réformée, qui
» viendront en France, sous adveu desdits supplians,
» pour s'habiter esdits marais, de séjourner et demeurer
» ès villes, villages et autres lieux voisins d'iceux marais,
» en attendant qu'ils soient entièrement desseichez, pour
» y faire et exercer leurs mestiers et trafic. En quoi faisant,
» Sadite Majesté veut, ordonne, qu'ils jouyssent du droit
» de naturalité, accordé par le dixiesme article de ladite
» déclaration, ensemble des privileges et immunitez y
» contenuës, se comportans au surplus, suivant les Edicts,
» Lois et Ordonnances de Sa Majesté. »

VIII. Et parce que, par l'arrest du Conseil, sur la rup-
ture des digues ou levées, il est dit seulement, qu'on se
pourroit prendre à ceux qui auront fait lesdites ruptures,
ce que mal aisément se pourra avérer, et partant ledit
arrest leur demeure inutile et infructueux : qu'il plaise à
Sadite Majesté de déclarer qu'on s'en pourra prendre aux
propriétaires ou possesseurs des terres voisines, qui recevront commodité desdites ruptures, comme estant à pré-
sumer contre eux plus que contre autres.

« Permet Sa Majesté ausdits supplians, se pouvoir
» adresser aux plus proches voisins desdites ruptures,
» de qui les terres en recevront commodité, conformé-
» ment à l'arrest de son Conseil du sixiesme jour de
» mars 1610. »

*Faict au Conseil d'Estat du Roy, tenu à Fontainebleau
le vingt-deuxiesme jour d'octobre mil sept cent onze.*

Signé DE FLECELLES.

# DÉCLARATION

## DU ROY LOUIS XIII,

*En interprétation et modification de plusieurs articles de l'Édit faict en faveur du desseichement des marais en France ;*

Donnée à Paris le 5 juillet 1613.

*Registrée en Parlement le 23 aoust suivant.*

Louis, par la grace de Dieu; Roi de France et de Navarre : A nos amez et féaux conseillers, les gens tenants nostre cour de Parlement à Paris, Salut. La connoissance que le feu Roy, nostre très-honoré Seigneur et père, que Dieu absolve, a euë du bien qui pouvoit revenir à son État en général, et à ses sujets en particulier, de l'entreprise du desseichement des marais, palus et terres inondées, qui estoient en son Royaume, lui auroit fait désirer avec affection l'advancement et succez de ladite entreprise, et en cette considération, auroit fait son Édict du mois d'avril 1599, en faveur de Humfroy Bradleij, maistre des digues de France, qui auroit esté par vous vérifié le onziesme jour du mois de novembre audit an ; et depuis, pour résoudre les difficultez et empeschemens qui auroient esté donnés audit Bradleij, tant par procez qu'autrement, en exécution de cette entreprise ; comme aussi pour donner moyen audit Bradleij de trouver des associez de qualité, industrie et moyens suffisans pour mettre à effet un si grand dessein, ledit défunt Roi, nostredit Seigneur et

père, par sa déclaration du mois de janvier 1607, y auroit suffisamment pourveu, et auroit concédé audit Bradleij
et à ses associez des privileges et immunitez, pour leur donner sujet de plus librement entreprendre les ouvrages dudit desseichement, ce que n'estant encores vérifié par
vous lors de nostre advenement à cette couronne, Nous
aurions, par nos lettres patentes du mois de février 1612,
confirmé et approuvé le contenu en ladite déclaration, et
vous aurions mandé de procéder à la vérification pure et
simple d'icelle, selon sa forme et teneur ; mais ayant entendu les raisons et considérations pour lesquelles vous
avez différé jusques à présent de faire enregistrer lesdites
lettres en forme de déclaration : Nous, de l'avis de nostre
Conseil, où le tout a esté rapporté, avons de nouveau et
d'abondant, dit et déclaré, disons et déclarons par ces
présentes, signées de nostre main, que Nous voulons et
entendons que le quatriesme article de ladite déclaration
ait lieu, à la charge que les propriétaires, usagers, ou
autres ayans droit esdicts marais, ne pourront estre dépossédez, sinon en cas que les deux tiers desdits propriétaires ayent consenty le desseichement desdits marais ;
auquel cas, l'autre tiers sera tenu souffrir ledit desseic-
chement, aux mesmes charges et conditions que les deux
autres tiers auront traité avec les entrepreneurs : lesquels
néantmoins ne pourront déposséder la moindre partie desdits propriétaires usagers, ou autres ayans droit esdits
marais, en remboursant lesdits entrepreneurs de la plus
valeur pour l'amélioration par eux faite esdits marais, qui
sera estimée par le plus prochain juge royal des lieux où
ils seront assis, eu égard à la valeur d'iceux avant le desseic-
chement ; de laquelle, à cette fin, sera faite estimation avant
ledit desseichement, comme aussi de l'amélioration après

iceluy : demeurent au choix du tiers desdits propriétaires , usagers et autres ayans droit, de payer ladite estimation , ou suivre l'accord qui aura esté faict avec les deux autres tiers : Voulons et entendons aussi, que l'exemption accordée par le treisiesme article de ladite déclaration , soit limitée aux personnes des entrepreneurs, et de leurs enfans au premier degré ; et qu'il soit adjousté au seiziesme desdits articles , que les officiers royaux plus proches des lieux seront appelez pour voir niveler les eaux des marais qu'il conviendra desseicher, afin qu'il soit pourveu à ce qu'il n'arrive aucune inondation dommageable de la rivière prochaine ; à la charge que lesdits entrepreneurs seront tenus d'entretenir, à leurs frais et despens , les canaux si larges et profonds que la navigation s'y puisse commodément faire : Voulons et entendons pareillement, en esclaircissant les dix-huit et vingt-un articles , que lesdits entrepreneurs ne puissent faire abbattre ne démolir aucune chose, qu'au préalable ils n'ayent payé et dédommagé les particuliers qui pourront estre interressez en ladite démolition , suivant l'estimation qui en aura esté faite, conformément ausdits articles ; comme aussi que les réglemens que feront les entrepreneurs , suivant le dix-neuvième article de ladite déclaration , soient tels que bon leur semblera, pour avoir lieu entr'eux ; mais s'ils y veulent obliger d'autres, ils le feront, pardevant les juges des lieux , le substitut de nostre procureur général appelé ; et pour le regard du vingt-troisiesme article , Nous voulons et entendons qu'il y soit adjousté, au cas qu'il y aye saisie ou opposition par quelques créanciers , que publication sera faite de la vente des marais que lesdits entrepreneurs voudront acquérir ; par trois dimanches consécutifs, et que l'argent consigné ne pourra estre délivré que deux ans après la consignation ; demeurans néantmoins les entrepreneurs, deschargez après l'an qu'ils auront fait ladite consignation: et finalement qu'il soit aussi adjousté au vingt-septiesme article, que lesdits entrepreneurs, ou ceux qui résideront esdits marais, bailleront les noms et surnoms de leurs domestiques au greffe du plus prochain siége des lieux où ils voudront porter bastons à feu. Si vous mandons et ordonnons que les susdites lettres et déclaration, et ces présentes, vous ayiez à faire lire, publier et enregistrer, le contenu d'iceux inviolablement exécuter, garder et observer de point en point, selon leur forme et teneur : car tel est nostre plaisir. Donné à Paris le cinquiesme jour de juillet, l'an de grace mil six cent treize, et de nostre règne le quatriesme. Signé Louis. *Et plus bas est escrit*, par le Roy, la Reyne régente sa mere présente, DE LOMESIE. Et scellé de cire jaune du grand scel, sur simple queue. Et à costé est escrit.

*Registrées, ouy le procureur général du Roy. A Paris en Parlement le vingt-trois aoust mil six cent treize.*

Signé DU TILLET.

# SECONDE DÉCLARATION

## DU ROY LOUIS XIII,

*Contenant autre modification de l'article IV de l'Édict de janvier 1607, concernant le desseichement des marais.*

Donnée à Fontainebleau le 19 octobre 1613.

*Registrée en Parlement le 3 décembre 1614.*

Louis, par la grace de Dieu, Roy de France et de Navarre : A nos amez et féaux conseillers les gens tenans nostre Cour de Parlement à Paris, Salut. Humfroy Bradleij, maistre des digues de France, et ses associez en l'entreprise du desseichement des marais, sous le bénéfice des Édicts à eux concédez, Nous ont fait très-humblement remonstrer que, sur les lettres patentes en forme d'Édict à eux octroyées dès le mois de janvier 1607, notre très-honoré Seigneur et père le Roy Henry le Grand, que Dieu absolve, et que Nous leur aurions confirmées au mois de février 1612, s'estant trouvé quelques difficultez : pour les résoudre et en faciliter l'exécution, Nous vous aurions adressé nos lettres de déclaration en forme de jussion, du cinquiesme jour de juillet 1613, par lesquelles Nous vous aurions fait entendre nostre vouloir et intention, suivant laquelle vous auriez vérifié et fait enregistrer lesdites lettres patentes en forme d'Édict, et ladite déclaration en forme de jussion sur icelles, par Arrest du 23 aoust dernier : mais que depuis il s'est reconnu qu'il y avoit encores quelque chose en ladite déclaration, qui n'estait assez intelli-

giblement exprimée, dont il pourroit naistre des procez
et différends à l'advenir, qui seroient grandement préju-
diciables ausdits entrepreneurs, et pourroient interrompre
le cours des affaires du desseichement, s'il ne leur estoit
par Nous sur ce pourveu : mesmes sur ce que Nous ayans
ordonné par ladite déclaration, que le quatriesme article
desdites lettres patentes auroit lieu, à la charge que les
entrepreneurs ayans traité avec les deux tiers des propriétaires, usagers et autres ayans droict esdits marais et terres
inondées ; ne pourroient déposséder l'autre tiers, qui vou-
droit les rembourser de l'amélioration qui seroit par eux
faite esdits marais, auquel effet estimation seroit faite de
la valeur d'iceux, avant et après le desseichement, demeurant au choix du tiers desdits propriétaires : et autres
y ayans droit, de payer l'estimation de la plus valeur, ou
de suivre l'accord qui aura esté fait avec les deux autres
tiers, sans qu'il soit exprimé dans quel temps lesdits propriétaires et autres ayans droit esdits marais, pourront
faire ledit choix, ce qui rendroit lesdits entrepreneurs in-
certains de ce qu'ils auroient à faire, ne pouvans disposer
des terres qui seroient par eux desseichez, pour n'en estre
propriétaires assurez, tant que ladite option seroit à faire.
Comme aussi par le treiziesme article desdites lettres en
forme d'Édict, ayant esté accordés quelques priviléges
personnels à ceux qui résideroient sur lesdits marais estans
desseichez, afin de donner sujet de les faire valoir : Par
ladite déclaration, lesdites exemptions auroient esté li-
mitées aux personnes des entrepreneurs, et de leurs enfans
au premier degré ; ce qui n'apporterait aucun advantage
ausdits associez, qui ne sont pas pour s'habituer sur les
lieux ; ainsi, cette concession ne produiroit pas l'effet que
nous en espérons : Et, finalement, il est porté par ladite

déclaration, que le seiziesme article desdites lettres en forme d'Édict, est homologué à la charge que lesdits entrepreneurs seront tenus d'entretenir à leurs frais et despens les canaux, qu'ils feront si larges et profonds, que la navigation s'y puisse commodément faire, à quoi il a esté obmis d'exprimer les canaux navigables, nostre intention n'ayant esté de contraindre lesdits entrepreneurs de faire tous les canaux qu'ils feront pour ledict dessechement, si larges et profonds, que la navigation s'y puisse faire, cela estant comme impossible et du tout inutile : Pour ce est-il, que Nous désirans qu'il ne reste aucun doute de nostre vouloir sur l'interprétation de ladite déclaration qui puisse mouvoir des procez, et retarder l'effet de ladite entreprise, Nous, de l'advis de nostre Conseil, avons déclaré et déclarons par ces présentes signées de nostre main, que nous voulons et ordonnons que le tiers desdits propriétaires, usagers et autres ayans droit esdits marais, qui seront desseichez sans leur consentement par lesdits Bradleij et associez, en vertu de nosdites lettres, seront tenus de faire leur option et choix de retenir leurs terres estant desseichez, en payant l'amélioration suivant l'estimation qui en aura esté faite, et y satisfaire dedans trois mois, après que ladite estimation aura esté faite eux présens, ou deuëment appelez, et qu'ils auront esté interpellez de déclarer leur volonté ; et, à faute de faire dans ledit temps et icelui passé, en vertu des présentes, sans autre signification de jugement, ils seront tenus de suivre et entretenir les mesmes conditions et traitez qui auront esté faits et accordez entre lesdits entrepreneurs et les propriétaires, et autres ayant droit esdits deux autres tiers desdits marais : Que ceux qui seront habituez sur lesdits marais desseichez, et leurs enfans au premier degré, ayans droit desdits entrepreneurs, jouyront de l'exemption portée par ledit treiziesme article desdites lettres en forme d'Édict, et que lesdits entrepreneurs seront tenus de faire seulement les canaux par eux destinez à la navigation, si larges et profonds, que ladite navigation s'y puisse commodément faire. Si vous mandons et ordonnons que cesdites présentes vous ayiez à faire lire, publier et enregistrer, et le contenu d'icelles inviolablement garder et observer de point en point, selon sa forme et teneur : Car tel est nostre plaisir. Donné à Fontaine-bleau le dix-neuviesme jour d'octobre, l'an de grace mil six cent treize, et de nostre regne le quatriesme. Signé, LOUIS. Et plus bas est escrit, Par le Roy, la Reyne régente sa mere, présente, DE LOMENIE. Et scellé de cire jaune du grand scel sur simple queuë, et à costé est escrit :

*Registrées, ouy le procureur général du Roy, pour joüir par l'impétrant et associez du contenu en icelles. A Paris en Parlement le trois décembre mil six cent quatorze.*

### Signé DU TILLET.

*Arrest donné en la chambre des comptes, sur la vérification de l'Edict fait en faveur du desseichement des marais.*

#### Du 17 avril 1617.

Veu par la Chambre les lettres patentes du feu Roy dernier décédé, en forme d'Édict, données à Paris, au mois de janvier 1607, signées HENRY; et plus bas, par le Roy, DE LOMENIE, par lesquelles Sa Majesté auroit accordé au sieur Humfroy Bradleij, gentilhomme du pays de Brabant, natif de Bergues sur le Zoom, maistre des digues, et ses associez y dénommez, la poursuite de l'entreprise qu'il avoit faicte, et qui lui avoit été accordée par ledit feu Sieur Roy, par son Édict du mois d'avril 1599, pour le desseichement des marais et palus, et les rendre en nature des terres labourables, prez et pastis : Lequel Édict Sadite Majesté veut avoir lieu, et qu'il sorte son plein et entier effet, pour tous lesdicts associez et entrepreneurs, suivant leur contract d'association ; tout ainsi que s'ils estoient dénommez en iceluy, selon les ampliations, modifications et interprétations contenues esdites lettres, pour vingt ans, à commencer du jour qu'elles auront esté vérifiées en chacun Parlement, comme le contiennent lesdites lettres, registrées en Parlement le 23 août 1613. Veu aussi les lettres de jussion à ladite Cour, du 5 juillet de ladite année, registrées en icelle ledit 23 aoust audit an : Autres lettres patentes du Roy à présent régnant, données à Paris, le deuxiesme jour d'aoust 1616, contenant relief de surannation desdites lettres du mois de janvier 1607, et mandement à ladite Chambre de procéder à la vérification et enthérinement d'icelles, de point en point, selon leur forme et teneur ; ledit Édict du mois d'avril 1599, registrées en icelle Chambre le 2 avril 1600 ; requeste présentée par ledit Bradleij, impétrant aux fins de ladite vérification ; conclusions du procureur général du Roy, et tout considéré :

La Chambre a ordonné et ordonne lesdites lettres estre registrées, pour joüir par les impétrants de l'effet, et contenu en icelles, aux charges portées par les arrests de la Cour de Parlement ; et outre que les officiers qui seront juges dudit Edict, ne pourront entrer en association audit party ; que les terres qui seront mises en censive et roture, payeront les droits suivant les coustumes des lieux, ou selon que les payent les terres prochaines d'icelles; que les estrangers qui seront employez au travail desdits desseichemens, et qui voudront joüir du titre de noblesse, seront tenus obtenir lettres de Sa Majesté, et icelles faire vérifier en ladite Chambre, avant que d'en pouvoir joüir; et que lesdits impétrants ne pourront establir aucuns péages sans lettres et permission de Sa Majesté, vérifiées et registrées où il appartiendra. Faict le dix-septiesme jour d'avril mil six cent dix-sept.

Au-dessous est escrit : *Extrait des registres de la Chambre des Comptes*, *et signé* BOUELOX.

### *Arrest de la Cour des Aydes.*

#### Du 19 juillet 1618.

Veu par la Cour les lettres patentes du Roi, dernier décédé, en forme d'Édict, données à Paris, au mois de janvier 1607, signées HENRY; et plus bas, par le Roy, DE LOMENIE, et scellées du grand sceau de cire verte : par lesquelles, et pour les causes y contenues, Sa Majesté auroit accordé au sieur Humfroy Bradleij, gentilhomme du pays de Brabant, natif de Bergues sur le Zoom, maistre des digues, et ses associez y dénommez, l'entreprise qu'il avoit faite, et qui leur auroit esté accordée par ledit feu Roy, par son Édict du mois d'avril 1599, pour les desseichemens des marais et palus, et les rendre en nature de terres labourables, prez et pastis; lequel Édict Sadicte Majesté veut avoir lieu, et qu'il sorte son plein et entier effet, pour tous lesdits associez et entrepreneurs, suivant leur contract d'association, tout ainsi que s'ils estoient dénommez en iceluy, selon les ampliations, modifications et interprétations contenues esdites lettres, pour vingt ans, à commencer du jour qu'elles auront esté vérifiées, ainsi que le contiennent plus amplement lesdites lettres, registrées en Parlement le 23 aoust 1613 : Autres lettres patentes en forme de jussion. Veu aussi autres lettres patentes du Roy à présent régnant, données à Paris, le deuxiesme jour d'aoust 1616, contenant relief de surannation desdites lettres du mois de janvier 1607, et mandement de procéder à la vérification et enthérinement d'icelles de point en point, selon leur forme et teneur : Arrests de vérification desdites lettres, tant au Parlement que Chambre des Comptes; requeste présentée à ladite Cour, tendante aux fins de vérification desdites lettres ; conclusions du procureur général du Roy, et tout considéré :

La Cour a ordonné et ordonne que lesdites lettres en forme d'Édict du mois de janvier 1607, et déclaration du Roy, du 2 aoust 1616, seront registrées au greffe, pour joüir, par les impétrans, du contenu en icelles, aux charges qui ensuivent; à savoir, sur le cinquiesme article, qu'ils en useront sans fraude, à peine d'estre descheus desdites exemptions : sur le seiziesme, qu'aucuns droits ne pourront estre establis et perceus sur les canaux y mentionnez, sinon en vertu des lettres patentes du Roy, bien et deuëment vérifiées en ladite Cour : sur le vingt-cinquiesme, que ceux desdits entrepreneurs que le Roy annoblira, en prendront lettres, qui seront vérifiées en ladite Cour; et seront tenus de satisfaire aux autres charges et conditions portées par lesdites lettres, à peine de décheoir de leurs privileges. Prononcé le dix-neuviesme jour de juillet mil six cent dix-huit.

Signé PAULMIER.

# DÉCLARATION DU ROY,

*Pour la continuation des privileges concédez en faveur du desseichement des marais.*

**Donnée à Saint Germain en Laye le 12 avril 1639.**

*Registrée en Parlement le 3 décembre 1639, et en la Cour des Aydes le 25 janvier 1640.*

LOUIS, par la grace de Dieu, Roi de France et de Navarre : A nos amez et féaux les gens tenans nos Cours de Parlement, chambres des comptes, cours des Aydes, trésoriers généraux de France, surintendans et grands-maistres des eaux et forests de France, maistres particuliers, ou leurs lieutenans généraux et particuliers ; et autres nos justiciers et officiers qu'il appartiendra, Salut. Comme le feu Roy Henry le Grand d'heureuse mémoire, nostre très-honoré seigneur et père, avoit bien reconneu que ce que la terre produit dans l'étenduë des lieux de son obéissance ( si utile à ses sujets, et nécessaire à ses voisins ) luy servoit plus que ne font les Indes aux princes qui s'en prévalent ; il auroit témoigné une affection particulière de faire valoir celles qui par l'incommodité des eaux qui s'y jettent et y croupissent, se sont renduës inutiles en diverses provinces de ses Estats : et pour ce il auroit fait venir des Pays-Bas des ingénieurs nourris et expérimentez au desseichement des terres inondées, et donné la charge à aucuns de ses spéciaux serviteurs de prendre le soin, et faire les frais pour faire escouler les eaux desdites terres, les mettre en bon estat de terres labourables, prairies, et autres usages pour le bien de ses sujets : et pour leur donner courage et moyen de l'entreprendre, il leur auroit accordé des privileges particuliers sous le nom de Humfroy Bradleij, venu de Hollande, qui estoit le principal desdits ingénieurs, lequel il auroit honoré de la qualité de maistres des digues de France, par ses Édicts du mois d'avril mil cinq cens quatre-vingt-dix-neuf, et janvier mil six cens sept, qui ont esté deuëment vérifiez où besoin a esté : ce que Nous aurions eu tellement agréable, que, pour d'autant plus favoriser cette entreprise, Nous aurions confirmé lesdits privileges, et de plus augmentez d'un réglement fait par l'advis de notre Conseil le vingt-deuxiesme octobre mil six cens onze, et par nostre déclaration du cinquiesme juillet mil six cens treize, et autres arrests et réglemens de nostredit Conseil pareillement vérifiez, fait donner des commissaires, tant de nostredit Conseil, qu'autres choisis en nosdites provinces, où les desseichemens ont esté commencez pour l'exécution d'iceux : en conséquence desquels lesdits associez, sous le nom dudit Bradleij, ont traité de gré à gré avec les particuliers, ecclésiastiques, seigneurs, habitans et autres propriétaires on usagers desdites terres inondées, à des conditions dont ils sont demeurez contens et satisfaits. Depuis ont entrepris de faire plusieurs desseichemens des marais et terres inondées en divers lieux, et nommément au pays de Xaintonge ès paroisses de Tonnay-Charente, Meuron et autres contigus et attenans, vulgairement nommez *la petite Flandre*. Pour cultiver et faire valoir partie desquelles ils y auroient fait venir des Hollandois, qui y sont plus entendus que les François, et ont fait continuer le travail du surplus, auquel ils auroient esté interrompus, tant par les guerres survenues esdits pays, que par les procez qui leur ont esté suscitez par aucuns voisins d'iceux, qui y prétendoient plus grandes parts et droits qu'ils n'y avoient, pendant lequel temps ledit Bradleij est décédé, et les vingt années que devoient durer lesdits privileges sont expirées, sans qu'ils en ayent peu librement joüir. Au moyen de quoy lesdits associez qui restent Nous ont fait supplier de leur continuer et proroger le temps de leursdits privileges pour dix ans, ou tel autre qu'il nous plairoit, sous le nom de maistre Noël Champenois, qui s'en acquittera avec soin et fidélité, intelligence et expérience, qu'il a acquises depuis vingt ans qu'il a esté employé ausdites affaires, et fait travailler ausdits desseichemens par l'ordre desdits associez; afin qu'ils puissent joüir et se prévaloir desdits privileges, et se récompenser des troubles qu'ils ont soufferts par la non-joüissance desdits privileges, causez par les guerres et émotions survenuës en ladite province pendant les vingt années qui leur avoient esté accordées, et que les terres desseichées ne demeurent abandonnées par les estrangers qui ont commencé de les mettre en valeur et perfection, ayans esté surchargez de tailles et charges publiques, sitost que le temps de leurs privileges a esté passé : ce qui tourneroit à leur grande perte et dommage, les grands frais qu'ils y ont employez leur demeurans inutiles, et retarderoit aussi la bonne intention que lesdits entrepreneurs et autres à leur exemple pourroient avoir de faire de semblables desseichemens, s'ils voyent que les premiers demeurent sans fruit; ce qui arrivera indubitablement par l'abandonnement desdits marais, et par la retraite desdits entrepreneurs, s'ils ne sont secourus et encouragez de cultiver lesdits lieux par la continuation ( pour quelques années ) des privileges qu'il a pleu au deffunt Roy et à Nous leur accorder. A ces causes, et autres bonnes considérations à ce Nous mouvans, Nous avons agréé et agréons la nomination dudit Champenois, au lieu dudit deffunt Bradleij, et de nostre grace spéciale, pleine puissance et authorité Royale, par ces présentes signées de nostre main, dit, déclaré et ordonné, disons, déclarons et ordonnons, voulons et Nous plaist, que lesdits associez et ceux qui ont droit d'eux sous le nom dudit Champenois, continuent la joüissance desdits privileges portez par ledit Édict, arrests, déclarations et commissions pour les marais par eux desseichez ou commencez à desseicher dans l'estendüe desdites paroisses de Tonnay-Charente, Meuron, et autres attenans et contigus audit pays de Xaintonge, avec les mesmes privileges, droits et exemptions qu'ils avoient obtenus sous le nom dudit Bradleij, portez par lesdits Édits, réglemens et arrests, dont les copies deuëment collationnées sont cy-attachées sous notre contrescel, et ce pendant le temps de six ans entiers et consécutifs, à commencer du jour de l'enregistrement des présentes : après lesquels six ans expirez, Nous ordonnons que lesdits associez et propriétaires desdites terres desseichées seront tenus faire construire et bastir une église pour servir de paroisse à tous ceux qui demeureront sur lesdits marais et terres desseichées esdits lieux, suivant le contract par eux fait avec la dame de Mortemar; sur laquelle paroisse lors les esleus de Saint Jean d'Angely feront le département séparé des autres paroisses circonvoisines dont elles dépendent à présent, de ce qu'ils jugeront en leur conscience qu'elle devra porter de tailles et charges de leur élection le plus modérément que faire se pourra, eu esgard à la despense qu'il convient annuellement faire pour tenir lesdites terres en estat de culture, pour estre ledit département distribué et égalé sur les particuliers, habitans et domiciliés en icelle, en la forme ordinaire, sans que lesdits habitans puissent estre imposez ailleurs qu'en ladite paroisse, non-obstant que lesdites terres ayent esté cy-devant dépendantes des paroisses circonvoisines, desquelles Nous les avons par ces présentes distraites et séparées ; et, pour le regard de ce qui est commencé à desseicher esdits lieux, il sera par eux continué pour jouir du bénéfice desdits Edicts pendant le temps restant d'iceux. Si vous mandons et très-expressément enjoignons, chacun en droit soy, faire enregistrer les présentes, et d'icelles, ensemble du contenu ausdits Edicts, déclarations, et commissions pour l'exécution d'iceux, faire jouir ledit Champenois, et les interessez sous son nom, pleinement et paisiblement, pour lesdits marais et terres desseichées et commencées à desseicher esdites paroisses de Tonnay-Charente, Meuron, et autres attenans et contigus audit pays de Xaintonge ; et le tout faire garder, observer et entretenir de point en point, selon leur forme et teneur, sans souffrir qu'il y soit contrevenu directement ou indirectement, en quelque sorte et maniere que ce soit, nonobstant quelconques Ordonnances, commissions, taxes, rolles desdites paroisses, restrictions, mandemens, deffenses, laps de temps, jugemens, et lettres à ce contraires, ausquelles Nous avons dérogé et dérogeons pour ce regard, et à la dérogatoire des dérogatoires y contenuës. Et, pour ce que des présentes on pourra avoir affaire en plusieurs lieux, Nous voulons qu'au vidimus d'icelles fait par l'un de nos amez et féaux conseillers et secrétaires foy soit adjonstée comme au présent original : car tel est nostre plaisir. Donné à Saint-Germain en Laye le douziesme jour d'avril, l'an de grace

mil six cens trente-neuf, et de nostre regne le vingt-neuf.
*Signé* LOUIS. *Et plus bas*, par le Roy, DE LOMENIE. *Et à
costé est escrit* : Signées en queuë, TUBEUF.

*Registrées, ouy le procureur général du Roy, pour jouyr
par les impétrans de l'effet et contenu en icelles, comme
ils en ont cy-devant bien et deuëment jouy et usé, jouyssent
et usent suivant l'arrest du quinze novembre mil cinq cens
quatre vingt-dix-neuf. A Paris en Parlement, le troisiesme décembre mil six cens trente-neuf.*

Signé DU TILLET.

*Registrées en la Cour des Aydes, ouy le procureur
général du Roy, pour être exécutées selon leur forme et
teneur, aux charges contenuës en l'arrest d'icelles, du
19 juillet 1618, intervenu sur les lettres en forme d'Edict
et déclaration des mois de janvier mil six cens sept, et
aoust mil six cens seize, et suivant autre arrest de ladite
Cour du jourd'huy. Donné à Paris le vingt-cinquiesme jour
de janvier mil six cens quarante.*

Signé BOUCHER.

*Extraict des registres du Parlement.*

Du 3 décembre 1639.

Veu par la Cour les lettres patentes données à Saint-
Germain en Laye, le douziesme avril dernier, signées
LOUIS, et plus bas, par le Roy, DE LOMENIE, et scellées
du grand sceau de cire jaune, par lesquelles, et pour les
causes y contenuës, ledit Seigneur agrée la nomination
faite par les intéressez au desseichement des marais et terres
inondées, de la personne de Noël Champenois, sieur de la
Roche, au lieu de deffunt Humfroy Bradleij ; et outredit,

déclare et ordonne que lesdits associez et ceux qui ont droit d'iceux, sous le nom dudit Champenois, continuëront la jouissance des priviléges portez par les Édicts, Arrests et Déclarations pour les marais par eux desseichez, ou commencez à desseicher, dans l'estenduë des paroisses de Tonnay-Charente, Meuron, et autres attenans et contigus au pays de Xaintonge, avec les mesmes privileges, droits et exemptions qu'ils avaient obtenus sous le nom dudit Bradleij, portez par lesdits Arrests et réglemens : requeste dudit Champenois à fin de vérification desdites lettres ; conclusions du procureur général du Roy, et tout considéré :

Ladite Cour a ordonné et ordonne, que lesdites lettres seront registrées au greffe d'icelle, pour joüir par les impétrans et associez de l'effet et contenu en icelles, comme ils en ont cy-devant bien et duëment joüi et usé, jouissent et usent suivant l'arrest du quinziesme novembre mil cinq cens quatre-vingt-dix-neuf. Fait en Parlement le troisiesme jour de décembre mil six cens trente-neuf.

Signé DU TILLET.

## Extraict des registres de la Cour des Aydes.

### Du 25 janvier 1640.

Veu par la Cour les lettres patentes du Roy données à Saint-Germain en Laye le douziesme jour d'avril mil six cens trente-neuf, signées LOUIS ; et plus bas, par le Roy, DE LOMESIE, et scellées du grand sceau de cire jaune sur simple queue ; par lesquelles et pour les causes y contenuës, Sa Majesté auroit agréé la nomination de Noël Champenois, au lieu de deffunt Humfroy Bradleij, faite par les intéressez au desseichement des marais et terres inondées, voulu et ordonné que les associez et ceux qui ont droit d'eux, sous le nom dudit Champenois, continuent pendant six ans la jouissance des mêmes priviléges et exemptions à eux accordées par les Edicts, arrests et réglemens, sous le nom dudit Bradleij, et portez par les réglemens, Edicts et arrests sur ce faits et donnez, tant pour les terres par eux desseichées, que pour celles qui sont commencées à desseicher. Veu lesdits Edicts, arrests et réglemens ; requeste à fin de l'entbérinement desdites lettres ; conclusions du procureur général du Roy, et tout considéré :

La Cour a ordonné et ordonne lesdites lettres estre registrées au greffe d'icelle, pour estre exécutées selon leur forme et teneur, aux charges contenuës en l'arrest de ladite Cour, du dix-neuviesme juillet 1618, intervenu sur les lettres en forme d'Edict, et déclarations des mois de janvier 1607 et aoust 1616. Prononcé le vingt-cinquiesme janvier mil six cens quarante.

Signé BOUCHEE.

# DÉCLARATION DU ROY,

*Contenant la continuation des privileges accordez pour le desseichement des marais des provinces de Poictou, Xaintonge et Aulnix.*

### Donnée à Ecouan le 4 may 1641.

*Vérifiée en Parlement, Chambre des Comptes et Cour des Aydes, les dernier mars, 25 juin et 27 septembre 1642.*

Louis, par la grace de Dieu, Roy de France et de Navarre : A nos amez et féaux les gens tenans nos Cours de Parlement, Chambres de nos Comptes ; Cour des Aydes, trésoriers généraux de France, surintendant général et grand-Maistre réformateur des eaüs et forests de France, séneschaux, baillifs, prevosts, vicomtes, leurs lieutenans généraux et particuliers, présidens et esleus des eslections, et à tous autres nos justiciers et officiers, et à chacun d'eux comme à luy appartiendra, Salut. Le feu Roy, nostre très-honoré Seigneur et pere (que Dieu absolve) ayant reconnu le grand profit et utilité qui reviendroit à Nous et à nos subjets, si tous les marais qui sont dans nostre Royaume estoient desseichez, auroit fait venir des Pays-Bas Humfroy Bradleij, de Bergues sur le Zoom, pour travailler ausdits desseichemens, attendu qu'il ne s'estoit présenté alors de naturels François qui voulussent prendre les risques des grands frais et dépenses qu'il convient faire pour parvenir auxdits desseichemens et entretien d'iceux ; et par ses Esdicts des 8 avril 1599 et janvier 1607, auroit accordé audit Bradleij et ses associez, plusieurs priviléges à plein contenus esdits Édicts, vérifiez où besoin a esté, Nous aurions, en exécution d'iceux, fait expédier en nostre Conseil, le 22 octobre 1611, un réglement général sur tous lesdits desseichemens, ensemble nos lettres de déclaration des 5 juillet et 19 octobre 1613, en vertu desquelles ledit Bradleÿ et ses associez ont jouy desdits priviléges qui sont expirés dès le 18 juillet 1638. Et d'autant qu'il est important pour le bien de nostre Estat, le profit qui Nous en revient et à nos sujets, et l'embellissement de nostre Royaume, de continuer un ouvrage si nécessaire; et qu'il ne s'est trouvé personne pour l'entreprendre, faire les advances, et prendre les risques desdits desseichemens, si, pour le mérite et reconnoissance desdits ouvrages, Nous ne leur accordons des priviléges pour vingt années, afin que, par ce moyen, ils puissent se rembourser d'une partie desdits frais et advances qu'il leur convient faire. A cet effet, maistre Pierre Siette le jeune, l'un de nos ingénieurs et géographes ordinaires, s'estant présenté avec plusieurs personnes de condition et de grands moyens, pour entreprendre le desseichement des marais, palus et terres inondées qui restent à desseicher ès provinces de Poictou, Xainctonge et Aulnix. A ces causes, de l'advis de nostre Conseil, auquel cette affaire a esté meurement délibérée, et de nostre propre mouvement, pleine puissance et authorité royale, duëment informez de l'expérience et capacité dudit Siette, au fait desdits desseichemens, avons à iceluy permis et accordé, permettons et accordons par ces présentes, signées de nostre main, Voulons et Nous plaist, que ledit Siette et ceux qu'il voudra associer avec luy pendant vingt années, jouissent des priviléges et exemptions ci-après déclarées, pour tous les marais qui restent à desseicher esdites provinces, sans

5

que pendant ledit temps ils puissent être dépossédez pour quelque cause et occasion que ce soit de ladicte entreprise, ni que personne se puisse entremettre audit desseichement, que de son consentement, à peine de trois mille livres d'amende : Qu'il sera loisible audit Siette et à tous autres qui auront charge et pouvoir desdits. . . . . . (1) pour arpenter lesdits marais que l'on voudra desseicher et mettre en culture, dresser les plans et figures, faire les allignemens et toutes autres sortes de marques concernans lesdits desseichemens ou canaux navigables, de passer et rapasser leurs travaux pardessus l'héritage de leurs voisins, pour l'exécution de leurs entreprises ; quand il sera nécessaire, ou qu'ils ne pourront prendre ledit passage ailleurs qu'avec trop d'incommodité, en payant l'intérest du maistre et propriétaire, dont ils conviendront ensemble de gré à gré, s'ils ne s'en peuvent accorder, selon ce qui sera arbitré et jugé par le plus prochain juge royal des lieux, ou les commissaires qui seront par Nous à cet effet députez, sans que, pour raison des différends, s'il y avoit quelque longueur. l'ouvrage puisse être en aucune sorte différé ny retardé : Que toutes personnes ecclesiastiques, nobles, officiers et du tiers estat, de quelque qualité et condition qu'ils soient ou puissent estre, pourront estre associez avec ledit Siette, sans déroger à leurs charges, dignitez, priviléges, exemptions, immunitez et autres prérogatives : Que tous les traitez et contracts que ledit Siette et ses associez ont faits ou feront ci-après, de gré à gré avec les propriétaires, soit ecclesiastiques, communautez, ou particuliers ayant ou prétendant droicts ausdicts marais pour raison d'iceux, tiendront et seront

_____

(1) Cette lacune se trouve dans les éditions originales.

entretenus selon leurs clauses et conditions : Et en cas
que quelques-uns d'entre eux ne voulussent s'accorder
avec ledit Siette et ses associez, Voulons que les refusans
soient contraints par le plus prochain juge royal des lieux,
ou les commissaires qui seront par Nous députez, aux
mêmes prix et conditions des autres, pourveu que ledict
Siette et ses associez soient d'accord avec les propriétaires
des deux tiers desdits marais, et qu'il n'y aye qu'un tiers
qui l'empesche : Que lesdits entrepreneurs, ou ceux qui
acquerront lesdites terres desseichées, leurs fermiers et
mestayers, demeureront exempts pendant vingt années de
toutes tailles et autres impositions pour lesdites terres
desseichées seulement, lesquelles terres desseichées ne
payoient ci-devant aucune taille, et non toutefois pour
celle qu'ils pourroient acquérir en autres endroits du
Royaume, pour le regard desquelles ils contribueront tout
ainsi que nos autres sujets : Que les marais et terres qui
auront esté desseichez, ne payeront aucune dixme, soit
aux ecclesiastiques, ou autres seigneurs séculiers qui les
pourroient prétendre, au cas qu'ils n'en ayent payé cy-
devant, et ce, durant le temps de dix ans, à compter du
jour que lesdits marais auront esté réduits en culture; lequel temps passé, seront tenus les payer à raison de cinquante gerbes l'une : Et d'autant que ledit Siette ne peut
estre en divers endroits pour faire travailler avec le soin
et diligence que Nous nous sommes promis de son affection, Nous luy avons permis et permettons par ces présentes, de commettre telles personnes que bon luy semblera pour la conduite des travaux, et faire ce qui sera
nécessaire, tout ainsi que s'il y estoit en personne. Si vous
mandons, et à chacun de vous en droit soy très-expressément enjoignons, que nos présentes lettres et déclaration,

vouloir et intention vous ayez à faire publier et registrer ;
et du contenu faire joüir et user ledit Siette et ses associez
pleinement et paisiblement durant ledit temps , sans permettre qu'il luy soit fait , mis ou donné aucun trouble ou
empeschement au contraire , en quelque sorte et manière
que ce soit : Car tel est nostre plaisir, nonobstant quelconques Édicts , Déclarations, Ordonnances , Arrests, Réglemens , deffenses , restriction et lettres à ce contraires , ausquelles , et aux dérogatoires d'icelles , Nous avons dérogé
et dérogeons par ces présentes , et que foy soit adjoustée
aux copies deuëment collationnées par l'un de nos amez
et féaux conseillers et secrétaires , ou notaires royaux ,
comme au présent original : Commandons au premier
nostre huissier ou sergent sur ce requis , faire tous actes et
exploits nécessaires pour leur entière exécution ; sans que ,
pour ce , il soit tenu demander aucun congé ou permission. Donné à Écouan , le quatriesme may , l'an de grace
mil six cent quarante-un , et de nostre regne le trente-un.
Signé , LOUIS. *Et plus bas* , par le Roi , PHELYPPEAUX.
Et scellées du grand sceau de cire jaune.

## Extraict des registres de Parlement.

**Du dernier mars 1642.**

LA Cour a ordonné et ordonne, que lesdites lettres seront registrées au greffe d'icelle , pour jouyr par l'impétrant de l'effet et contenu en icelles ; et à la charge toutesfois qu'il sera en la liberté des propriétaires seulement
de desseicher , si bon leur semble , leurs marais à leurs
risques et dépens , sans qu'ils puissent néantmoins jouyr
des priviléges accordez à l'impétrant, si ce n'est de son
consentement : Et en ce faisant , ne pourront aucuns autres
entrepreneurs s'entremettre ausdits desseichemens , que

du mesme consentement, à peine de nullité. Faict en Parlement, le dernier jour de mars 1642. **Signé Guyet.**

*Registrées en la chambre des Comptes, ouy le procureur général du Roy, à la charge qu'il sera dans la liberté aux propriétaires de desseicher, si bon leur semble, leurs marais à leurs risques et dépens, et sans qu'ils puissent jouyr des priviléges accordez audit Siette, si ce n'est de son consentement; ce faisant, ne pourront aucuns entrepreneurs s'entremettre ausdits desseichemens, que du mesme consentement, à peine de nullité. Ce vingt-cinquiesme jour de juin 1642.* **Signé Bourlon.**

*Registrées en la Cour des Aydes, ouy le procureur général du Roy, pour jouyr par l'impétrant du contenu en icelles, selon leur forme et teneur, suivant l'arrest du jourd'huy. Donné à Paris le vingt-septiesme jour de septembre 1642.* **Signé Boucher.**

# DÉCLARATION

## DU ROY LOUIS XIV,

*Accordée en faveur des propriétaires des marais.*

### Donnée à Paris le 20 juillet 1643.

Louis, par la grace de Dieu, Roy de France et de Navarre, à nos amez et féaux conseillers les gens tenans nos Cours de Parlement, Chambres de nos Comptes, Cours des Aydes, trésoriers généraux de France, surintendant général et grand maistre réformateur des eaux et forests de France, séneschaux, baillifs, prevosts, vicomtes, leurs lieutenans généraux et particuliers, présidens, et

esleus des élections, et à tous autres nos justiciers et officiers, Salut. Les propriétaires des marais, palus et terres
inondées qui restent à desseicher en nos provinces de
Xainctonge, Poictou et Aulnix, et autres particuliers qui
ont acquis de divers seigneurs, tant ecclesiastiques qu'autres, à titre d'hoirie, et par baux emphithéotiques, ou à
perpétuité à droit de terrage et champart, et dont les
acquisitions ont esté faites de l'authorité de nos Cours souveraines, et suivant les décrets et canons, Nous avons fait
plainte que par les Lettres Patentes du feu Roy nostre très-
cher et honoré père, du mois de may 1641, vérifiées en
en nostre Cour de Parlement de Paris au mois de mars
1642, il auroit à leur préjudice et de la vérification de
ladite déclaration, qui leur donne pouvoir de faire lesdits
desseichemens, permis et accordé au nommé Siette, ingénieur et géographe, de desseicher seul lesdites terres
et marais, sur ce qu'il auroit fait entendre qu'aucuns desdits propriétaires et particuliers ne pouvoient entreprendre
d'en faire les desseichemens, et ne vouloient faire les frais
qu'il convenoit pour raison de ce : quoique depuis cinq à
six ans avant le pouvoir à lui octroyé, ils ayent fait de
grands travaux et de grands frais pour en desseicher,
mesme qu'ils en avoient desseiché grand nombre, ce qui
a causé jusques ici de grands procez, et retardé de beaucoup lesdits desseichemens au préjudice de nos sujets : à
quoi voulant remédier, Nous avons estimé estre nécessaire
de régler et restraindre le pouvoir porté par lesdites Lettres
octroyées audit Siette et le faire jouir seulement du contenu
en icelles pour les terres et marais qu'il a entrepris de desse-
cher, et encore pour celles dont lesdits propriétaires et acquéreurs, aux conditions ci-dessus, ne voudront entreprendre
lesdits desseichemens, et quant à celles qui sont déja des-

seichées par lesdits propriétaires et acquéreurs, et qu'ils voudront desseicher à l'advenir, accorder la mesme permission, pouvoir et privilege qu'a ledit Siette, au sieur Petit, gentilhomme servant de nostre très-chere et très-honorée mere la Reyne régente, pour en faire jouir lesdits propriétaires et acquéreurs pendant vingt années. A ces causes, de l'advis de nostre Conseil, auquel cette affaire a esté meusement délibérée, où estoit nostre très-chere et très-honorée mere, nostre très-cher et amé oncle le duc d'Orléans, nostre cousin le prince de Condé, et autres princes et officiers de nostre couronne, et de nostre propre mouvement, pleine puissance et authorité royale, avons permis et accordé, permettons et accordons par ces présentes à tous seigneurs et propriétaires desdits marais et terres inondées, ensemble à tous ceux qui en ont cy-devant pris et prendront cy-après par baux emphitéotiques, ou à perpétuité, au droit de Champart, de faire les desseichemens desdits marais, palus et terres inondées par l'ordre et consentement dudit Petit, auquel seul Nous avons donné la faculté et le pouvoir de faire faire et permettre les desseichemens desdits marais, qu'ont entrepris et voudront entreprendre les propriétaires et acquéreurs à baux emphitéotiques et droit de champart, et les faire jouir des mesmes privileges et exemptions que ceux qui ont esté accordées audit Siette pendant vingt années, sans que ledit Siette et autres puissent empescher et entreprendre lesdits desseichemens; ce que Nous leur deffendons très-expressément et de les interrompre dans leurs travaux, sous quelque prétexte et occasion que ce soit; et en ce faisant, avons restraint le pouvoir donné audit Siette par lesdites Lettres du mois de mai 1641, pour en jouir par lui et ses associez seulement pour les terres et marais qu'ils ont entrepris ; et pour celles dont lesdits propriétaires et particuliers ne voudront faire lesdits desseichemens, permettons ausdits seigneurs propriétaires qui voudront faire lesdits desseichemens, de faire passer et repasser lesdits travaux par dessus l'héritage de leurs voisins, quand il sera nécessaire, ou qu'ils ne pourront prendre leur passage ailleurs, en payant l'interest desdits héritages, dont ils conviendront ensemble de gré à gré, s'ils ne le peuvent, selon qu'il sera jugé et arbitré par le plus prochain juge royal des lieux, ou par les commissaires qui seront par Nous à cet effet députez, sans que pour raison desdits différends, s'il y avoit quelque longueur, l'ouvrage puisse estre en quelque façon différé et retardé, seront tenus de faire et bailler déclaration audit sieur Petit, du nombre des arpens et du lieu qu'ils voudront desseicher, moyennant quoy ils jouiront, leurs fermiers et mestayers, pendant vingt années, de l'exemption de toutes tailles et impositions pour lesdites terres desseichées seulement, lesquelles ne payoient cy-devant tailles, non toutesfois pour celles qu'ils pourroient acquérir ès autres endroits, pour le regard desquelles ils contribuëront tout ainsi que nos autres sujets, et seront lesdites terres, palus et marais ainsi desseichez, exempts de dixmes, soit aux ecclésiastiques, ou aux autres seigneurs séculiers qui les pourroient prétendre, au cas qu'elles n'en ayent pas payé cy-devant, et ce durant lesdites vingt années, lesquelles estant expirées, seront lesdits propriétaires tenus les payer, à raison de cinquante gerbes l'une. Si vous mandons, et à chacun de vous en droit soy très-expressément enjoignons, que nos présentes Lettres, vouloir, intention et déclaration, vous ayez à faire publier et enregistrer, et du contenu faire user et jouir ledit Petit pleinement et paisiblement durant ledit temps, sans permettre qu'il lui soit fait, mis et donné aucun trouble et empeschement au contraire en quelque sorte et manière que ce soit : car tel est notre plaisir, nonobstant quelconques Edicts, et déclarations, et Ordonnances, et arrests, réglemens, et Lettres à ce contraires; ausquelles, et aux dérogatoires d'icelles, Nous avons dérogé et dérogeons par ces présentes, et que foy soit adjoustée aux copies deuëment collationnées d'icelles par l'un de nos amez et féaux conseillers et secrétaires ou notaires royaux, comme au présent original : commandons au premier nostre huissier ou sergent sur ce requis faire tous exploits et actes nécessaires pour leur entière exécution, sans que pour ce il soit tenu demander aucun congé ni permission. Donné à Paris le vingtiesme jour de juillet, l'an de grace mil six cens quarante-trois, et de nostre regne le premier. Signé Louis. *Et plus bas*, par le Roy, la Reyne régente sa mere présente. Signé DE LOMENIE, avec paraphe et scellé.

---

# ÉDICT DU ROY,

*Pour la construction d'un nouveau canal navigable, au pays de Languedoc, et pour le desseichement des marais, en vingt-six articles.*

Donné à Paris au mois de mars 1644.

*Registré au Parlement de Toulouse le 19 aoust 1644.*

Louis, par la grace de Dieu, Roy de France et de Navarre : A tous présens et à venir, Salut. Nous ayant esté représenté par les propriétaires des salins de Peccais, et

par nos fermiers des gabelles de Languedoc, Dauphiné
et Lyonnois, que les tirages des sels dudit Peccais estoient
grandement difficiles, et les frais de voitures de beaucoup
augmentez, à cause que la brassière du Rhosne, qui va audit
Peccais, servant au tirage desdits sels, se combloit de jour
à autre, et que, durant plus de six mois de l'année, et lorsque la saison est plus propre pour faire lesdits tirages, les
eaux estoient si basses, qu'il estoit presque impossible de les
faire par ladite brassière, les voituriers estans contraints le
plus souvent de mettre douze ou quinze barques pour porter
la charge d'une seule, et de tripler le nombre d'hommes et
chevaux; et outre ce, mettre quinze ou vingt jours au tirage qui se pourrait faire dans trois jours, et que si bientost
il n'y estoit remédié, lesdits salins de Peccais, qui sont les
plus beaux et les meilleurs de l'Europe, sont en danger de
se ruiner et perdre entièrement : Pour ces considérations,
le feu Roy, Louis XIII, nostre très-honoré Seigneur et
Pere, que Dieu absolve, auroit establi en trois diverses
creuës sur ledit sel jusques à quarante sols, avec le parisis,
revenant à cinquante sols pour minot sur tous les sels qui
se tirent, non-seulement dudit Peccais, mais encore des
greniers de Narbonne, Peyriac et Sijan, pour estre le tout
employé à la réparation de ladite brassière, ou à la construction d'un nouveau canal : Ensuite de quoi, par les
baux à ferme des gabelles de Languedoc et Lyonnois, faits
à Leus et Riquier, ès années mil six cens trente-trois et
trente-cinq, nous serions obligez de faire travailler incessamment à la réparation de ladite brassiere, ou à la construction d'un nouveau canal pour la facilité desdits tirages. Mais, depuis ledit temps jusqu'à présent, les grandes
et immenses despenses qu'il a fallu faire, et sommes encore contraints de supporter, à cause de la guerre et des

grandes armées que nous avons sur pied pour la conservation de cet Estat, et de nos alliez, Nous ont obligé de
divertir le fonds desdites creuës, et nous en servir aux
plus urgentes nécessitez de nos affaires : Et cependant ladite brassiere s'estant presque tout-à-fait comblée et rendue inutile, Nous en aurions receu de grandes plaintes de
la part desdits propriétaires et fermiers : A quoi ne pouvant estre pourvu que par une grande et notable despense,
et ne pouvant à présent en faire le fonds que par l'establissement d'une nouvelle creuë sur lesdits sels : Estant sur
le point d'ordonner ledit establissement, notre cher et bien
amé maistre Jacques Brun, de la ville de Brignolle en Provence, Nous auroit fait des propositions et offres en nostre
Conseil, de faire à ses frais et despens, dans six années,
un canal navigable de sept toises de largeur, et de la profondeur nécessaire pour porter batteaux d'environ cent
milliers pesant, à le prendre de la riviére du Rhosne, au-
dessous de la ville de Beaucaire, jusques aux salins de
Peccais; par la robine d'Ayguemortes, du costé de la Peyrade, canal de Bourgidou, ou autrement, et continuer
iceluy pour le rendre communicable avec le port d'Agde,
par le grau de Palavas ou Grouzette, et se servir à cet
effet desdits robine, canal de Bourgidou, radelle et estangs,
et faire bastir et construire le long dudit canal les ponts,
escluses, digues et chaussées nécessaires ; comme aussi
des maisons, moulins, magasins et hostelleries aux endroits qu'il advisera pour la commodité de la navigation,
trafic et commerce : Et Nous auroit représenté que, par
le moyen dudit nouveau canal, lesdits salins de Peccais
recevront de notables advantages, en ce que le tirage
desdits sels se fera commodément en toutes saisons, et aux
plus basses eaux de l'année, dans beaucoup moins de temps

que par le passé, et lors mesme que ladite brassière estoit
en son meilleur estat, et le prix desdites voitures qui a esté
augmenté par diverses fois, à cause du comblement d'icelle,
diminuera de beaucoup, au lieu que celui desdites fermes
augmentera à nostre profit, et les prétentions de dédommagement desdits fermiers cesseront à l'advenir pour ce
sujet; outre que la province de Languedoc, et une partie
de nostre Royaume recevra un notable bénéfice dudit canal, par la communication d'iceluy avec ledit port d'Agde,
et avec tout bas pays de ladite province, et des villes qui
sont sur la rivière du Rhosne, Saone, l'Izere et autres :
Et de plus, qu'il desseichera quantité d'estangs, palus,
marais et terres inondées audit bas Languedoc, et les
rendra en culture ou pasturages, dont il proviendra un
grand profit et advantage à ladite province, notamment
aux lieux voisins où les habitans qui, par la corruption
et infection desdits marais, sont ordinairement affligez
de maladies, joüiront d'un air beaucoup plus pur et
plus seram : Aussi lesdits desseichemens ont esté jugez
tellement utiles au public par le feu Roy Henry le Grand,
d'heureuse mémoire, qu'il auroit ci-devant accordé à l'effet d'iceux, par ses Édicts et déclarations, plusieurs priviléges, prérogatives et advantages à Humfroy Bradleij :
Et pourtant lesdites propositions et offres dudit Brun ayant
esté examinées et mises en délibération en nostre Conseil,
en présence de la Reyne régente, nostre très-honorée Dame
et mere, de nostre très-cher oncle le duc d'Orléans,
de nostre cher cousin le prince de Condé, de nostre
cher cousin le cardinal Mazarini, et autres princes, seigneurs et officiers de la Couronne, avec les demandes sur
ce par luy faites, à raison des grandes et notables despenses qu'il luy conviendra faire, et des hasards, risques

et pertes qu'il peut encourir en ladite entreprise, le tout ayant esté jugé non-seulement raisonnable, mais utile et advantageux, et à la décharge de nos finances, bien et soulagement de nos sujets. Pour ces causes, et autres bonnes considérations à ce Nous mouvans, de nostre certaine science, pleine puissance et authorité royale, avons, par le présent Édict, perpétuel et irrévocable, permis et permettons audit Brun, ses associez et ayans cause, privativement à tous autres, de faire construire à ses frais et despens, dans six années, à compter du jour que ces présentes auront esté vérifiées, purement et simplement, aux lieux où besoin sera, un nouveau canal navigable de sept toises de largeur, et de la profondeur nécessaire pour porter batteaux d'environ cent milliers pesant, à le prendre de la rivière du Rhosne, au-dessous de la ville de Beaucaire, jusques aux salins de Peccais, par la robine d'Ayguemortes, du costé de la Peyrade, canal du Bourgidou, ou ainsi qu'il jugera plus commode pour lesdits tirages, et continuer icelui, pour le rendre communicable avec ledit port d'Agde, par le grau de Palavas ou Grouzette, et se servir à cet effet desdits Robine, canal de Bourgidou, radelle et estangs, et faire bastir et construire le long dudit canal les ponts, escluses, digues et chaussées nécessaires; comme aussi des maisons, moulins, magasins et hostelleries, aux endroits qu'il advisera pour la commodité de la navigation, trafic et commerce.

ART. Ier. Avons aussi permis et permettons audit Brun et ses associez, de faire desseicher tous et chacun les estangs, palus, marais, coustiers et terres inondées du bas Languedoc, que bon leur semblera, qui sont depuis la ville de Beaucaire jusques audit Agde, tant par le moyen dudit canal navigable, que par autres qu'ils pourroient faire, qui se déchargeront dans icelui, ou autrement, soit que lesdits estangs, palus, marais et terres inondées Nous appartiennent, ou aux ecclesiastiques, communautez ou particuliers.

II. Pour faire la construction, tant dudit canal navigable, ponts, escluses, digues, chaussées, maisons, magasins, hostelleries et autres ouvrages, que pour les autres canaux nécessaires pour le dessèchement desdits marais, ledit Brun et ses associez pourront faire tracer et passer lesdits canaux par tous les lieux et endroits qu'ils adviseront, et où leurs allignemens les porteront; et à cet effet, se servir des travaux, canaux et eschenaux, rivières et fontaines qui leur pourront estre commodes et utiles, et prendre telle quantité de terres et héritages qui se trouveront dans ledit allignement, et trois perches de largeur de chacun costé dudit canal, sur toute l'estendue d'iceluy: comme aussi telle autre quantité de terres et héritages nécessaires pour faire lesdits bastimens et autres ouvrages, en desdommageant les propriétaires desdites terres et héritages de gré à gré, ou au dire d'experts et gens à ce connoissans, pardevant les commissaires qui seront par Nous sur ce députez.

III. Et pour reconnoistre et récompenser en quelque façon les peines, soings, labeurs et industries dudit Brun et ses associez, et les desdommager des grandes et notables sommes de deniers qui leur conviendra employer pour la construction dudit nouveau canal navigable, et autres petits canaux et ouvrages, et pour l'entretenement d'iceux, leur avons octroyé et accordé les choses qui ensuivent.

IV. Premierement, Nous avons donné, octroyé, cédé, quitté, transporté et délaissé, donnons, octroyons, cédons,

quittons, transportons et délaissons audit Brun et ses associez, hoirs, successeurs et ayans cause, le fonds, très-fonds
desdits nouveaux canaux, levées, escluses et pescheries d'i-
ceux, sans qu'austres personnes quelconques puissent avoir
aucun droit ausdites pescheries, pour quelque cause, prétexte ou occasion que ce soit ou puisse être, ny aux ouvrages
qu'ils y feront, et toutes autres choses généralement quelconques en dépendans; pour, de tous lesdits canaux, en toute
leur estendue, fonds et très-fonds d'iceux et de tous lesdicts
ouvrages ; ensemble des droits de péage et navigation qui
seront cy-après déclarez, jouir par ledit Brun et ses associez, hoirs, successeurs et ayans cause, et les posséder à
tousjours en pleine propriété, noblement, et le tout tenir
de Nous en fief de franc alleu, purement et simplement,
avec toute justice, haute, moyenne et basse, sur toute
l'estenduë dudit canal navigable, bords, levées, et trois
perches de terre hors l'œuvre desdites chaussées, de chacun costé d'icelui, en toute sa longueur et estenduë,
escluses, maisons, magasins, bourgs et engins, et autres
choses dépendantes desdits ouvrages, tant en matière
civile, criminelle, que mixte; le tout affranchi, exempt
et deschargé de la mouvance, censive et justice de quelque
seigneur et justice que ce soit ; ensorte que ladite justice
haute, moyenne et basse, suivra en tout et par tout la
nature de fief de franc alleu pure et simple, en dédommageant
les seigneurs particuliers, s'il y eschet dédommagement.

V. Avons aussi accordé audit Brun et ses associez, leurs
hoirs, successeurs et ayans cause, à perpétuité, noblement et en franc alleu, comme il est dit cy-dessus, un
droit de navigation et péage sur toutes sortes de marchandises, denrées et autres choses qui seront voicturées sur
ledit canal, tant en montant qu'avalant.

VI. ( *Suit le tarif.* )

VII. Tous lesquels droits cy-dessus déclarez seront payez
entierement à l'entrée dudit canal par les marchands, voic-
turiez ou autres, sans pouvoir prétendre aucune diminution pour les marchandises, denrées, et autres choses qui
seront chargées ou déchargées en chemin le long dudit
canal, nonobstant qu'elles ne soient voicturées que sur
une partie d'icelui.

VIII. Et d'autant que le prix des voictures des sels a
augmenté de temps en temps, et pourra encore augmenter par les incommodités et comblemens de ladite brassière, et qu'il diminuera cy-après, lors que lesdites voictures se feront par ledit nouveau canal; pour donner
moyen audit Brun de se récompenser en quelque façon
des grandes dépenses qu'il lui conviendra faire, tant pour
la construction dudit nouveau canal, que pour l'entretien
d'icelui, lui avons accordé et accordons qu'il jouisse pendant dix années, à compter du jour que ledit canal sera
rendu navigable, du prix que lesdites voictures diminue-
ront, par la facilité de la navigation du nouveau canal, eu
esgard à ce qui s'en paye à présent qu'elles se font par
ladite brassiere, et de ce qui s'en payera lors qu'elles se
feront par ledit nouveau canal : et pour éviter les différends
qui pourroient naistre pour raison de la diminution dudit
prix, Voulons et ordonnons que ladite diminution soit
réglée par les commissaires qui seront par Nous sur ce
députez, et ledit prix taxé et liquidé, pour estre payé
pendant ledit temps audit Brun, par les marchands ou
voicturiers, sans qu'ils en puissent prétendre aucune diminution, si mieux n'aime ledit Brun, pour oster tout sujet
de fraude, entreprendre lesdites voictures pendant ledit
temps : auquel cas, Voulons qu'il lui en soit payé le même

prix qui s'en paye à présent par ceux qui les font faire, et aux mêmes conditions, en faisant des six dernieres années une commune, sans que nul se puisse entremettre de les faire, sinon du consentement dudit Brun.

IX. Pour la levée et perception desquels droits, ledit Brun et ses associez pourront establir tel nombre de bureaux que bon leur semblera, et aux lieux qu'ils adviseront, sans qu'ils puissent lever ou prendre autre chose, outre les susdits droits, à peine de concussion.

X. Que nuls de quelque qualité et condition qu'ils soient, tant ecclesiastiques, nobles, que du Tiers Estat, villes, communautez ou autres quelconques, ne pourront aller, venir, et négocier dans l'étenduë dudit canal, sans payer les susdits droits, sous quelque cause ou prétexte que ce soit, à peine de confiscation des barques et denrées dont elles se trouveront chargées : révoquant, pour ce regard, toutes exemptions et privileges qui pourroient avoir esté cy-devant accordez par Nous, ou nos prédécesseurs Roys, ou qui le pourroient estre cy-après à quelques villes, communautez ou particuliers, sous couleur de foire franche, ou pour quelque cause et occasion que ce soit et puisse estre.

XI. Et afin que l'interest dudit Brun et ses associez ne reçoive aucun préjudice à l'advenir, et que le public reçoive d'autant plus d'utilité de ladite entreprise, que le transport desdites marchandises et denrées par ledit canal ne soit interrompu par aucune nouvelle imposition, Nous avons accordé et accordons audit Brun et ses associez, que par Nous, ni par nos successeurs Roys, ne seront imposez cy-après aucuns péages, ni autres droits quelconques que les susdits, sur les marchandises, denrées, et autres choses qui seront voicturées sur ledit canal, ni à l'entrée, ni à la sortie d'icelui.

XII. Sera tenu ledit Brun, ses associez et ayans cause, d'entretenir à leurs frais et dépens ledit nouveau canal navigable, en sorte que les barques puissent monter et descendre en toutes saisons : ausquelles fins leur sera permis de faire toutes les réparations qu'ils adviseront dans les rivieres du Rhosne, Vistre, Vidourle, soit au milieu, bords, rivages, et en quelque endroit que ce soit, par bastimens, escluse, chaussées, digues, palliers, bouchemens et divertissemens qu'ils jugeront à propos, sans qu'à ce faire leur soit donné aucun trouble ni empeschement, par qui que ce soit ou puisse estre, pourveu que les choses cy-dessus ne préjudicient à la navigation desdites rivieres : ordonnons que toutes martellieres, tant le long du grand Rhosne, depuis Beaucaire jusques à Fourques, que le long de la brassiere jusques à Peccais, du costé dudit nouveau canal, seront fermées et bouchées ; et enjoint à tous le propriétaires desdites terres de fermer lesdites martellieres, à peine de dix mille livres d'amende, dépens, dommages et interests, que l'entrepreneur pourra souffrir pour l'ouverture d'icelles.

XIII. En considération de l'importance dudit travail, et de la grandeur de ladite entreprise, et des grandes et notables dépenses qu'il conviendra faire pour le mettre à perfection, outre les choses cy-dessus déclarées, avons donné, octroyé, cédé, quitté, transporté et délaissé, donnons, cédons, quittons, transportons et délaissons, pour Nous et nos successeurs Roys, audit Brun et sesdits associez, le fonds, très-fonds de l'ancien canal de ladite brassiere du Rhosne, qui ne servira plus pour la navigation, avec ses isles et islons à nous appartenans, ses branches, bords et chaussées, depuis son commencement, au-dessus du lieu de Fourques, jusques à ses embou-cheures dans la mer, pour en jouir, leurs hoirs, succes-seurs et ayans cause, et les posséder à tousjours en pleine propriété, noblement, et le tout tenir de Nous en fief de franc alleu, purement et simplement, avec toute justice haute, moyenne et basse, sur toute son estenduë : pour ledit ancien canal ou brassiere, ses isles et islons, bords et chaussées, en jouir, et mettre en terres cultes, laboura-bles, prairies, pescheries, et autrement, ainsi qu'ils advi-seront. Les terres de laquelle brassiere seront exemptes de dixmes durant lesdites dix premieres années, après avoir esté mises en culture ; et après lesdites dix années, ladite dixme sera réduite au pied de cinquante gerbes l'une, et ainsi des autres fruicts sujets à ladite dixme ; et ce nonobstant tous dons, concessions et inféodations qui en pourroient avoir esté cy-devant faits, que Nous avons avons révoqués et révoquons par ces présentes.

XIV. Avons aussi donné, cédé, quitté, transporté et délaissé, donnons, cédons, quittons, transportons et délaissons audit Brun et ayans cause, tous et chacun les estangs, palus, marais, coustieres et terres inondées qu'ils feront desseicher et réduire en culture, prairies et pastu-rages, par le moyen dudit nouveau canal, et autres qu'ils feront faire, se déchargeant dans iceluy, ou autrement, depuis ladite ville de Beaucaire, jusques audit Agde, et dix lieuës proche desdits canaux, soit que lesdits estangs, palus, marais et terres inondées Nous appartiennent, ou à des ecclesiastiques, communautez et particuliers ; pour desdites terres en jouir par ledit Brun, ses associez et ayans cause, et les posséder à tousjours en pleine propriété, noble-ment, et avec toute justice haute, moyenne et basse, tant en matiere civile, criminelle, que mixte; le tout affranchi, exempt et déchargé de la mouvance, censive et justice de quelque seigneur que ce soit, en sorte que ladite justice haute, moyenne et basse, suivra en tout et partout la nature de fief de franc alleu, avec pareille exemption de dixme pendant lesdites dix premieres années, et réduction au cinquantiesme des fruicts après lesdites dix années, sous la réservation aux propriétaires particuliers desdits marais ecclésiastiques, ou communautez, d'une portion des terres desseichées, de la valeur et revenu que lesdits marais sont de présent, ou telle autre qui sera accordée de gré à gré, ou jugée par experts devant les commissaires qui seront par Nous députez : laquelle portion ne pourra estre de moindre valeur que lesdits marais sont à présent, et à la charge de dédommager les seigneurs particuliers, dans la justice desquels lesdits marais se trouveront, de la valeur de leursdites justices; ladite valeur considérée en l'estat que lesdits marais sont à présent.

XV. Pendant les six années de travail dudit canal, et dix ans après, nul des propriétaires desdits estangs, palus, marais, coustieres et terres inondées, ni aucuns autres, ne pourront s'entremettre ni entreprendre de faire desseicher aucuns desdits estangs, palus et marais, depuis la ville de Beaucaire jusques à la ville d'Agde, et dix lienës proche desdits canaux et estangs, soit par le moyen dudit canal, ou autrement, en quelque sorte et maniere que ce soit.

XVI. Pareillement avons ordonné et ordonnons que, pendant lesdites six années, ou autre temps dudit travail, la chair, vin et poisson, qui seront mangez et consommez sur les lieux par les ouvriers et travailleurs audit canal, pendant le temps qu'ils travailleront effectivement audit ouvrage, seront exempts, quittes et déchargez du droit d'équivalent qui se leve audit pays de Languedoc, en quelque sorte et par qui que ce soit, que ladite chair, vin et poisson, puissent estre vendus et revendus ausdits ouvriers et travailleurs audit canal, sans que les acquéreurs, propriétaires ou fermiers dudit droit, puissent rien prétendre.

XVII. Ne sera tenu ledit Brun payer le prix des terres et héritages qu'il aura occupés à l'effet desdits canaux et des susdits ouvrages, qu'un an après qu'il les aura prises et occupées, en payant l'interest dudit prix, à raison du denier dix-huit : et afin qu'il ne soit inquiété par les créanciers des propriétaires desdites terres et héritages, si aucuns y en a, lesdits créanciers s'opposeront, si bon leur semble, pendant ladite année à la délivrance des deniers desdits prix, déduiront leur interest, et feront vuider leurs oppositions, ainsi que bon leur semblera, pendant lequel temps, en faisant publier aux siéges et paroisses où lesdits héritages sont situez, par trois dimanches consécutifs, qu'il est prest de faire le payement d'iceux : et s'il ne se trouve pour-lors aucuns opposans à la délivrance des deniers, en les délivrant aux possesseurs desdits héritages, ledit Brun en demeurera valablement déchargé envers tous autres, pour quelques debtes et hypothecques que ce soit.

XVIII. Pour reconnoistre et favoriser ledit Brun et ses associez, autant qu'il est possible, au faict de ladite entreprise, Nous avons déchargé et exempté ledit nouveau canal du droit de franc-fief et nouvel acquest, ensemble toutes les terres, prairies, pasturages, pescheries, tant de ladite brassiere, isles, estangs, palus, marais, coustières et terres inondées, que ledit Brun et ses associez feront desseicher et réduire en culture, pasturages, pescheries, qu'autres terres, maisons, bourgs et engins cy-devant exprimez, qui seront ou pourront estre à l'advenir entre mains de personnes roturieres et non nobles, ou communautez : lequel droit de franc-fief et nouvel acquest avons cédé, quitté et transporté audit Brun, ses associez, leurs hoirs, successeurs et ayans cause : Voulons que les frais et dépens qu'ils employeront à ladite entreprise, leur tiennent lieu de suffisante finance pour la décharge, exemption et amortissement dudit droit de franc-fief et nouvel acquest.

XIX. Et pour donner plus de courage aux associez dudit Brun, pour mener à perfection ladite entreprise, Nous avons déclaré et déclarons nostre vouloir et intention estre de gratifier et honorer du tiltre de noblesse six d'entre eux, de ceux qui ne le sont par naissance : Voulant qu'eux et leurs enfans nez et à naistre jouissent de tous privileges de noblesse ; à condition que ceux qui auront esté honorez de ce tiltre, ne feront après ledit annoblissement aucun acte dérogeant à ladite qualité ; le tout après qu'ils auront rendu quatre lieuës françoises de longueur dudit canal en si bon estat, qu'il puisse porter batteaux chargez de cent milliers pesant : Et si, dans ledit temps de six années, ils ne rendent ledit canal navigable, comme il est dit cy-dessus, ils seront descheus du tiltre de noblesse.

XX. Si pendant lesdites six années il arrive aucun empeschement légitime qui fasse retarder ledit travail, il leur sera pourveu de prolongation, s'il y eschet.

XXI. Avons encore permis et permettons audit Brun, de faire construire à ses frais et despens, tels autres canaux navigables qu'il advisera dans le pays de Languedoc et Provence, se servir à cet effect des rivieres du Rhosne, Durance et autres, avec les mesmes facultez, privileges, immunitez et franchises, que ledit canal de Peccais :

comme aussi lui avons permis et permettons de rendre navigable, pour la commodité publique, telles rivieres desdits pays que bon lui semblera ; et pour cet effect faire ausdites rivieres les escluses, digues, coupemens d'arbres des bords et rivages, et autres réparations nécessaires pour ladite navigation : et pour le récompenser des dépenses qu'il fera ausdites rivieres, avons permis et permettons audit Brun d'en tirer tel bénéfice et advantage qu'il conviendra amiablement avec les particuliers qui s'en voudront servir : et à cette fin, faisons très-expresses inhibitions et deffenses à toutes personnes, de quelque estat et condition qu'elles soient et puissent estre, de se servir de la navigation desdites rivieres, sans la permission dudit Brun, sur peine de confiscation des barques et marchandises qui seront voiturées sur lesdites rivieres, et de tous les dépens dommages, et interests dudit Brun.

XXII. Voulons en outre que ledit Brun jouisse, au fait de ladite entreprise, de toutes autres facultez, privileges, prérogatives, immunitez et franchises, contenuës aux déclarations, arrests et articles accordez à Humfroy Bradleij, pour le desseichement des palus, marais et terres inondées de France, sans qu'en tout ce que dessus, circonstances et dépendances, ledit Bradleij et ses ayans cause, puissent rien prétendre, sous prétexte desdites déclarations, arrests, articles, ni sous quelque autre occasion ou prétexte que ce soit.

XXIII. Avons permis audit Brun, ses associez et ayans cause, et à leurs domestiques et serviteurs, de porter toute sorte d'armes à feu, tant sur lesdits canaux que le long d'iceux, terres et autres dépendances, nonobstant les deffenses portées par nos Ordonnances, ausquelles avons dérogé et dérogeons pour ce regard.

XXIV. Avons aussi permis et permettons audit Brun associer en ladite entreprise toutes sortes de personnes, soit ecclésiastiques, nobles, officiers, tant des Cours de Parlement, Chambres et Cours des Comptes, Aydes et Finances, trésoriers généraux de France, qu'autres, de quel estat et condition qu'ils soient, sans pour ce déroger ni préjudicier à leurs charges, dignitez, privileges, exemptions, immunitez, et autres prérogatives, ni avoir encouru la rigueur de nos Ordonnances, ausquelles Nous avons dérogé et dérogeons par ces présentes.

XXV. S'il intervient quelque opposition à l'exécution des présentes, circonstances et dépendances, Nous voulons que tous différends pour ce regard soient jugez et terminez par les commissaires, qui pour ce seront par Nous députez, et leurs jugemens exécutez, nonobstant oppositions ou appellations quelconques et sans préjudice d'icelles: et si aucunes interviennent, afin que le travail dudit ouvrage ne soit reculé ni retardé, pour quelque cause et occasion que ce soit, Nous en avons retenu et réservé, retenons et réservons la connoissance à Nous et à nostre Conseil, et icelle interdite et deffenduë à tous autres juges quelconques.

XXVI. Si donnons en mandement à nos amez et féaux conseillers les gens tenans nostre cour de Parlement de Tholoze, Cour des Comptes, Aydes et Finances de Montpellier, présidens, trésoriers généraux de France, intendant de nos gabelles audit Montpellier, et autres qu'il appartiendra, chacun en droict soy, que ces présentes ils fassent lire, publier et registrer purement et simplement, et du contenu en icelles jouir et user pleinement et paisiblement ledit Brun, et ses ayans cause, sans faire ni souffrir qu'il y soit contrevenu, faict ou donné aucun trouble ou empeschement, nonobstant tous Edicts, lettres et autres choses à ce contraires, ausquelles et aux dérogatoires des dérogatoires y contenuës, Nous avons, pour ce regard, dérogé et dérogeons par ces présentes : et d'autant que d'icelles ledit Brun pourra avoir besoin en divers lieux, Nous voulons que sur le vidimus deuëment collationné par l'un de nos amez et féaux conseillers et secrétaires, foy soit adjoustée ainsi qu'au propre original : car tel est nostre plaisir. Donné à Paris au mois de mars, l'an de grâce mil six cens quarante-quatre, et de nostre regne le premier. *Signé* Louis. *Et à costé*, visa. *Et plus bas*, par le Roy, la Reyne régente sa mère présente, Phelypeaux. Et scellé en lacqs de soye rouge et verde, du grand sceau de cire verde, et contre-scellé.

### *Extraict des registres de Parlement de Toulouse.*

#### Du 19 aoust 1644.

Veu l'Edict et lettres patentes du Roy, données à Paris au mois de mars dernier, signées au pied Louis, et à costé, visa ; et plus bas, par le Roy, la Reyne régente sa mere présente, Phelypeaux, et scellées du grand sceau de cire verde, à lacqs de soye rouge et verde : par lesquelles Sa Majesté, pour les causes et considérations à cela mouvans, a permis et permet à maistre Jacques Brun, escuyer de la ville de Brignolle en Provence, et ses associez et ayans cause, privativement à tous autres, de faire construire à ses cousts et despens, dans six années, à compter du jour de la vérification desdites lettres, un nouveau canal navigable de sept toises de largeur, et de la profondeur nécessaire pour porter batteaux d'environ cent milliers pesant, à le prendre de la riviere du Rhosne, au-dessous de la ville de Beaucaire, jusques aux salins de

Peccais, par la robine d'Ayguemortes, du costé de la Peyrade, ou canal de Bourguidou, ainsi qu'il jugera plus commode, et de continuer iceluy, pour le rendre communicable avec le port d'Agde, par le grau de Palavas ou Croizettes, et se servir à cet effet desdits Robine, canal de Bourgidou, Rodelle et estangs, et faire bastir le long dudit canal les ponts, escluses, digues, chaussées, maisons, moulins, magasins et hostelleries aux endroits nécessaires : comme aussi de faire desseicher les estangs, palus, marais, coustieres et terres inondées que bon leur semblera, depuis la ville de Beaucaire, jusques audit Agde, et à ces fins prendre telle quantité de terres et héritages qui se trouveront dans leur alignement, ou nécessaires pour faire lesdits bastimens et autres ouvrages, en dédommageant les propriétaires de gré à gré, ou au dire d'experts, sous les facultez portées par lesdites patentes, et tout autrement, comme est porté par icelles : et veu aussi la requeste par ledit Brun, présentée aux fins du registre et vérification desdites lettres; Ordonnance de la Cour, du dixiesme juin dernier, et assignations données au syndic du pays, clergé de Montpelier et Nismes; procuration dudit clergé de Nismes, du treisiesme juillet dernier : et ouï sur ce le procureur général du Roy.

La Cour, les chambres assemblées, a ordonné et ordonne, que lesdites lettres patentes seront registrées ès registres de ladite Cour, pour, par ledit Brun et ses associez, jouir de l'effect et contenu d'icelles, suivant leur forme et teneur, sauf l'appel et oppositions, dont ladite Cour en a réservé la connoissance. Prononcé à Tholoze, en Parlement, le dix-neuviesme jour du mois d'aoust 1644.

Signé de MALENFANT.

# STATUTS

## DU HAUT POICTOU (1),

*Pour le desseichement des marais situez depuis Coulon
et la Garette jusques à la mer, et entre la rivière de
Sevre, et les terres fermes du Poictou; en vingt-huit
articles.*

Du 7 juin 1654.

**Homologuez par arrest du Parlement de Paris, du
premier aoust 1654.**

---

### EXTRAICT DES REGISTRES DE PARLEMENT.

*Entre François Brisson, escuyer, sieur du palais, conseiller
du Roy, président et séneschal en la séneschaussée et
siège royal de Fontenay-le-Comte, tant pour lui que
pour Octavio de Strada; dame Jeanne Regnier, veuve
de feu maistre Julius de Loynes, vivant conseiller secrétaire du Roy et secrétaire général de la marine, tant
en son nom, que comme tutrice et ayant la garde-noble
des enfans mineurs dudit deffunt et d'elle; messire Elie
Regnon, chevalier, seigneur de Chaligny, tant pour
lui que pour David de la Croix; maistre Pierre Bitton,
advocat en ladite Cour; François Macault, escuyer,
sieur de Fontenelles, conseiller du Roy, et receveur des*

---

(1) Il existe aussi des statuts pour le petit Poitou, sous la date du
19 octobre 1646. On s'est contenté d'insérer ceux-ci, comme postérieurs,
plus complets et ayant été d'ailleurs homologués par le Parlement.

tailles en l'élection de Fontenay-le-Comte ; *Philippes Agrové*, escuyer, sieur de la *Tourteliere*, conseiller du Roy et son assesseur en l'élection dudit *Fontenay*-le-Comte, maistre *Charles de Flacour*, conseiller du Roy, trésorier provincial de l'extraordinaire des guerres en *Angoulmois*, *Sainctonge* et *Brouage*, et *Charles Mesnard*, escuyer, sieur de *Toucheprest*, demandeur en requeste judiciaire de ce jour : tendante à ce que les statuts, réglemens et articles conclus, convenus, faits et accordez entre tous les associez et intéressez au desseichement des marais de *Benet*, *Courdaut*, *Maillezais*, *Vix*, *Morran*, *Barraud*, *Sableau*, *Vouillé* et autres, contenus et faisant partie du desseichement général des marais, situez depuis *Coulon* et la *Garette*, jusques à la mer, et entre la riviere de *Sevre*, d'un costé et les terres fermes de *Poictou*, d'autre, fussent homologuez ; ce faisant, qu'ils fussent observez et exécutez nonobstant toutes oppositions et appellations, refus ou délais de la part d'aucun d'iceux, sous le bon plaisir de la Cour, avec le procureur général en icelle, pour estre exécutez en tous leurs articles, selon et ainsi qu'ils y ont esté couchez et employez, et qu'ils les ont signez sous leurs signatures le vingt-troisiesme may mil six cens cinquante-quatre, et reconnus pardevant *Huart* et *le Franc*, notaires au *Chastelet de Paris*, le septiesme juin ensuivant, d'une part, et le procureur général du Roy en ladite Cour, deffendeur, d'autre ; desquels réglemens, statuts et articles, la teneur ensuit.

STATUTS, réglemens, et articles conclus, convenus, faits et accordés entre tous les associez et intéressez au desseichement des marais de *Benet*, *Courdaut*, *Maillezais*,

Vix, Marran, Barraud, Sableau, Voüillé et autres, contenus et faisant partie du desseichement général des marais situez, depuis Coulon et la Garrette, jusques à la mer, et entre la riviere de Sevre, d'un costé, et les terres fermes de Poictou d'autre : Pour estre par eux observez et exécutez, nonobstant toutes oppositions, appellations, refus et délais de la part d'aucuns d'eux ; iceux statuts arrestez sous l'autorité de Nosseigneurs de Parlement, devant lesquels ils requierent l'homologation d'iceux, et la jonction de Monsieur le Procureur général.

Art. Ier. Les traitez faits par le sieur Brisson avec les seigneurs ecclesiastiques, gentilshommes, propriétaires du fonds desdits marais et communautés, prétendans droits sur iceux ; ensemble les associations faites entre ledit sieur Brisson, ses associez, et lesdits associez avec leurs sous-associez, et tous autres traitez particuliers entre eux passez, seront exécutez entre ceux qui les ont faits, sans qu'ils puissent préjudicier aux présens statuts et réglemens, qui seront inviolablement gardez, observez et exécutez, comme le fondement et la seureté de toute l'entreprise dudit desseichement.

II. Tant que les travaux dureront, jusques à la perfection du desseichement, et que les partages d'iceluy se puissent faire, il sera, au commencement du premier jour de chaque mois, fait des assemblées de tous lesdits associez en la ville de Fontenay-le-Comte, ou en autre lieu plus proche et commode pour ledit desseichement, où chacun desdits associez et intéressez seront tenus de comparoir en personne, ou par procureur fondé de procuration spéciale pour cet effet, pour adviser aux contributions, consignations, travaux, ouvrages et affaires de la compagnie dudit desseichement, et délibérer sur toutes les occurrences : Les voix des comparans seront comptées à proportion de l'interest que chacun a en ladite société, et les délibérations, prises à la pluralité des voix, seront exécutées contre les contredisans et absens, aussi-bien que contre les acquiesçans et présens, encore même qu'ausdites assemblées il ne se fust trouvé le quart desdits associez. La première desquelles assemblées tiendra audit Fontenay-le-Comte, le premier juillet mil six cens cinquante-quatre, en la maison dudit sieur Brisson, où il sera délibéré du lieu où se tiendront les autres assemblées.

III. Chacun des associez audit desseichement sera obligé d'élire un domicile en la ville ou faubourg de Fontenay-le-Comte, et de le faire savoir audit sieur Brisson, dans ledit jour, premier de juillet mil six cens cinquante-quatre, déclarer les noms de ses sous-associez qu'il désire estre advertis, pour fournir aux contributions et autres choses, ainsi qu'il sera dit ci-après : Et en cas que quelqu'un desdits associez veuille révoquer ledit domicile éleu, il sera obligé d'en élire un autre audit lieu ; comme aussi au cas qu'aucun vienne à vendre ou à disposer des parts qui lui appartiennent en ladite société, il ne le pourra faire qu'aux charges des présens statuts, et sera obligé d'en avertir la compagnie à la premiere assemblée du premier jour du mois, afin de les faire advertir pour fournir ausdites contributions ; le tout aux peines ci-après déclarées.

IV. S'il est besoin, selon les occurrences, il sera tenu des assemblées extraordinaires entre les associez, pour donner les ordres nécessaires aux travaux et ouvrages, dont sera donné advis ausdits associez, présens et absens, aux domiciles par eux éleus, pour s'y trouver si bon leur semble, et ce qui sera délibéré pour les payemens des ouvriers et conduite des travaux seulement, sera exécuté par les officiers de la compagnie.

V. En la premiere assemblée sera establi une personne pour tenir le livre des délibérations prises en icelle, et autres assemblées qui se tiendront cy-après, les écritures et papiers contenans lesdits desseichemens, et les livres de recepte et dépense dudit desseichement : Sera pareillement establi un caissier pour recevoir toutes les contributions et consignations qui seront faites par les associez, et payer toutes les dépenses qui seront faites pour ledit desseichement, suivant les ordres qui lui en seront donnez par lesdites délibérations.

VI. Et comme de la contribution qui doit estre faite par chacun des associez et intéressez pour le desseichement desdits marais, dépend le succès ou la ruine de l'entreprise, il a esté unanimement arresté que, lorsque les contributions auront esté délibérées estre consignées, celui qui sera commis advertira dans huit jours après l'assemblée tenuë, un chacun des associez au desseichement au domicile éleu audit Fontenay, par un billet daté et signé de lui, et rempli du nom de la personne à laquelle on aura parlé, contenant quelle somme de deniers on doit contribuer, entre les mains de qui, et à quel jour la contribution devra estre consignée, afin que chacun aye à y satisfaire.

VII. Si aucun des associez est en demeure, et manque de consigner une contribution ou partie d'icelle au jour qui sera réglé, ou quinze jours après icelui jour, entre les mains du caissier préposé par la compagnie, il encourra la peine du dixiesme de ce dont il demeurera en reste, et il ne pourra plus estre receu à consigner ladite contribution, qu'en payant comptant, outre et pardessus ce qu'il devra , la peine du dixiesme entre les mains dudit caissier , qui en chargera son livre de recette , et en tiendra compte à la compagnie , pour lui tenir lieu de dommages et interests.

VIII. Si aucun est en demeure , et manque de consigner une seconde contribution au jour qui sera réglé , ou quinze jours après icelui jour , entre les mains dudit caissier, il encourra la peine du sixiesme de ce dont il demeurera en reste , et ne pourra plus estre receu à consigner qu'en payant comptant préalablement audit caissier ce qu'il devra de la précédente contribution , avec les peines du sixiesme de la premiere contribution , et du sixiesme de la seconde contribution ; desquelles peines ledit caissier se chargera en recette au profit de ladite Compagnie, pour lui tenir lieu de dédommagement.

IX. Et si aucun est en demeure , et manque de consigner jusques à trois contributions de suite , au jour que la troisiesme contribution aura esté réglée un mois après icelui jour , il demeurera exclu de la Société, et ne pourra plus estre receu à consigner lesdites contribution et peines deuës , et demeurera descheu de la part qu'il a audit desseichement ; laquelle part tournera au profit de ladie Compagnie, sans pouvoir répéter à l'encontre dela dite Compagnie aucun remboursement des sommes qu'il pourroit avoir payées pour ladite part , auparavant le quinziesme jour de may mil six cens cinquante-quatre , mais seulement lorsqu'on fera les partages des terres desseichées . s'il se trouve que celui ou ceux qui seront exclus de ladite Société, faute de trois contributions , ont mis ès mains dudit caissier quelque argent pour des consignations précédentes, depuis ledit jour quinziesme mai mil six cens cinquante-quatre, il leur sera laissé des terres dans les lieux auxquels ils estoient associez à prorata de ce qu'ils auront contribué audit desseichement, et de ce que chacun arpent de terre se trouvera revenir et avoir cousté à desseicher.

X. Sera loisible à chacun desdits associez et intéressez audit desseichement, de bailler et mettre ès mains du caissier de la Compagnie telles sommes de deniers qu'il voudra, pour employer audit desseichement par advance sur ses contributions à venir, en le déclarant préalablement à une des assemblées du premier du mois : Et, moyennant ce, lui sera accordé autant de temps et délay pour consigner les autres contributions dont il pourroit après estre en demeure, comme il s'en trouvera qu'il aura payé par advance, sans pouvoir, durant ledit délay, encourir les peines cy-dessus déclarées.

XI. Celui ou ceux des associez qui voudront emprunter des deniers pour fournir à leurs contributions, le pourront faire, et même hypothéquer par privilège spécial, et engager, si bon leur semble, la quantité des terres desseichées à eux appartenantes, et qui escherront à leur lot, au moyen de la contribution par eux faite des deniers de leurs créanciers, en le déclarant à la Compagnie, et pour seureté, à leurs créanciers : Le caissier fera mention dans son livre de recepte, et dans les récépissez desdites consignations, de quels deniers et par les mains de qui ladite contribution aura esté faite ; et ce, nonobstant tous autres hypothéques primitifs et obligations que lesdits associez pourroient avoir conceus et contractées auparavant lesdites consignations ; et ce, d'autant que ce sont les contributions qui acquerront la propriété desdites terres desseichées.

XII. Et afin de connoistre par la Compagnie ceux qui

sont en demeure de consigner leurs contributions, les peines qu'ils auront encourues, ceux qui auront advancé des deniers, ou ceux qui en auront emprunté, le caissier sera obligé de représenter son papier de recepte à toutes les assemblées des premiers jours des mois, et icelui faire arrester par ceux qui seront présens.

XIII. Les contributions ne pourront estre ordonnées qu'aux assemblées des premiers jours des mois ; et sera du moins baillé quinze jours depuis le jour de l'assemblée jusques au jour ordonné pour consigner ladite contribution, afin que, durant ce délay, les absens de Fontenay puissent estre advertis pour tenir leur argent prest ; et seront lesdites contributions continuées, tant et si longtemps que les travaux dureront, et jusques à la perfection des ouvrages.

XIV. Si, auparavant les partages, et durant qu'on travaillera audit desseichement, il arrive la mort d'aucun desdits associez, leurs veufves, hoirs, héritiers ou ayans cause, auront quatre mois pour opter, s'ils veulent répudier ou accepter les conditions de leurs traitez, associations et présens statuts, auxquels estoit obligé le deffunct, pour, en cas d'acceptation, estre mis et subrogez aux mêmes droits du deffunct, en payant les contributions et peines dont il pourroit estre en demeure, avec les contributions qui pourront estre escheuës durant lesdits quatre mois : et en cas de répudiation ou refus de faire la déclaration dans lesdits quatre mois, seront lesdites veufves, hoirs et ayans cause, rejettez de la Société, et exclus des parts que le deffunct avoit audit desseichement : Mais lors des partages, leur seront baillées les terres dans les lieux ausquels le deffunct estoit associé, à prorata de ce qu'il avoit contribué audit desseichement depuis ledit

;our quinziesme mai mil six cens cinquante-quatre , et de
ce que chacun arpent de terre aura cousté à desseicher ,
sans que lesdits enfans , hoirs , héritiers ou ayans cause ,
puissent répéter aucun remboursement de ladite Compagnie , des sommes payées par ledit defflunet , pour quelque
cause et occasion que ce soit.

XV. Les intéressez au desseichement des marais de
Maillezais , Vix , et autres subséquents , contribueront
pour les deux tiers , et les intéressez aux marais de Benet ,
Courdaut , et autres subséquents , pour un tiers ; ce qui
sera exécuté par provision , jusques à l'arpentement de
tous les marais , lequel estant fait , les contributions seront réglées par arpent , et ce qui aura esté de trop payé ,
précompté sur les contributions à venir , ou sera rendu par
ceux qui n'auront pas assez payé.

XVI. Et comme par les priviléges accordez par le Roy en
faveur desdits desseichemens , les associez et intéressez
s'approprieront les autres marais , qu'ils desseicheront et
enfermeront dans leurs ceintures , en payant aux seigneurs
d'iceux les mêmes devoirs qu'ils se sont obligez envers les
seigneurs des marais de Mallezais , Vix , Benet , Courdaut
et autres , dont ils ont traité conformément à la déclaration du Roy , et aux arrests de nosseigneurs de Parlement , il est arresté que des deniers des contributions
qu'ils consigneront entre eux , il sera payé tout ce qui
sera nécessaire pour desseicher lesdits marais dont ils
n'ont traité.

XVII. Les consignations des contributions seront faites
par tous les associez ès mains du caissier , manuellement en
deniers comptans , et non en papiers , promesses , quit-
tances , matériaux , voyages , frais , ni en autre manière
que ce soit , à peine de nullité desdites consignations.

XVIII. La conduite et direction de tous les travaux et ouvrages est délaissée par tous les associez, au sieur de Strada, qui ordonnera d'iceux, des lieux, temps, forme et manière, ainsi qu'il trouvera estre pour le mieux, sans pouvoir estre contredit ni contrarié sur iceux, par aucun de la Compagnie, qui s'en rapporte à son art et expérience.

XIX. Les marchez des ceintures, digues, canaux, escluses, ports, ponts, fossez, achapts de matériaux, et autres dépenses, seront faits par les intéressés audit desseichement, qui seront présens sur les lieux; lesquels arresteront les rolles des journées des ouvriers, pour, iceux ratifiez et agréez aux assemblées des premiers jours des mois, estre payez aux ouvriers, journaliers, entrepreneurs, maistres des tasches et marchands, en deniers comptans, manuellement, et non en billets ni promesses.

XX. Le caissier couchera en dépenses sur son livre tous les payemens qu'il aura faits par les ordres et délibérations des assemblées, le même jour qu'il les aura payez, et fera arrester la dépense de son livre tous les premiers jours des mois, sans pouvoir reporter sur icelui aucune dépense d'un mois à l'autre, sans délibération de la Compagnie, à peine de radiation.

XXI. Toutes les parties couchées en recepte, provenans des contributions, peines, deniers advancez ou empruntez, et celles couchées en dépenses des payemens des ouvriers, journaliers, maistres des tasches, marchands et autres, escrits sur les livres, et qui seront arrestez par les intéressez et associez aux assemblées des premiers jours des mois, ne pourront estre contredites ni contestées par aucuns desdits intéressez et associez qui auront esté absens; et suffira au caissier de représenter lesdits livres arrestez, comme dit est, pour l'allocation des parties qu'il aura payées, dont, en ce faisant, il demeurera bien et valablement déchargé.

XXII. Le caissier sera obligé de communiquer ses livres de recepte et dépense, et mesme donner des extraits d'iceux à chacun desdits associez, toutesfois et quant es qu'ils l'en requerront, et après qu'il lui aura esté ordonné par délibération de la Compagnie.

XXIII. Tous les procez, oppositions et obstacles qui pourront arriver au fait dudit desseichement, seront vuidez et terminez en la façon qui ensuit ; savoir, ceux qui arriveront concernant le fonds d'aucun des marais dont on a traité, ils seront vuidez aux frais, diligences, périls, risques et fortunes de ceux qui en ont traité, et de leurs associez et intéressez ; et, s'ils concernent le commun et universel travail, les marais dont on n'a point traité, ou les priviléges accordez par le Roy, ils seront vuidez et terminez aux frais, diligences, périls, risques et fortunes de tous lesdits intéressez et associez ; et l'événement favorable ou ruineux partagé entre eux tous, sur le pied des parts qu'ils sont associez et intéressez audit desseichement.

XXIV. Seront establis des directeurs, maistres des dignes, gardiens des portes, bondes, digues, escluses, et autres officiers nécessaires pour la conservation des ouvrages et desseichemens, par les associez et intéressez aux assemblées des premiers jours des mois, lesquels officiers, aussi-bien que ceux qui seront commis pour garder les livres et tenir la caisse, ne pourront estre destituez par lesdits associez et intéressez, qu'aux assemblées des premiers jours des mois.

XXV. Si-tost qu'il se trouvera des marais en estat d'estre

cultivez et labourez, il sera loisible à chacun desdits associez et intéressez de prendre des terres selon la part et portion pour laquelle il est intéressé, en la faisant agréer préalablement à l'assemblée du premier jour du mois, pour y
mettre des laboureurs, mestayers ou bordiers, pour labourer, ensemencer et cultiver lesdites terres, jusques à
ce qu'on puisse faire partage d'iceux; et, en attendant icelui partage, ils seront obligez de payer aux seigneurs du
fonds, les droits de cens et terrages de la nature qu'ils
sont deus, et rapporter en commun, au profit de la Compagnie, entre les mains de celui qu'elle aura commis, la
moitié des grains dépouillez en icelles terres, sans aucuns
frais; lesquels grains seront vendus au profit de la Compagnie, l'autre moitié demeurant ausdits associez et intéressez qui les auront dépouillez pour leurs labours, semences
et frais.

XXVI. Quand tous lesdits marais, ou partie considérable d'iceux seront desseichez, ils seront arpentez en la
présence desdits associez et intéressez qui s'y voudront
trouver, par des arpenteurs choisis et nommez à l'une
des assemblées du premier jour du mois, pour estre
iceux divisez et partagez au sort et lot entre tous lesdits associez, selon les parts et portions qu'ils sont intéressez audit desseichement, ainsi qu'il est accoustumé de
faire des partages, et qu'il sera délibéré entre tous lesdits
associez présens, ou suffisamment appelez.

XXVII. Lors ou après lesdits partages seront encore
faits des statuts pour la conservation et entretien des ouvrages, digues, ceintures, canaux, escluses, portes,
bondes, et tout le desseichement; semblables à ceux faits
entre les intéressés aux desseichemens des marais du petit
Poictou, passez pardevant Bonnet et son compagnon,

notaires royaux à Fontenay-le-Comte, le dix-neuviesme octobre mil six cens quarante-six ; seront adjoustez et diminuez autant d'articles qu'il sera jugé à propos par tous lesdits associez : Et cependant, par provision, lesdits statuts du petit Poictou, du dix-neuviesme octobre mil six cens quarante-six, seront gardez et exécutez par tous les associez et intéressez au présent desseichement, et par leurs mestayers, bordeurs et coulons.

XXVIII. Les présens statuts, réglemens et articles ainsi conclus et arrestez entre les associez et intéressez audit desseichement, présens, faisans la plus saine et majeure partie de ladite société, assemblez en plus grand nombre que les deux tiers, et ainsi représentans toute ladite société, seront exécutez ponctuellement, et inviolablement gardez entre tous lesdits associez et intéressez présens, et les absens qui ont esté suffisamment advertis, leurs hoirs, successeurs et ayans cause, sans les pouvoir contredire à l'advenir pour quelque cause et occasion que ce soit.

Tous les associez et intéressez audit desseichement, présens et soubs signez, donnent pouvoir à maistre François Le Comte, leur procureur en Parlement, de présenter requeste à nosdits seigneurs de la Cour de Parlement, et y demander l'homologation des présens statuts et articles, et pour y parvenir, faire toutes les procédures, diligences et poursuites nécessaires. Fait à Paris, en l'assemblée tenüe en la maison de M. Brisson, ruë des Charitez-de-St.-Denis, paroisse Saint-André-des-Arts, le vingt-troisiesme jour de mai mil six cens cinquante-quatre. Ainsi signez, Brisson, tant pour moi que pour M. Strada, Charles Messard de Touchepré, Agroué, Bitton, de Flacourt, F. Macault, Élie Regnon, tant pour moi que pour monsieur de la Croix, et J. Regnier.

Aujourd'hui, date des présentes, sont comparus par-devant les notaires du Roy, nostre Sire, en son Chaste-let de Paris, soubs signez, François Brisson, escuyer, sieur du Palais, conseiller du Roy, président et séneschal à Fontenay, y demeurant, estant de présent à Paris, logé ruë des Charitez-Saint-Denis, en la maison de la damoiselle Monchon, tant pour lui que pour le sieur de Strada, dame Jeanne Regnier, veufve du feu Julius de Loynes, vivant escuyer, conseiller secrétaire du Roy, et secrétaire géné-ral de la marine, tant en son nom que comme tutrice et ayant la garde-noble de leurs enfans mineurs, demeu-rante à Paris, ruë Traversine, paroisse Saint-Roch ; mes-sire Élie Regnon, chevalier, seigneur de Chaligny, estant de présent à Paris, logé ruë du Foin, chez maistre Panier, procureur en Parlement, tant pour lui que pour le sieur de la Croix ; noble homme maistre Pierre Bitton, avocat audit Parlement, demeurant rue Sainte-Avoye ; François Macault, escuyer, sieur des Fontenelles, conseiller du Roy, et receveur des Tailles en l'Élection dudit Fonte-nay, de présent à Paris, logé rue Dauphine, paroisse Saint-André-des-Arts ; Philippe Agroüé, escuyer sieur de la Tourtelière, conseiller du Roy, et son assesseur en l'Élection dudit Fontenay-le-Comte, y demeurant, estant de présent à Paris, logé au Marché Neuf, en la maison où est pour enseigne la Ville de Calais ; et noble homme Charles de Flacourt, conseiller du Roy, trésorier pro-vincial de l'extraordinaire des guerres en Angoumois, Xaintonge et Broüage, demeurant ruë de Richelieu, paroisse susdite Saint-Roch ; lesquels reconnoissent estre convenus et demeurez d'accord des statuts, réglemens et articles ci-devant escrits, et avoir iceux signez de leurs mains et seings manuels dont ils ont acoustumé user en leurs affaires, consentans que le tout soit exécuté et sorte son plein et entier effet; ensemble le pouvoir par eux donné à maistre François Le Comte, leur procureur, pour parvenir à l'homologation desdits statuts et réglemens, contenant vingt-huict articles, en sept feuillets entiers, paraphez desdits comparans; et à leur réquisition de Le Franc, l'un desdits notaires soubs signez, promettans, etc.. obligeans, etc., chacun en droit soy renonçans, etc. Fait et passé, tant en l'estude dudit Le Franc, notaire, qu'és maisons où les parties sont demeurantes et logées à Paris, l'an mil six cens cinquante-quatre, le septiesme jour de juin, et ont signé la minute des présentes, estans ensuite desdits statuts et réglemens demeurez vers ledit le Franc, notaire. Ainsi signez, HUART, LE FRANC.

*Appointé, et ouy sur ce le procureur général du Roy, auquel lesdits statuts, réglemens et articles ont esté communiquez, que la Cour a homologué et homologue iceux statuts, réglemens et articles, pour estre exécutez en tous es articles employez en iceux, par lesdits associez et intéessez audit desseichement des marais dont est question, onobstant oppositions ou appellations quelconques, refus u délais de la part d'aucuns desdits interessez, sur les eines portées par tous lesdits articles, statuts et réglemens. ait en Parlement le premier jour d'aoust mil six cens inquante-quatre. Collationné.*

Signé GUYET.

# DÉCLARATION DU ROI,

*Qui permet à tous seigneurs et propriétaires de marais, palus et terres inondées, d'en faire les desséchemens, vérification préalablement faite de l'état et consistance desdits terreins,*

Donnée à Versailles le 14 juin 1764.

*Registrée en Parlement le deux juillet.*

LOUIS, par la grace de Dieu, Roy de France et de Navarre : A tous ceux qui ces présentes lettres verront, salut. Dans la vue de procurer et d'encourager le desséchement des palus et marais inondés, Nous aurions, par différens Édits et Déclarations, accordé plusieurs priviléges, exemptions, immunités et franchises à ceux qui auroient entrepris de faire lesdits desséchemens. En l'année 1559, Henri IV, de glorieuse mémoire, par son Édit du 8 avril de ladite année, enregistré en notre Parlement de Paris le 15 novembre suivant, auroit honoré le sieur Humfroy Bradley, qui le premier avoit formé une compagnie à cet effet, de la qualité de maître des digues de France, et lui auroit accordé, et à ses associés, à titre de propriété incommutable, sous la redevance seulement d'un cens, la moitié de tous les palus et marais dépendans de notre domaine, et lui auroit attribué en outre une redevance de quarante sous par arpent, payable pour une fois seulement par tous les propriétaires des marais inondés qui voudraient eux-mêmes les dessécher à leurs frais sous sa direction. En l'année 1607, animé des mêmes vues du bien public, et occupé

du soin de faire convertir en bonnes terres des terreins
incultes et submergés, le même Roi auroit, par un nouvel Édit du mois de janvier de ladite année 1607, enregistré en notre Parlement de Paris le 23 août 1613, détaillé
plus particulierement, et spécifié les priviléges et exemptions dont il entendoit faire jouir ceux qui entreprendroient de défricher et mettre en valeur lesdits terreins ;
en conséquence, il auroit, par l'article XII de cet Édit,
déclaré exempts de taille pendant vingt ans, et de la traite
foraine à perpétuité ceux qui acquerroient des biens et
possessions esdits marais desséchés et réduits en culture et
prairies ; et par l'article XIII, exempts de toutes charges
personnelles, comme commissions de justice, assiette et
collecte des tailles, charges de villes et communautés, guet
et garde, tutelle, curatelle et autres charges semblables :
par l'article XIV, en ce qui touche les marais et terres
roturières, il a été ordonné que la moitié seroit exempte
à perpétuité de toutes contributions, sans pouvoir être
comprise au rôle des tailles et cadastres ; et quant à l'autre moitié, elle a été déclarée exempte pendant vingt ans :
enfin par l'article XV dudit Édit, il a été ordonné que
les marais qui auroient été défrichés et mis en valeur,
seroient exempts de toutes dixmes ecclésiastiques ou seigneuriales qui pourroient y être prétendues, comme étant
lesdits marais situés aux territoires dans lesquels lesdits
ecclésiastiques ou seigneurs ont droit de lever et percevoir
dixmes ; et ce, pendant l'espace de vingt ans, à compter du jour que lesdits marais auroient été mis en valeur :
lequel passé, les possesseurs desdits héritages seulement
tenus de la payer à raison de cinquante gerbes l'une,
ores que les dixmes de paroisses où lesdits héritages seroient assis, ou bien des lieux circonvoisins, aient accou-

tumé d'être payées à un plus haut compte : la plupart desquelles dispositions auroient été confirmées par deux déclarations postérieures des 5 juillet et 19 octobre 1613 : la première enregistrée en notre Parlement de Paris, le 23 août de ladite année 1613, et la seconde, le 3 décembre 1614. Depuis, en l'année 1641, en confiant au sieur Siette, ingénieur, et à ses associés, la direction générale des défrichemens et desséchemens, qui avoit été d'abord attribuée au sieur Bradley ; Louis XIII, de glorieuse mémoire, par sa déclaration du 4 mai de ladite année 1641, enregistrée en notre Parlement de Paris le dernier jour de mars 1642, auroit de nouveau confirmé tous les priviléges, exemptions énoncés audit Édit de 1607, notamment celle de l'exemption de tailles et autres impositions pendant vingt ans, et celle de l'exemption de dixme pendant dix, passé lequel temps elle ne seroit payée qu'à raison de la cinquantième gerbe : enfin, en 1643, c'est-à-dire trois années après, sur les représentations qui furent faites à Louis XIV, notre très-honoré Seigneur et bisayeul, de glorieuse mémoire, par les particuliers propriétaires des terres, marais et palus inondés qui restoient à dessécher dans les provinces de Saintonge, Poitou et pays d'Aunis, qu'ils ne pourroient espérer d'être dédommagés des travaux immenses et dépenses considérables qu'ils avoient faites pour parvenir au desséchement des marais qui leur appartenoient tant que le privilége exclusif, accordé en 1641 au sieur Siette et à sa compagnie, subsisteroit, il seroit intervenu une nouvelle déclaration le 20 juillet de ladite année 1643, par laquelle, en acceptant les offres de ces propriétaires particuliers, de continuer à leurs frais le desséchement de leurs marais et palus, la permission expresse leur en auroit été accordée : en conséquence, la

faculté précédemment attribuée au sieur Siette ou ses représentans, auroit été restreinte à cet égard et limitée, et on leur
auroit seulement laissé le droit de diriger les travaux de ces
propriétaires particuliers qui auroient été maintenus singulièrement dans les deux exemptions de toutes tailles
et impositions pendant vingt années, et de toutes dixmes,
soit ecclésiastiques, soit seigneuriales, pendant le même
espace de temps, et après l'expiration de ces vingt années, ils auroient été seulement assujettis à la dixme d'une
gerbe par cinquante. Quoique ces différens Édits et déclarations aient déterminé d'une manière bien formelle
et bien précise, la nature et l'étendue des priviléges et
exemptions dont doivent jouir ceux qui ont entrepris et
exécuté des desséchemens, ou leurs représentans, nous
sommes néanmoins informés qu'encore que la déclaration
du 20 juillet 1643, qui a communiqué aux propriétaires
particuliers qui entreprendroient les desséchemens, les
priviléges accordés au sieur Siette et à ses associés, ait
été adressée à toutes nos Cours, on a négligé de leur
en faire l'envoi, et de l'y faire enregistrer, ce qui pourroit servir de prétexte à des contestations, soit par rapport à l'exemption de la taille et autres charges et impositions accordée pendant le temps désigné en ladite déclaration, à ceux qui entreprendroient de nouveaux desséchemens, soit par rapport à la quotité de la dixme due
par les propriétaires des marais déjà desséchés, à raison de
l'exploitation desdits marais, ce qu'il est important de prévenir, tant pour ne point risquer de décourager l'agriculture, qui a toujours fait le principal objet de notre attention, que pour assurer à ceux qui ont fait les desséchemens,
ou à leurs représentans, le fruit de leurs travaux et l'indemnité des dépenses qu'ils leur ont occasionnées; Nous

avons jugé en conséquence, que nous ne pouvions pas mieux remplir ces différens objets, qu'en rappelant dans une nouvelle déclaration celles des dispositions contenues aux anciens réglemens ci-devant cités, que nous entendons être exécutées. A ces causes, et autres à ce nous mouvant, de l'avis de notre Conseil, et de notre certaine science, pleine puissance et autorité royale, nous avons dit, déclaré et ordonné, et par ces présentes, signées de notre main, disons, déclarons et ordonnons, voulons et nous plaît qu'il soit libre et permis, comme nous avons permis et permettons à tous seigneurs et propriétaires des marais, palus et terres inondées, ensemble à tous ceux qui en ont ci-devant pris et prendront ci-après par baux emphytéotiques ou à perpétuité, à droit de champart, de faire les desséchemens nécessaires desdits marais, palus et terres inondées, vérification préalablement faite de l'état et consistance desdits terreins, par un procès verbal qui en sera dressé par le plus prochain juge royal des lieux, en présence de toutes les parties intéressées, moyennant quoi lesdits propriétaires ou emphytéotes, jouiront, eux, leurs fermiers et métayers, pendant vingt années, de l'exemption de toutes tailles et impositions pour lesdites terres ainsi desséchées, qui seront en outre exemptes de dixmes envers les ecclésiastiques et autres seigneurs séculiers qui les pourroient prétendre, et ce durant lesdites vingt années; passé lequel temps, lesdites dixmes ne seront payées qu'à raison de cinquante gerbes l'une; avons en outre maintenu et gardé, maintenons et gardons les propriétaires des marais desséchés, dans la possession et jouissance de tous les priviléges ci-dessus énoncés, notamment dans le droit et possession où ils ont toujours été de ne payer la dixme à tous seigneurs laïcs ou ecclésiastiques, décimateurs sur les terreins desséchés, qu'à raison de cinquante gerbes l'une seulement, ainsi que nous venons de l'expliquer, encore qu'elle se paye à un taux plus fort pour les autres terres, dans les paroisses où lesdits marais sont situés, sauf aux décimateurs, dans le cas de concurrence entre eux pour raison du droit de dixme, à s'accorder sur le plus ou le moins qu'ils auront à prendre dans la cinquantième gerbe seulement. Faisons très-expresses inhibitions et défenses à tous décimateurs, d'inquiéter ou troubler les propriétaires desdits marais, leurs fermiers, colons et cabaniers dans l'enlèvement de leurs récoltes lorsqu'ils auront en leur présence, ou de celle des préposés desdits décimateurs, fait le délaissement de la cinquantième gerbe. Si donnons en mandement à nos amés et féaux conseillers les gens tenant notre Cour de Parlement et Cour des Aydes à Paris, que ces présentes ils aient à faire lire, publier et registrer ; et le contenu en icelles garder, observer et exécuter de point en point, selon leur forme et teneur, nonobstant tous Édits, Déclarations, Arrêts, Réglemens et autres choses à ce contraires, auxquels nous avons dérogé et dérogeons par ces présentes ; aux copies desquelles, collationnées par l'un de nos amés et féaux conseillers secrétaires , voulons que foi soit ajoutée comme à l'original : car tel est notre plaisir. En témoin de quoi nous avons fait mettre notre scel à cesdites présentes. Donné à Versailles, le quatorzième jour de juin, l'an de grace mil sept cent soixante-quatre, et de notre règne le quarante-neuvième, signé LOUIS. *Et plus bas*, par le Roi, PHELYPEAUX. Vu au Conseil, DE L'AVERDY. Et scellé du grand sceau de cire jaune.

*Registrée, ouï, ce requérant le procureur général du*

*Roi, pour être exécutée selon sa forme et teneur, suivant l'arrêt de ce jour. A Paris, en Parlement, le deux juillet mil sept cent soixante-quatre.* Signé DUFRANC.

***

# LOI

*Relative au desséchement des marais,*

Donnée à Paris, le 5 janvier 1791.

LOUIS, par la grâce de Dieu, et par la loi constitutionnelle de l'Etat, Roi des François, à tous présens et à venir; Salut.

L'assemblée nationale a décrété, et Nous voulons et ordonnons ce qui suit :

*Décret de l'assemblée nationale, du 26 décembre 1790.*

L'ASSEMBLÉE NATIONALE considérant qu'un de ses premiers devoirs est de veiller à la conservation des citoyens, à l'accroissement de la population, et à tout ce qui peut contribuer à l'augmentation des subsistances, qu'on ne peut attendre que de la prospérité de l'agriculture, du commerce et des arts utiles, soutien des empires ;

Considérant que le moyen de donner à la force publique tout le développement qu'elle peut acquérir, est de mettre en culture toute l'étendue du territoire ;

Considérant qu'il est de la nature du pacte social, que le droit sacré de propriété particulière, protégé par les lois, soit subordonné à l'intérêt général ;

L'Assemblée nationale, considérant enfin qu'il résulte de ces principes éternels, que les marais, soit comme nuisibles, soit comme incultes, doivent fixer toute l'attention du corps législatif, décrète ce qui suit :

**Art. Ier.** Les assemblées de département et leurs directoires s'occuperont des moyens de faire dessécher les marais, les lacs et les terres de leur territoire, habituellement inondés, dont la conservation, dans l'état actuel, ne seroit pas jugée plus utile au bien général, et d'une utilité préférable au desséchement, pour les particuliers, ou pour les communautés dans l'arrondissement desquelles ces terres seront situées, en commençant, autant qu'il sera possible, ces améliorations par les marais les plus nuisibles à la santé, et dont le sol pourrait devenir le plus propre à la production des subsistances; et chaque directoire de département emploiera les moyens les plus avantageux aux communautés, pour parvenir au desséchement de leurs marais.

**II.** Les municipalités enverront sous trois mois, au directoire de leur district, un état raisonné des marais ou terres inondées de leur arrondissement, et le directoire de district le fera passer dans le mois, avec ses observations, au directoire du département. Cet état contiendra les noms des propriétaires, la situation et l'étendue de ces terrains, les causes de leur submersion, le préjudice qu'ils portent au pays, les avantages qu'il pourroit retirer de leur culture, les moyens d'effectuer le desséchement, et l'aperçu des dépenses qu'il exigera.

**III.** Les directoires de département communiqueront ces états, et les mémoires qui leur auront été adressés, à toutes personnes qui voudront en prendre connoissance; ils feront vérifier sur le lieu, de la manière qui leur conviendra, la nature des marais dont le desséchement leur sera indiqué, et les observations des mémoires qui les concerneront. Le procès-verbal en sera rendu public par la voie de l'impression, envoyé à toutes les municipalités du district, et le rapport de tous les mémoires, ainsi que du procès-verbal de vérification, sera fait le plus tôt possible au directoire du département.

IV. Lorsque le directoire du département aura déterminé, pour le bien général, de faire exécuter le desséchement d'un marais des domaines nationaux, des communautés ou des particuliers, le propriétaire de ce marais sera requis de déclarer, dans l'espace de six mois, s'il veut le faire dessécher lui-même, le temps qu'il demande pour l'opérer, et les secours dont il a besoin pour cette entreprise. L'Assemblée nationale, comme conservatrice des biens nationaux tant qu'ils ne seront pas vendus, décidera seule de ce qui les concernera, et le conseil général des municipalités déclarera ce qu'il croira être le plus utile pour les marais des communautés. Le directoire de département pourra, suivant les circonstances ou l'étendue des marais, accorder un délai au propriétaire ; et, dans tous les cas, il fera connoître au propriétaire du marais s'il peut lui procurer le secours qu'il réclame.

V. Si les propriétaires renoncent à faire eux-mêmes le desséchement de leurs marais, ou s'ils ne remplissent pas l'engagement qu'ils auront contracté de les faire dessécher aux termes convenus, le directoire de département fera exécuter le desséchement, en payant aux propriétaires la valeur actuelle du sol du marais, à leur choix, soit en argent, soit en partie de terrain qui sera desséché, le tout à dire d'experts, dont l'un sera nommé par le procureur-syndic du district, et l'autre par le propriétaire. Si le directoire du district, instruit par les experts, trouve que le dédommagement accordé au propriétaire

n'est pas assez considérable, vu la nature de son terrain
et les améliorations dont il est susceptible, il pourra prendre tel autre arrangement qui lui paroîtra le plus juste, augmenter d'un quart, d'un tiers ou de plus, le dédommagement, en ne dépassant cependant jamais le double de
la valeur actuelle du terrain. En cas de refus de la part
du propriétaire de nommer un expert, il en sera nommé
un d'office pour lui, par le directoire du district. S'il y a
partage entre les experts, ils nommeront entre eux un
tiers pour le lever. Le propriétaire pourra contester l'avis
des experts s'il se croit lésé, et en ce cas le directoire
du district prononcera sur ses prétentions, sauf au propriétaire à se pourvoir contre la décision du directoire du
district, au directoire du département, qui statuera définitivement.

IV. Avant que le directoire du département prononce
qu'il va faire procéder à l'adjudication du desséchement
d'un marais, si ce marais est indivis, tout copropriétaire
pourra en entreprendre le desséchement entier, au refus
des autres propriétaires d'y coopérer; il leur rembour-
sera à leur choix leur portion, suivant les formes et conditions énoncées dans l'article précédent, et les experts
seront nommés en égal nombre par les parties.

VII. Quand le directoire du département sera déterminé, pour le bien général, à effectuer le desséchement
d'un marais, il fera procéder trois fois, de quinze jours
en quinze jours, aux enchères au rabais du desséchement
dudit marais. L'adjudication sera annoncée dans toutes les
municipalités du département, par des affiches explica-
tives des diverses charges et conditions. Les adjudications
se feront au chef-lieu du district, en présence d'un des
administrateurs du département, des membres du direc-

toire du district, et d'un officier municipal du lieu où sera situé le marais. A la troisième séance, le desséchement sera adjugé définitivement au particulier ou à la société qui conviendra de s'en charger à la condition la plus avantageuse au département, soit par argent, soit plutôt par l'abandon d'une partie du marais à dessécher.

VIII. L'entrepreneur, quel qu'il soit, s'obligera d'indemniser d'avance, à dire d'experts, les propriétaires riverains, pour les divers dommages bien constatés qu'ils éprouveront des travaux du desséchement, et il donnera une caution solvable, dont la décharge n'aura lieu qu'après le ressuiement total du marais. Le directoire du département accordera toutefois à l'entrepreneur les facilités que les circonstances et les localités permettront, et il encouragera, par une prime déterminée et proportionnée à la difficulté de l'opération, ou par la récompense d'une petite propriété dans le terrain desséché, en outre du salaire journalier, les ouvriers qui se seront distingués par leur constance et leur activité dans le desséchement d'un marais.

IX. Si, par le marché fait avec l'entrepreneur du desséchement d'un marais, il reste au domaine public une partie du terrain desséché, le directoire du département vendra incessamment cette partie du terrain, en la divisant autant qu'il sera possible par petites propriétés, et le produit de ces ventes sera versé dans le trésor public.

X. Les directoires de département sont autorisés à vendre, après le desséchement, les parties de marais devenues domaines publics, à des ouvriers ayant le moyen de les défricher eux-mêmes : la forme de la vente sera une redevance amortissable par huitième de la totalité du prix du terrain concédé. Enfin, les directoires de département sont autorisés à n'imposer à ces ouvriers entrepreneurs, pour le remboursement, que telle condition paternelle qu'ils jugeront à propos.

XI. A l'avenir, la cotisation des marais qui seront desséchés ne pourra être augmentée pendant les vingt-cinq premières années après leur desséchement, suivant l'article V du Décret du 4 novembre 1790, sur la contribution foncière : leur taxe ne pourra être que de trois deniers par arpent, mesure d'ordonnance, conformément à l'article II du même Décret; et les terrains précédemment desséchés conformément à l'Édit de 1764, et autres sur les desséchemens, jouiront de l'avantage de ne payer qu'un sou par arpent, jusqu'au temps où l'exemption d'impôts devoit cesser, comme il est dit à l'article XIII de ce même Décret.

XII. Les propriétaires des terrains qui seront pris pour le passage des eaux ou autres travaux nécessaires aux desséchemens, seront préalablement indemnisés à dire d'experts, comme il est dit en l'article VIII du présent décret; et dans le cas où les propriétaires n'auroient pas qualité suffisante pour recevoir l'indemnité, le montant pourra être déposé dans les mains du receveur du district. Seront pareillement indemnisés, s'il y a lieu, les propriétaires des digues, usines et moulins dont la suppression seroit nécessaire aux desséchemens.

XIII. Les directoires de district et les municipalités prendront connoissance, et rendront compte sous trois mois, du jour de la publication du présent Décret, au directoire de leur département, de l'étendue et de la légitimité des concessions de marais faites dans leur arrondissement, par les Rois, par les provinces, par les particuliers ou par les communautés d'habitans, à la charge de les dessécher. Si le desséchement n'a pas été effectué au moins à moitié, les anciens propriétaires rentreront dans lesdits marais à l'époque de rigueur qui sera fixée par le directoire du département ; et dans le cas où le desséchement auroit été troublé par les contestations des propriétaires riverains, ou par quelque cause que ce puisse être, les concessionnaires seront obligés de poursuivre sans délai la levée des empêchemens, de continuer ensuite le desséchement, et d'y travailler sans relâche jusqu'au parfait ressuiement du marais, sous peine de perdre définitivement lesdites concessions.

XIV. En cas de contestation sur la propriété, ou de prétention d'usage, ou de toute servitude sur les marais dont le desséchement devra être entrepris aux termes et conditions du présent Décret, il sera dressé procès-verbal par deux commissaires nommés par le directoire de district, des prétentions, titres et moyens respectifs des parties, lequel sera rapporté, ensemble l'avis des commissaires, au directoire du département, pour y être statué sur leurs contestations par voie de conciliation, sauf aux parties à se pourvoir devant le tribunal du lieu ; mais, dans tous les cas, il leur est défendu, et à qui que ce soit, de mettre obstacle aux desséchemens des marais et d'en troubler les entreprises, sous les peines infligées aux auteurs des délits commis sur les ateliers nationaux et sur les propriétés publiques.

XV. Le présent Décret sera porté à la sanction du Roi, et envoyé sans délai à tous les directoires de département et de district, et à toutes les municipalités.

Mandons et ordonnons à tous les tribunaux, corps administratifs et municipalités, que les présentes ils fassent transcrire sur leurs registres, lire, publier et afficher dans leurs ressorts et départemens respectifs, et exécuter comme loi du Royaume. En foi de quoi Nous avons signé et fait contresigner cesdites présentes, auxquelles Nous avons fait apposer le sceau de l'État. A Paris, le cinquième jour du mois de janvier, l'an de grâce mil sept cent quatre-vingt-onze, et de notre règne le dix-septième. *Signé* LOUIS. *Et plus bas*, M. L. F. DU PORT. Et scellées du sceau de l'État.

# MOTIFS DE LA LOI

Du 16 septembre 1807.

## RELATIVE AU DESSÉCHEMENT DES MARAIS.

Après un court préambule, M. de Montalivet, chargé par le gouvernement de présenter la loi au corps législatif, entre ainsi en matière :

Depuis plusieurs siècles on ne conteste plus la grande utilité des desséchemens ; mais il est nécessaire, pour les effectuer, de concilier des intérêts tellement divers en apparence, qu'on ne sauroit être surpris, bien que toutes les tentatives déjà faites ne soient pas restées sans quelques résultats, qu'elles aient manqué du moins l'objet général que l'on s'était proposé.

Parmi les causes du peu de succès qu'ont obtenu les lois rendues depuis Henri IV jusqu'à la révolution, on a pu compter la résistance des grands corps de l'état et de quelques propriétaires puissans ; mais ces obstacles avaient disparu, et cependant la loi de 1791 n'a point eu les heureux effets dont s'étaient flattés ses auteurs.

Un défaut de succès si constant annonçait un vice originaire qu'il était essentiel de découvrir pour le faire disparaître.

D'une part on n'avait pas assez respecté la propriété ; de l'autre, des propriétaires avaient trop ignoré que la possessions des marais doit être assujettie à des règles particulières.

Dans le système des lois les plus anciennes, la moitié des fonds desséchés a dû être délaissée à l'entrepreneur du desséchement; peu importait qu'il convint au propriétaire de garder la totalité de ses terres, que l'amélioration n'eût été que d'une très-légère importance, cette inflexible proportion de la moitié ne se modifiait par aucun motif de convenance, par aucune règle de justice.

Les nombreuses difficultés survenues entre les concessionnaires de desséchemens et les propriétaires de marais, forcèrent à chercher d'autres moyens.

Dès le commencement du dix-septième siècle, on autorisa les entrepreneurs de desséchement à exproprier les possesseurs, en leur payant le prix des marais à dessécher. Mais c'était heurter plus directement encore toutes les habitudes, tous les droits de la propriété : c'était donner de nouvelles armes à tous les genres de résistance. Le petit propriétaire, dépossédé, se voyait sans asile ; il était sûr de trouver un appui chez le propriétaire plus considérable, qui, froissé dans ses propres intérêts, couvrait sa défense du prétexte honorable de soutenir la faiblesse opprimée.

D'ailleurs, quelle fortune ne fallait-il pas à un entrepreneur de desséchement pour dépenser, en prix d'acquisition, de grands capitaux, au moment même où il avait besoin de toutes ses ressources pour l'exécution des travaux.

Ce faux principe de l'expropriation préalable a été de nouveau consacré par la loi de 1791 ; ainsi, un remède extrême, une ressource dernière qu'il peut être utile de se réserver pour punir une résistance coupable, était devenu la base fondamentale du système.

La loi de 1791 mettait toutes les mesures d'exécution

dans les mains d'assemblées délibérantes; l'assemblée nationale elle-même devait nécessairement intervenir dans chaque entreprise où des biens dépendant du domaine étaient intéressés. On n'avait pas fait encore l'expérience de l'impossibilité d'obtenir de prompts résultats par de semblables moyens.

Cependant, cinq à six cent mille hectares de marais continuaient de diminuer la population et le sol cultivable de la France.

L'empereur a fixé son attention sur cet état de choses : dès lors il a dû changer.

Déjà de grands travaux sont entrepris aux frais de l'état; les marais du Cotentin, ceux de Rochefort, ceux d'Arles se dessèchent.

Des concessions particulières assurent les mêmes améliorations aux marais d'Aigues-Mortes et de Bourgoin. L'étang de Marseillette a disparu; de riches moissons croissent où l'on voyait ses eaux.

En fixant son attention sur les défauts de la législation actuelle, sa majesté a remarqué qu'il était indispensable d'éclairer d'abord les possesseurs de marais sur la nature d'une propriété qui est trop intimement liée à l'intérêt général, à la santé, à la vie des hommes, à l'accroissement des produits du territoire, pour n'être par régie par des règles particulières, pour n'être pas immédiatement sous l'autorité de l'administration publique.

Ainsi, tout homme, en acquérant ou en recevant la transmission d'un marais, en le calculant dans la masse de ses possessions, saura désormais que ce genre de propriété diffère essentiellement de tout autre.

Le principe posé, le gouvernement remplira un devoir.

plus qu'il n'exercera un droit, en prescrivant le desséchement de tel ou tel marais.

Lorsque tous les propriétaires intéressés seront d'accord
pour faire un desséchement, il est naturel et juste de les
préférer; mais des précautions doivent être prises pour
diminuer le temps et le danger des travaux, pour s'assurer qu'ils auront l'effet qu'il importe d'obtenir. C'est au
gouvernement à prescrire les moyens les plus convenables;
et les propriétaires, comme tous autres entrepreneurs de
desséchement, doivent être astreints à s'y conformer.

Lorsque la diversité d'opinion ou d'intérêts, ou toute
autre cause divisera les propriétaires d'un marais, le gouvernement fera exécuter le desséchement aux frais de
l'état ou concédera à certaines conditions le dro*: de
l'exécuter.

En cas de concession, si quelques-uns des propriétaires
offrent des conditions aussi avantageuses que des non-
propriétaires, ceux-là seront préférés.

Ainsi la loi porte l'empreinte de la faveur due au titre
de propriété; mais cette faveur cesse lorsque l'intérêt
public l'exige.

C'est d'après cette juste faveur que, dans les deux cas
d'entreprise aux frais de l'état ou de concession, les propriétaires ne seront plus évincés d'une partie de leurs terres;
ils seront tenus seulement d'assurer une juste indemnité
aux entrepreneurs des travaux.

La valeur réelle des marais sera d'abord constatée avec
toutes les précautions qui peuvent garantir une estimation
exacte : cette valeur est la vraie propriété des possesseurs;
elle leur restera toujours et sans aucune altération.

Après l'achèvement des travaux, une autre expertise
aura lieu : la valeur nouvelle sera constatée avec le même

soin qu'on a mis à fixer l'ancienne ; de la comparaison entre la valeur antérieure et celle postérieure au desséchement, résultera la connaissance positive de l'augmentation due aux travaux. Cette plus-value seule deviendra passible de l'indemnité allouée à l'entrepreneur ; presque toujours une portion, et souvent une portion considérable de la plus-value, restera au propriétaire, qui s'acquittera à son gré envers l'entrepreneur, ou au moyen du paiement de la rente à quatre pour cent du capital de l'indemnité, c'est-à-dire, sans nulle gêne et par la simple remise annuelle d'une partie de l'accroissement des produits, ou en payant le capital même, c'est-à-dire, en faisant l'emploi d'argent le plus avantageux et le plus à sa convenance ; ou enfin, s'il le préfère, et alors seulement, en abandonnant une part de propriété.

Il était difficile de réunir plus de combinaisons favorables aux propriétaires.

Lorsque l'état desséchera à ses frais, il assurera son remboursement sur la plus-value ; disposition heureuse, qui garantit les plus grandes améliorations, puisque le même capital portera successivement la vie et la fertilité dans vingt contrées différentes, que l'économie des deniers publics aurait forcé de négliger, s'il avait fallu décupler deux fois un premier sacrifice.

Lorsque le gouvernement concédera l'entreprise d'un desséchement, les plans exacts, qui précéderont toujours la concession, donneront un aperçu de l'amélioration à obtenir ; et les conditions accordées au concessionnaire seront calculées de manière à lui assurer seulement un juste bénéfice : ainsi, selon les circonstances, il obtiendra le quart, la moitié, les trois quarts ou toute autre proportion dans la plus-value, de manière à laisser au propriélaire toute la part d'amélioration qui n'est pas nécessaire au salaire, à l'encouragement, à la récompense des travaux.

Ce sera de même lors des actes de concession, que le gouvernement fixera les cautionnemens à fournir par les entrepreneurs pour gage de la bonne exécution ; qu'il déterminera tout ce qui intéresse la conservation des propriétés ; qu'il préposera à la suite des opérations les agens propres à les biens conduire ; qu'il rappellera à la nécessité de ne pas juger uniquement, par le produit extraordinaire des cinq ou six premières années, la valeur des terres améliorées ; qu'il appliquera les règles relatives à l'exemption de toute augmentation de contributions pendant un certain laps de temps ; qu'il créera l'espèce de magistrature spéciale dont nous parlerons bientôt, et l'action sera la plus sûre garantie contre toute espèce d'erreur ou d'injustice.

Le droit des créanciers sur la propriété qui est le gage de la sûreté de leurs créances, ne saurait aller au-delà du droit qu'attribuent les lois au propriétaire lui-même ; il était donc, d'après les principes que nous avons établis, dans les règles de la plus stricte justice de réduire l'effet des inscriptions hypothécaires antérieures à l'entreprise du desséchement ; de ne les faire porter que sur la valeur du fonds non desséché, et d'affecter, par ce privilége, la plus-value à la garantie des cessions ou des obligations souscrites par les propriétaires en faveur des entrepreneurs du desséchement.

Il a paru juste aussi d'affranchir du droit proportionnel d'enregistrement des cessions qui ne sont que le paiement d'un genre de travaux que le gouvernement est disposé à encourager de tout son pouvoir.

Lorsqu'un desséchement est opéré, on aurait peu fait si l'on négligeait de l'entretenir : les travaux deviennent moins considérables sans doute ; mais il faut des soins chaque jour : quelques années, souvent quelques mois de négligence, suffisent pour faire perdre tous les fruits de l'entreprise la plus dispendieuse, la plus utile, la mieux conduite.

Les travaux d'entretien sont nécessairement à la charge de ceux qui en profitent ; les seuls propriétaires doivent donc y pourvoir : mais les concessionnaires ont pu devenir propriétaires, et dans ce cas ils ont les mêmes charges et les mêmes droits que les propriétaires anciens.

Les syndics des propriétaires pourraient se tromper sur les moyens les plus propres à assurer le maintien du desséchement ; ils proposent leurs idées ; elles sont soumises à tous les avis qui peuvent les rectifier, et les réglemens ne deviennent obligatoires qu'après avoir été discutés en conseil d'état.

L'action des tribunaux, qui ne procèdent qu'avec les formes sages et lentes, nécessaires lorsque des intérêts privés sont soumis à l'examen et à la décision des corps judiciaires, ne saurait convenir lorsqu'il s'agit de travaux presque toujours urgens, et dont les dégradations doivent être sur-le-champ réparées, où les dommages, dont il importe de punir les auteurs à l'instant même, disparaissent aussitôt. Il était donc convenable de ne laisser aucun doute sur la compétence administrative, dans tous les cas de travaux publics ou de travaux de desséchement.

Un principe juste est toujours fécond lorsque le génie s'en empare.

Le propriétaire de marais doit donner à l'entrepreneur des travaux qui augmentent la valeur de ses terres, une portion de cette valeur nouvelle.

Pourquoi, lorsque d'autres travaux importans augmentent la valeur des propriétés d'un département, d'un arrondissement, d'une commune, d'un particulier, la contrée intéressée ou l'individu ne paieraient-ils pas une portion des avantages qu'ils acquièrent? Pourquoi le trésor public, c'est-à-dire la réunion de tous les Français, serait-il seule une dépense qui procure un avantage plus immédiat à quelques-uns? Il n'y aurait le plus souvent ni convenance ni justice : de là les dispositions qui autorisent le gouvernement à proposer des contributions diversement calculées selon les avantages généraux ou locaux ; ces contributions ne seront jamais établies que par des lois; de là aussi la réserve qui accorde au gouvernement le droit d'exiger des propriétés privées une indemnité pour la plus-value, mais au cas seulement où elles auraient acquis une notable augmentation de valeur, et après qu'il aurait été jugé par sa majesté, en conseil d'état, qu'il y a lieu à user de cette faculté. Le paiement de l'indemnité, qui ne pourra jamais excéder la moitié de la plus-value, serait fait par le propriétaire, selon le mode qui lui conviendrait le mieux, ainsi qu'il a été dit à l'occasion des desséchemens.

Après les travaux qui augmentent la valeur des propriétés, l'on a dû s'occuper de ceux qui les conservent, de la construction des digues et des ouvrages analogues. Une disposition mal interprétée de la loi du 30 floréal an 10, avait fait penser à quelques personnes que les digues sur le bord des fleuves ou des rivières navigables, étaient à la charge de l'octroi de navigation; cependant les digues ne sont pas nommées dans la loi, et la fausse interprétation était une erreur que l'usage le plus général contribuait chaque jour à détruire : des ouvrages quelconques ne peuvent être à la charge de l'octroi que lorsqu'ils sont construits pour le seul intérêt de la navigation. Lorsque des digues ou des levées sont uniquement défensives des propriétés, elles sont à la charge des propriétaires; lorsqu'elles ont le double but de protéger la navigation et les propriétés, l'octroi et les propriétaires doivent concourir à la dépense dans de justes proportions, qu'un règlement d'administration publique déterminera toujours : tous les doutes sont désormais levés à cet égard.

Ils le sont de même sur les divers cas où des propriétaires de fonds, d'usines, de moulins, sont intéressés au curement des canaux, à l'entretien ou à la construction d'ouvrages sur les rivages navigables; les proportions réciproques dans lesquelles l'état et les particuliers devront concourir, seront réglées pour chaque lieu.

Les travaux de salubrité sont à la charge des communes; mais il fallait rappeler la règle et organiser un moyen juste et prompt de pourvoir aux dépenses. Des rôles spéciaux, où chaque chef de famille sera imposé selon ses facultés et selon le degré d'intérêt qu'il a aux travaux, mettront à la disposition des autorités locales les moyens qui leur manquaient.

Quelques genres de propriétés, tels que les bois, les mines, profitent plus particulièrement des communications à ouvrir ou à perfectionner : les routes et les canaux peuvent être mis entièrement à la charge de ces propriétés, sauf les secours que le gouvernement trouverait juste d'accorder.

Ainsi se développent et se multiplient les conséquences du même principe : le concours dans la dépense doit toujours avoir lieu dans la proportion des avantages à recueillir.

Mais la loi serait imparfaite, si elle avait négligé d'or-

saient les moyens d'avoir sur les différens degrés d'intérêt, sur les estimations, sur les convenances locales, sur
les diverses natures d'avantages ou d'inconvéniens, les
données les plus positives.

De simples experts, les autorités administratives, peuvent donner des informations justes, des renseignemens
essentiels ; mais le peu de responsabilité morale des uns ,
la multiplicité des occupations des fonctionnaires principaux, laissaient craindre les effets de la négligence, ou de
ces aperçus généraux et trop rapides que l'homme très-
occupé est souvent forcé de substituer à des notions pré-
cises et détaillées.

Sa majesté a voulu qu'une commission, nommée par
elle et composée d'hommes connaissant les lieux, les objets dont il s'agit, recommandables par leurs lumières,
par la considération dont ils jouissent, par les emplois
qu'ils occupent, formât pour chaque entreprise une sorte
de magistrat spécial, qui, n'ayant que cette seule affaire
à suivre, y mettra d'autant plus de soin qu'il aura à justifier en même temps la confiance du souverain et l'estime
publique.

Cette commission sera composée de sept membres ; elle
ne pourra prononcer lorsqu'il y aura moins de cinq commissaires présens ; on éprouvera son influence salutaire à
toutes les époques des travaux ; elle sera un juge permanent et le plus éclairé de tout le contentieux entre les
divers intéressés.

Les avantages que l'on doit recueillir de cette institution
ne tarderont pas à se faire sentir, à exciter de nouveaux
sentimens d'amour et de reconnaissance.

Après avoir statué sur les objets principaux, ce projet
de loi règle les divers cas relatifs aux indemnités dues pour

9

occupation des terrains ou des bâtimens nécessaires aux travaux publics, et pour suppression ou modification d'usines légalement établies. Les expertises seront faites avec moins de solennité, mais avec toutes les précautions convenables. La compétence administrative est organisée d'une manière uniforme; le paiement des indemnités est assuré; et comme des concessionnaires n'offrent jamais la même garantie que l'état, en cas de travaux concédés, le paiement précédera toujours la dépossession.

Les divers cas où les constructions peuvent être avancées sur la voie publique, ou doivent être reculées, sont prévus. Le propriétaire, forcé de démolir sa maison pour rectifier une route, pour élargir une rue, ou pour former une place, sera indemnisé à raison de son terrain et de ses constructions. Celui dont la maison ne se relève que parce qu'il a voulu l'abattre, parce qu'elle était tombée en ruines, ou parce qu'elle a été démolie pour cause de vétusté, ne recevra d'autre prix que celui du terrain cédé.

Si le propriétaire qui est obligé de reculer sa maison l'exige, l'administration publique achètera la maison ou le terrain, selon les cas qui viennent d'être expliqués, mais d'après la valeur, avant l'ouverture ou l'élargissement de la place ou de la rue.

Ainsi cesseront toutes plaintes fondées de la part des propriétaires qui, prétextant que la portion restante de leur maison ne pouvait plus leur suffire, réclamaient contre l'estimation exacte de la portion qu'on les forçait à céder, et voulaient que cette estimation fût portée à peu près à la valeur entière de la maison ou du terrain.

Cette disposition de justice en faveur des propriétaires forcés à se reculer, en amène nécessairement une favorable à l'administration publique, dans les cas où un propriétaire recevra la faculté de s'avancer sur la voie publique. Alors. s'il refuse d'acquérir la portion dont on lui permet d'accroître ses bâtimens, on peut le forcer à délaisser sa propriété toute entière à dire d'experts.

Ainsi, dans l'un et l'autre cas, on désintéresse avec équité le propriétaire qui aime mieux vendre ses bâtimens ou terrain qu'il pouvait occuper, que de voir modifier sa propriété.

De fréquentes discussions se sont élevées entre l'administration et des propriétaires de terres fouillées pour les routes ou pour d'autres constructions publiques, à l'effet d'y prendre des matériaux. Les lois de 1791 et du 28 pluviôse an 8 offraient des dispositions contradictoires. Il a paru juste de tenir compte de la valeur des matériaux aux propriétaires de carrières en exploitation; et dans les autres cas, de réserver à l'administration publique la faculté de regarder les terrains fouillés comme s'ils eussent été pris pour la route même, et de les payer en conséquence et à raison du temps que durera l'occupation.

Il était impossible d'appliquer rigoureusement les dispositions de la loi aux travaux déjà entrepris et particulièrement aux travaux de desséchement, des mesures importantes devant, dans le cas de ce genre, avoir lieu avant le commencement des travaux; mais les décrets d'administration publique pourvoiront aux moyens de soumettre à la règle d'une contribution proportionnelle aux avantages recueillis, les propriétés dont l'accroissement ne sera dû qu'aux grandes entreprises qui s'exécutent, soit aux frais de l'état, soit par des concessionnaires auxquels des prétentions sur les propriétés à dessécher auroient été réservées.

Nous avons mal rempli, messieurs, la tâche qui nous

était imposée, si nous n'avons pas su vous convaincre de l'éminente utilité, de la rigoureuse justice de la loi qui est soumise à votre sanction.

---

# LOI

## RELATIVE AU DESSÉCHEMENT DES MARAIS.

### Du 16 septembre 1807.

Napoléon, par la grâce de Dieu et les constitutions, empereur des Français, roi d'Italie, protecteur de la confédération du Rhin : à tous présens et à venir, Salut :

Le corps législatif a rendu, le 16 septembre 1807, le décret suivant, conformément à la proposition faite au nom de l'empereur, et après avoir entendu les orateurs du conseil d'état et des sections du tribunat le même jour.

## DÉCRET.

### TITRE Ier.

#### Desséchement des marais.

Art. 1er. La propriété des marais est soumise à des règles particulières.

Le gouvernement ordonnera les desséchemens qu'il jugera utiles ou nécessaires.

2. Les desséchemens seront exécutés par l'état ou par des concessionnaires.

3. Lorsqu'un marais appartiendra à un seul propriétaire, ou lorsque tous les propriétaires seront réunis, la concession du desséchement leur sera toujours accordée, s'ils se soumettent à l'exécuter dans les délais fixés, et conformément aux plans adoptés par le gouvernement.

4. Lorsqu'un marais appartiendra à un propriétaire ou à une réunion de propriétaires qui ne se soumettront pas à dessécher dans les délais, et selon les plans adoptés, ou qui n'exécuteront pas les conditions auxquelles ils se seront soumis ; lorsque les propriétaires ne seront pas tous réunis ; lorsque, parmi lesdits propriétaires, il y aura une ou plusieurs communes, la concession du desséchement aura lieu en faveur des concessionnaires dont la soumission sera jugée la plus avantageuse par le gouvernement : celles qui seraient faites par des communes propriétaires, ou par un certain nombre de propriétaires réunis, seront préférées à conditions égales.

5. Les concessions seront faites par des décrets rendus en conseil d'état, sur des plans levés ou sur des plans vérifiés et approuvés par les ingénieurs des ponts et chaussées, aux conditions prescrites par la présente loi, aux conditions qui seront établies par les réglemens généraux à intervenir, et aux charges qui seront fixées à raison des circonstances locales.

6. Les plans seront levés, vérifiés et approuvés aux frais des entrepreneurs du desséchement : si ceux qui auront fait la première soumission et fait lever ou vérifier les plans ne demeurent pas concessionnaires, ils seront remboursés par ceux auxquels la concession sera définitivement accordée.

Le plan général du marais comprendra tous les terrains qui seront présumés devoir profiter du desséchement. Chaque propriété y sera distinguée, et son étendue exactement circonscrite.

Au plan général seront joints tous les profils et nivellemens nécessaires ; ils seront, le plus possible, exprimés sur le plan par des cotes particulières.

# TITRE II.

*Fixation de l'étendue, de l'espèce et de la valeur estimative des marais avant le desséchement.*

7. Lorsque le gouvernement fera un desséchement, ou lorsque la concession aura été accordée, il sera formé entre les propriétaires un syndicat, à l'effet de nommer les experts qui devront procéder aux estimations satuées par la présente loi.

Les syndics seront nommés par le préfet ; ils seront pris parmi les propriétaires les plus imposés, à raison des marais à dessécher. Les syndics seront au moins au nombre de trois, et au plus au nombre de neuf, ce qui sera déterminé dans l'acte de concession.

8. Les syndics réunis nommeront et présenteront un expert au préfet du département.

Les concessionnaires en présenteront un autre ; le préfet nommera un tiers expert.

Si le desséchement est fait par l'état, le préfet nommera le second expert, et le tiers expert sera nommé par le ministre de l'intérieur.

9. Les terrains des marais seront divisés en plusieurs classes, dont le nombre n'excédera pas dix, et ne pourra être au-dessous de cinq : ces classes seront formées d'après les divers degrés d'inondation. Lorsque la valeur des différentes parties du marais éprouvera d'autres variations que celles provenant des divers degrés de submersion, et dans ce cas seulement, les classes seront formées sans égard à ces divers degrés, et toujours de manière à ce que toutes les terres de même valeur présumée soient dans la même classe.

10. Le périmètre des diverses classes sera tracé sur le plan cadastral qui aura servi de base à l'entreprise.

Ce tracé sera fait par les ingénieurs et les experts réunis.

11. Le plan, ainsi préparé, sera soumis à l'approbation du préfet ; il restera déposé au secrétariat de la préfecture pendant un mois ; les parties intéressées seront invitées, par affiches, à prendre connaissance du plan, à fournir leurs observations sur son exactitude, sur l'étendue donnée aux limites jusques auxquelles se feront sentir les effets du desséchement, et enfin sur le classement des terres.

12. Le préfet, après avoir reçu ces observations, celles en réponse des entrepreneurs du desséchement, celles des ingénieurs et des experts, pourra ordonner les vérifications qu'il jugera convenables.

Dans le cas où, après vérification, les parties intéressées persisteraient dans leurs plaintes, les questions seront portées devant la commission constituée par le titre X de la présente loi.

13. Lorsque les plans auront été définitivement arrêtés, les deux experts nommés par les propriétaires et les entrepreneurs du desséchement se rendront sur les lieux, et après avoir recueilli tous les renseignemens nécessaires, ils procéderont à l'appréciation de chacune des classes composant le marais, eu égard à sa valeur réelle au moment de l'estimation considérée dans son état de marais, et sans pouvoir s'occuper d'une estimation détaillée par propriété.

Les experts procéderont en présence du tiers expert, qui les départagera s'ils ne peuvent s'accorder.

14. Le procès-verbal d'estimation par classe sera déposé pendant un mois à la préfecture. Les intéressés en seront prévenus par affiches ; et s'il survient des réclamations, elles seront jugées par la commission.

Dans tous les cas, l'estimation sera soumise à ladite commission pour être jugée et homologuée par elle ; elle pourra décider outre et contre l'avis des experts.

15. Dès que l'estimation aura été définitivement arrêtée, les travaux de desséchement seront commencés : ils seront poursuivis et terminés dans les délais fixés par l'acte de concession, sous les peines portées audit acte.

## TITRE III.

*Des marais pendant le cours des travaux de desséchement.*

16. Lorsque, d'après l'étendue des marais ou la difficulté des travaux, le desséchement ne pourra être opéré dans trois ans, l'acte de concession pourra attribuer aux entrepreneurs du desséchement une portion en deniers du produit des fonds qui auront les premiers profité des travaux de desséchement.

Les contestations relatives à l'exécution de cette clause de l'acte de concession seront portées devant la commission.

## TITRE IV.

*Des marais après le desséchement, et de l'estimation de leur valeur.*

17. Lorsque les travaux prescrits par l'état ou par l'acte de concession seront terminés, il sera procédé à leur vérification et réception.

En cas de réclamations, elles seront portées devant la commission, qui les jugera.

18. Dès que la reconnaissance des travaux aura été approuvée, les experts respectivement nommés par les propriétaires et par les entrepreneurs du desséchement,

et accompagnés du tiers expert, procéderont, de concert avec les ingénieurs, à une classification des fonds desséchés, suivant leur valeur nouvelle et l'espèce de culture dont ils seront devenus susceptibles.

Cette classification sera vérifiée, arrêtée, suivie d'une estimation, le tout dans les mêmes formes ci-dessus prescrites pour la classification et l'estimation des marais avant le desséchement.

## TITRE V.

*Règles pour le paiement des indemnités dues par les propriétaires, en cas de dépossession.*

19. Dès que l'estimation des fonds desséchés aura été arrêtée, les entrepreneurs du desséchement présenteront à la commission un rôle contenant,

1°. Le nom des propriétaires;

2°. L'étendue de leur propriété;

3°. Les classes dans lesquelles elle se trouve placée, le tout relevé sur le plan cadastral;

4°. L'énonciation de la première estimation, calculée à raison de l'étendue et des classes;

5°. Le montant de la valeur nouvelle de la propriété depuis le desséchement, réglée par la seconde estimation et le second classement;

6°. Enfin la différence entre les deux estimations.

S'il reste dans le marais des portions qui n'auront pa être desséchées, elles ne donneront lieu à aucune prétention de la part des entrepreneurs du desséchement.

20. Le montant de la plus-value obtenue par le desséchement sera divisé entre le propriétaire et le concessionnaire, dans les proportions qui auront été fixées par l'acte de concession.

Lorsqu'un desséchement sera fait par l'état, sa portion dans la plus-value sera fixée de manière à le rembourser de toutes ses dépenses. Le rôle des indemnités sur la plus-value sera arrêté par la commission et rendu exécutoire par le préfet.

21. Les propriétaires auront la faculté de se libérer de l'indemnité par eux due, en délaissant une portion relative de fonds calculée sur le pied de la dernière estimation : dans ce cas, il n'y aura lieu qu'au droit fixe d'un franc, pour l'enregistrement de l'acte de mutation de propriété.

22. Si les propriétaires ne veulent pas délaisser des fonds en nature, ils constitueront une rente sur le pied de quatre pour cent, sans retenue; le capital de cette rente sera toujours remboursable, même par portions, qui cependant ne pourront être moindres d'un dixième, et moyennant vingt-cinq capitaux.

23. Les indemnités dues aux concessionnaires ou au gouvernement, à raison de la plus-value résultant des desséchemens, auront privilége sur toute ladite plus-value, à la charge seulement de faire transcrire l'acte de concession, ou le décret qui ordonnera le desséchement au compte de l'état, dans le bureau ou dans les bureaux des hypothèques de l'arrondissement ou des arrondissemens de la situation des marais desséchés.

L'hypothèque de tout individu inscrit avant le desséchement sera restreinte, au moyen de la transcription ci-dessus ordonnée, sur une portion de propriété égale en valeur à sa première valeur estimative des terrains desséchés.

24. Dans le cas où le desséchement d'un marais ne pourrait être opéré par les moyens ci-dessus organisés, et où, soit par les obstacles de la nature, soit par des oppositions persévérantes des propriétaires, on ne pourrait

parvenir au desséchement, le propriétaire ou les propriétaires de la totalité des marais pourront être contraints à
délaisser leurs propriétés, sur estimation faite dans les formes
déjà prescrites.

Cette estimation sera soumise au jugement et à l'homologation d'une commission formée à cet effet ; et la cession
sera ordonnée, sur le rapport du ministre de l'intérieur,
par un règlement d'administration publique.

## TITRE VI.

### De la conservation des travaux de desséchement.

25. Durant le cours des travaux de desséchement, les
canaux, fossés, rigoles, digues et autres ouvrages, seront
entretenus et gardés aux frais des entrepreneurs du desséchement.

26. A compter de la réception des travaux, l'entretien
et la garde seront à la charge des propriétaires, tant anciens que nouveaux. Les syndics déjà nommés, auxquels
le préfet pourra en adjoindre deux ou quatre pris parmi
les nouveaux propriétaires, proposeront au préfet des
règlemens d'administration publique, qui fixeront le genre
et l'étendue des contributions nécessaires pour subvenir
aux dépenses.

La commission donnera son avis sur ces projets de
règlement, et, en les adressant au ministre, proposera
aussi la création d'une administration composée de propriétaires, qui devra faire exécuter les travaux. Il sera statué sur le tout en conseil d'état.

27. La conservation des travaux de desséchement, celle
des digues contre les torrens, rivières et fleuves, et sur
les bords des lacs et de la mer, est commise à l'adminis-

ration publique. Toutes réparations et dommages seront poursuivis par voie administrative, comme pour les objets de grande voirie. Les délits seront poursuivis par les voies ordinaires, soit devant les tribunaux de police correctionnelle, soit devant les cours criminelles, en raison des cas.

# TITRE VII.

*Des travaux de navigation, des routes, des ponts, des rues, places et quais dans les villes, des digues, des travaux de salubrité dans les communes.*

28. Lorsque, par l'ouverture d'un canal de navigation, par le perfectionnement de la navigation d'une rivière, par l'ouverture d'une grande route, par la construction d'un pont, un ou plusieurs départemens, un ou plusieurs arrondissemens, seront jugés devoir recueillir une amélioration à la valeur de leur territoire, ils seront susceptibles de contribuer aux dépenses des travaux par voie de centimes additionnels aux contributions; et ce, dans les proportions qui seront déterminées par des lois spéciales.

Ces contributions ne pourront s'élever au-delà de la moitié de la dépense; le gouvernement fournira l'excédent.

29. Lorsqu'il y aura lieu à l'établissement ou au perfectionnement d'une petite navigation, un canal de flottage; à l'ouverture ou à l'entretien de grandes routes d'un intérêt local, à la construction ou à l'entretien de ponts sur lesdites routes ou sur des chemins vicinaux, les départemens contribueront dans une proportion, les arrondissemens les plus intéressés dans une autre, les communes les plus intéressées d'une manière encore différente : le tout selon le degré d'utilité respective.

Le gouvernement ne fournira de fonds, dans ce cas,

que lorsqu'il le jugera convenable ; les proportions des diverses contributions seront réglées par des lois spéciales.

30. Lorsque, par suite des travaux déjà énoncés dans la présente loi ; lorsque par l'ouverture de nouvelles rues, par la formation de places nouvelles, par la construction de quais, ou par tous autres travaux publics généraux, départementaux ou communaux, ordonnés ou approuvés par le gouvernement, des propriétés privées auront acquis une notable augmentation de valeur, ces propriétés pourront être chargées de payer une indemnité, qui pourra s'élever jusqu'à la valeur de la moitié des avantages qu'elles auront acquis : le tout sera réglé par estimation dans les formes déjà établies par la présente loi, jugé et homologué par la commission qui aura été nommée à cet effet.

31. Les indemnités pour paiement de la plus-value seront acquittées au choix des débiteurs, en argent, ou en rentes constituées à quatre pour cent net, ou en délaissement d'une partie de la propriété, si elle est divisible ; ils pourront aussi délaisser en entier les fonds, terrains ou bâtimens dont la plus-value donne lieu à l'indemnité ; et ce, sur l'estimation réglée d'après la valeur qu'avait l'objet avant l'exécution des travaux desquels la plus-value aura résulté.

Les articles 21 et 23, relatifs aux droits d'enregistrement et aux hypothèques, sont applicables aux cas spécifiés dans le présent article.

32. Les indemnités ne seront dues par les propriétaires des fonds voisins des travaux effectués, que lorsqu'il aura été décidé par un règlement d'administration publique rendu sur le rapport du ministre de l'intérieur, et après avoir entendu les parties intéressées, qu'il y a lieu à l'application des deux articles précédens.

33. Lorsqu'il s'agira de construire des digues à la mer, ou contre les fleuves, rivières et torrens, navigables ou non navigables, la nécessité en sera constatée par le gouvernement, et la dépense supportée par les propriétés protégées, dans la proportion de leur intérêt aux travaux, sauf les cas où le Gouvernement croirait utile et juste d'accorder des secours sur les fonds publics.

34. Les formes précédemment établies, et l'intervention d'une commission, seront appliquées à l'exécution du précédent article.

Lorsqu'il y aura lieu de pourvoir aux dépenses d'entretien ou de réparation des mêmes travaux, au curage des canaux qui sont en même temps de navigation et de desséchement, il sera fait des réglemens d'administration publique qui fixeront la part contributive du gouvernement et des propriétaires. Il en sera de même lorsqu'il s'agira de levées, de barrages, de pertuis, d'écluses, auxquels des propriétaires de moulins ou d'usines seraient intéressés.

35. Tous les travaux de salubrité qui intéressent les villes et les communes, seront ordonnés par le gouvernement, et les dépenses supportées par les communes intéressées.

36. Tout ce qui est relatif aux travaux de salubrité sera réglé par l'administration publique; elle aura égard, lors de la rédaction du rôle de la contribution spéciale destinée à faire face aux dépenses de ce genre de travaux, aux avantages immédiats qu'acquerraient telles ou telles propriétés privées, pour les faire contribuer à la décharge de la commune dans des proportions variées, et justifiées par les circonstances.

37. L'exécution des deux articles précédens restera

dans les attributions des préfets et des conseils de préfecture.

## TITRE VIII.

*Des travaux de route et de navigation relatifs à l'exploita-
tion des forêts et minières.*

38. Lorsqu'il y aura lieu d'ouvrir ou de perfectionner
une route, ou des moyens de navigation dont l'objet
sera d'exploiter avec économie des forêts ou bois, des
mines ou minières, ou de leur fournir un débouché, toutes
les propriétés de cette espèce, générales, communales ou
privées, qui devront en profiter, seront appelées à contribuer, pour la totalité de la dépense, dans les proportions
variées des avantages qu'elles devront en recueillir.

Le gouvernement pourra néanmoins accorder sur les
fonds publics les secours qu'il croira nécessaires.

39. Les propriétaires se libéreront dans les formes énoncées aux articles 21, 22 et 23 de la présente loi.

40. Les formes d'estimation et l'intervention de la commission organisée par la présente loi, seront appliquées à
l'exécution des deux précédens articles.

## TITRE IX.

*De la concession de divers objets dépendant du domaine.*

41. Le gouvernement concédera, aux conditions qu'il
aura réglées, les marais, lais, relais de la mer, le droit
d'endiguage, les accrues, attérissemens et alluvions des
fleuves, rivières et torrens, quant à ceux de ces objets qui
forment propriété publique ou domaniale.

# TITRE X.

## De l'organisation et des attributions des commissions spéciales.

42. Lorsqu'il s'agira d'un desséchement de marais ou d'autres ouvrages déjà énoncés en la présente loi, et pour lesquels l'intervention d'une commission spéciale est indiquée, cette commission sera établie ainsi qu'il suit.

43. Elle sera composée de sept commissaires : leur avis ou leurs décisions seront motivés; ils devront, pour les prononcer, être au moins au nombre de cinq.

44. Les commissaires seront pris parmi les personnes qui seront présumées avoir le plus de connaissances relatives soit aux localités, soit aux divers objets sur lesquels ils auront à prononcer.

Ils seront nommés par l'empereur.

45. Les formes de la réunion des membres de la commission, la fixation des époques de ses séances et des lieux où elles seront tenues, les règles pour la présidence, le secrétariat et la garde des papiers, les frais qu'entraîneront ses opérations, et enfin tout ce qui concerne son organisation, seront déterminés, dans chaque cas, par un règlement d'administration publique.

46. Les commissions spéciales connaîtront de tout ce qui est relatif au classement des diverses propriétés avant ou après le desséchement des marais, à leur estimation, à la vérification de l'exactitude des plans cadastraux, à l'exécution des clauses des actes de concession relatifs à la jouissance par les concessionnaires d'une portion des produits, à la vérification et à la réception des travaux de desséchement; à la formation et à la vérification du rôle de plus-value des terres après le desséchement; elles donneront

leur avis sur l'organisation du mode d'entretien des travaux de desséchement ; elles arrêteront les estimations
dans le cas prévu par l'article 24, où le gouvernement
aurait à déposséder tous les propriétaires d'un marais ; elles
connaîtront des mêmes objets, lorsqu'il s'agira de fixer la
valeur des propriétés avant l'exécution des travaux d'un
autre genre, comme routes, canaux, quais, digues,
ponts, rues, etc., et après l'exécution desdits travaux,
et lorsqu'il sera question de fixer la plus-value.

47. Elles ne pourront, en aucun cas, juger les questions de propriété, sur lesquelles il sera prononcé par les
tribunaux ordinaires sans que, dans aucun cas, les opérations relatives aux travaux, ou l'exécution des décisions
de la commission, puissent être retardées ou suspendues.

# TITRE XI.

### Des indemnités aux propriétaires pour occupations de terrains.

48. Lorsque, pour exécuter un desséchement, l'ouverture d'une nouvelle navigation, un pont, il sera question de supprimer des moulins et autres usines, de les
déplacer, modifier, ou de réduire l'élévation de leurs
eaux, la nécessité en sera constatée par les ingénieurs des
ponts et chaussées. Le prix de l'estimation sera payé par
l'état, lorsqu'il entreprend les travaux ; lorsqu'ils sont entrepris par des concessionnaires, le prix de l'estimation
sera payé avant qu'ils puissent faire cesser le travail des
moulins et usines.

Il sera d'abord examiné si l'établissement des moulins
et usines est légal, ou si le titre d'établissement ne soumet
pas les propriétaires à voir démolir leur établissement sans
indemnité, si l'utilité publique le requiert.

49. Les terrains nécessaires pour l'ouverture des canaux et rigoles de desséchement, des canaux de navigation, de routes, de rues, la formation de places et autres travaux reconnus d'une utilité générale, seront payés à leurs propriétaires, et à dire d'experts, d'après leur valeur avant l'entreprise des travaux, et sans nulle augmentation du prix d'estimation.

50. Lorsqu'un propriétaire fait volontairement démolir sa maison; lorsqu'il est forcé de la démolir pour cause de vétusté, il n'a droit à indemnité que pour la valeur du terrain délaissé, si l'alignement qui lui est donné par les autorités compétentes le force à reculer sa construction.

51. Les maisons et bâtimens dont il serait nécessaire de faire démolir et d'enlever une portion pour cause d'utilité publique légalement reconnue, seront acquis en entier, si le propriétaire l'exige; sauf à l'administration publique ou aux communes à revendre les portions de bâtiment ainsi acquis, et qui ne seront pas nécessaires pour l'exécution du plan. La cession par le propriétaire à l'administration publique ou à la commune, et la revente, seront effectuées d'après un décret rendu en conseil d'état sur le rapport du ministre de l'intérieur, dans les formes prescrites par la loi.

52. Dans les villes, les alignemens pour l'ouverture des nouvelles rues, pour l'élargissement des anciennes qui ne font point partie d'une grande route, ou pour tout autre objet d'utilité publique, seront donnés par les maires, conformément au plan dont les projets auront été adressés aux préfets, transmis avec leur avis au ministre de l'intérieur, et arrêtés en conseil d'état.

En cas de réclamations de tiers intéressés, il sera de

même statué en conseil d'état sur le rapport du ministre de l'intérieur.

53. Au cas où, par les alignemens arrêtés, un propriétaire pourrait recevoir la faculté de s'avancer sur la voie publique, il sera tenu de payer la valeur du terrain qui lui sera cédé. Dans la fixation de cette valeur, les experts auront égard à ce que le plus ou le moins de profondeur du terrain cédé, la nature de la propriété, le reculement du reste du terrain bâti ou non bâti loin de la nouvelle voie, peut ajouter ou diminuer de valeur relative pour le propriétaire.

Au cas où le propriétaire ne voudrait point acquérir, l'administration publique est autorisée à le déposséder de l'ensemble de sa propriété, en lui payant la valeur telle qu'elle était avant l'entreprise des travaux. La cession et la revente seront faites comme il a été dit en l'article 51 ci-dessus.

54. Lorsqu'il y aura lieu en même temps à payer une indemnité à un propriétaire pour terrains occupés, et à recevoir de lui une plus-value pour des avantages acquis à ses propriétés restantes, il y aura compensation jusqu'à concurrence, et le surplus seulement, selon les résultats, sera payé au propriétaire ou acquitté par lui.

55. Les terrains occupés pour prendre les matériaux nécessaires aux routes ou aux constructions publiques, pourront être payés aux propriétaires comme s'ils eussent été pris pour la route même.

Il n'y aura lieu à faire entrer dans l'estimation la valeur des matériaux à extraire, que dans les cas où l'on s'emparerait d'une carrière déjà en exploitation : alors lesdits matériaux seront évalués d'après leur prix courant, abstraction faite de l'existence et des besoins de la route pour laquelle ils seraient pris, ou des constructions auxquelles ou les destine.

56. Les experts pour l'évaluation des indemnités relatives à une occupation de terrain, dans les cas prévus au présent titre, seront nommés, pour les objets de travaux de grande voierie, l'un par le propriétaire, l'autre par le préfet; et le tiers expert, s'il en est besoin, sera de droit l'ingénieur en chef du département : lorsqu'il y aura des concessionnaires, un expert sera nommé par le propriétaire, un par le concessionnaire, et le tiers expert par le préfet.

Quant aux travaux des villes un expert sera nommé par le propriétaire, un par le maire de la ville, ou de l'arrondissement pour Paris, et le tiers expert par le préfet.

57. Le contrôleur et le directeur des contributions donneront leur avis sur le procès verbal d'expertise, qui sera soumis, par le préfet, à la délibération du conseil de préfecture; le préfet pourra, dans tous les cas, faire faire une nouvelle expertise.

## TITRE XII.

### *Dispositions générales.*

58. Les indemnités pour plus-value, dues à raison des travaux déjà entrepris, et spécialement à raison des travaux de desséchement, seront réglées d'après les dispositions de la présente loi. Des réglemens d'administration publique statueront sur la possibilité et le mode d'application à chaque cas ou entreprise particulière; et alors l'organisation et l'intervention de la commission spéciale seront toujours nécessaires.

59. Toutes les lois antérieures cesseront d'avoir leur exécution en ce qui serait contraire à la présente.

Collationné à l'original, par nous président et secrétaires du corps législatif. Paris, le 16 septembre 1807. *Signé* FONTANES, *président*; MICHELET ROCHEMONT, J.-V. DUMOLARD, CHAPPUIS, VINCENT, *secrétaires.*

Mandons et ordonnons que les présentes, revêtues des sceaux de l'état, insérées au bulletin des lois, soient adressées aux cours, aux tribunaux et aux autorités administratives, pour qu'ils les inscrivent dans leurs registres, les observent et les fassent observer; et notre grand juge ministre de la justice est chargé d'en surveiller la publication.

Donné en notre palais impérial de Fontainebleau, le 26 septembre 1807.

Signé NAPOLÉON.

*Vu par nous archichancelier de l'empire,*

Signé CAMBACÉRÈS.

*Le grand juge, ministre de la justice,* Signé REGNIER.

Par l'empereur :

*Le ministre secrétaire d'état,* signé HUGUES-B. MARET.

# INTRODUCTION
## AU COMMENTAIRE
ou
# COUP D'ŒIL
### SUR L'ANCIENNE LÉGISLATION FRANÇAISE,
#### EN MATIÈRE DE DESSÉCHEMENT.

Il ne paraît pas qu'avant le règne de Henri IV, aucun de nos rois ait fixé sérieusement son attention sur les grands avantages que présente le desséchement des marais, tant sous le rapport de l'assainissement et de la salubrité, que sous celui de l'augmentation de la richesse agricole : du moins ne trouve-t-on, dans la volumineuse collection de leurs lois, aucun vestige de leur sollicitude sur un objet devenu depuis d'une si haute importance dans l'administration publique.

C'est donc au meilleur de nos rois que nous sommes encore redevables de ce grand bienfait (1).

---

(1) On ne peut lire le préambule de l'édit de 1599 sans bénir la mémoire du prince qui l'a dicté; on y reconnaît cette bonté popu-

En 1599 un édit accorde à un Hollandais, nommé Humfrey Bradleii, le titre de maître des digues de France, avec le privilége exclusif, pour lui et ses associés, pendant quinze ans, de faire le dessèchement de tous les marais du royaume.

Il leur est accordé la moitié des terrains qu'ils auront desséchés pour les marais dépendans du domaine du roi.

Quant aux marais appartenans aux ecclésiastiques, gens nobles et du tiers état, les propriétaires devaient déclarer dans un délai de deux mois s'ils étaient dans l'intention de dessécher eux-mêmes.

Si, après l'expiration des deux mois, ils n'avaient pas fait de déclaration, leurs marais étaient desséchés par la compagnie Bradleii, qui, pour récom-

---

laire qui caractérisait Henri IV, combinée avec la sage et prévoyante économie de Sully, digne ministre de ce grand roi.

« La force et richesse des rois.... consiste en l'opulence et
» nombre de leurs sujets, et le plus grand et légitime gain des
» peuples procède principalement du labour et culture de la terre,
» qui leur rend, selon qu'il plaist à Dieu, à usure, le fruit de
» leur travail.... joint que, sous ce labour infinis pauvres gens,
» détruits par les malheur des guerres, dont la plupart sont con-
» traints mendier, peuvent travailler et gagner leur vie et peu à
» peu se remettre et se relever de misère, etc., etc., etc. »

Ajoutons que nos longues et funestes discordes ne laissent pas moins de traces à effacer que les fureurs de la ligue, et que les circonstances actuelles ressemblent assez à celles qui inspirèrent au bon Henri l'idée de faire dessécher les marais, comme un moyen puissant et facile de tout réparer.

pense de ses avances, frais et industrie, avait pareillement *moitié* des terrains qu'elle avait desséchés.

Dans le cas où les propriétaires étaient d'avis différent pour le fait du desséchement, la voix des propriétaires *ayant la plus grande partie des marais*, emportait celle des propriétaires de la moindre partie.

Trois mois après leur déclaration, les propriétaires devaient faire travailler et continuer *incessamment* les travaux *par un nombre suffisant d'ouvriers jusqu'à perfection d'ouvrages, qu'ils étaient tenus d'achever dans le temps qui leur avait été limité.*

S'ils voulaient s'aider des lumières de Bradleii pour le desséchement de leurs marais, *celui-ci était tenu de s'y transporter, à heure et temps convenables, selon les lieux, ou pour le moins y envoyer à ses dépens des personnes dont il était responsable, etc., avec des instructions requises pour ordonner, désigner, commencer, poursuivre et parachever les ouvrages....., le tout ainsi que si ledit Bradleii en était entrepreneur, etc.* Les propriétaires, dans ce cas, étaient tenus de lui donner quarante sous, une fois seulement, par arpent, mesure de Paris, payables après le desséchement; à défaut de payement dans le temps prescrit, la sixième partie des marais était acquise à la compagnie Bradleii.

On voit ici que, dès l'origine, la loi, tout en

respectant le droit de propriété des marais, les classe cependant dans une cathégorie particulière, en obligeant le propriétaire à consentir au desséchement s'il n'a pas l'intention ou les moyens de l'exécuter lui-même.

Cette remarque donne l'explication de l'art. I<sup>er</sup>. de la loi de 1807, dont il sera bientôt question.

Suivons l'ancien législateur, et voyons les facilités qu'il accorde, de même que les conditions qu'il impose, au concessionnaire.

Dans le cas où le desséchement étant entrepris aux frais et par les soins de la compagnie Bradleii, ses efforts n'obtiendraient pas de succès, l'édit porte expressément qu'elle n'encourra ni perte ni dommage que de ce qu'elle y aura mis, le fonds restant aux propriétaires (1).

La compagnie demeurait chargée d'entretenir et réparer les ouvrages pendant l'espace de trois ans consécutifs, après le jour du desséchement, à moins que les propriétaires ne voulussent retirer la moitié attribuée à la compagnie. Cette moitié pouvait être retirée par les propriétaires à un cinquième de moins qu'elle n'avait été estimée, et l'option leur était laissée pendant deux mois.

---

(1) On observera que, dans son enregistrement, la chambre des comptes oblige dans ce cas les entrepreneurs à remettre les choses dans leur premier état, disposition qui n'était sans doute applicable que lorsque l'interruption des ouvrages occasionait des accidens ou détériorations, ce qui n'arrive pas toujours.

La moitié délaissée à la compagnie Bradleii n'é-
tait tenue, obligée ni hypothéquée; elle n'était
chargée d'aucunes *dettes, hypothèques, ni obliga-*
*tion, usufruit, usage, douaire, donation, arré-*
*rages de loyer, de ferme, rente, ou autrement,*
*en quelque manière que ce fût, sinon en cas qu'elle*
*fût retirée par les propriétaires.*

Telles sont les principales dispositions de l'édit
de 1599, auquel remonte notre législation en matière de desséchement.

Au commencement de l'année 1607 le roi sentit Édit de janvier 1607.
la nécessité de protéger les entreprises de dessèchement, entravées par une foule d'oppositions, de
procès, etc. Il obligea à cet effet les propriétaires de
marais qui ne s'accordaient pas avec les entrepreneurs généraux, à leur faire vente de leur part desdits marais aux mêmes prix et conditions de ceux
qui y avaient une plus grande part, à moins que
ces propriétaires ne préférassent la leur laisser au
prix de l'estimation faite par les juges ou commissaires, d'après l'avis des experts.

Ce qui a été ordonné par les juges ou commissaires doit être exécuté par provision, nonobstant
opposition..... pourvu que si les propriétaires choisissent de recevoir leur prix, ils en soient payés par
les entrepreneurs, ou que ceux-ci aient consigné
dûment à leur refus......

La même ordonnance appelle de nouveau les
étrangers à venir entreprendre des desséchemens,
leur accorde des lettres de naturalisation et même

d'ennoblissement, avec exemption de contributions, comme aux sujets français.

Elle ordonne de plus que tous les matériaux, tant pour le desséchement que pour la construction des canaux, ponts, écluses, etc., seront libres et exempts du paiement de tout péage, pontages et tous autres droits et contributions, soit par eau, soit par terre, etc., etc., etc.

L'art. 16 permet aux entrepreneurs de percevoir un droit de navigation sur les canaux qu'ils auront établis, ayant égard aux frais que lesdits entrepreneurs auront faits pour les construire, et à la dépense de l'entretien, etc.

L'administration ne s'immisce en rien dans les comptes de leur dépense.

Les entrepreneurs sont autorisés, pour la levée des plans à passer sur les héritages, à abbattre les moulins et tous autres ouvrages qui pourraient en gêner l'exécution, etc.

Arrêt du 22 octobre 1611.

L'arrêt du conseil du 22 octobre 1611, interprétatif des dispositions des édits précédens, contient une disposition remarquable.

Les ouvrages auxquels donne lieu l'exécution d'un projet pour le desséchement d'un marais, ne lui sont point exclusivement utiles, et ils produisent ordinairement des améliorations sensibles aux terres environnantes, dans une zone plus ou moins étendue.

L'art. 5 porte que, dans ce cas, « Sa majesté en » tend que ceux qui se ressentiront du bénéfice et

» commodité dudit desséchement, contribuent,
» au prorata du bien et amendement qu'ils en re-
» cevront, à l'entretien des chaussées et levées(1). »

La déclaration du roi Louis XIII, du 5 juillet Déclarations des 5 juillet et 19 octobre 1613.
1613, et celle du 19 octobre même année, modi-
fient quelques-unes des dispositions des édits précédens.

1°. En exigeant le consentement des deux tiers
des propriétaires pour obliger l'autre tiers au desséchement.

Ce dernier tiers, dans ce cas, est tenu de sous-
crire aux mêmes charges et conditions que les deux
tiers qui ont traité.

2°. Le tiers obligé peut néanmoins conserver son
terrain, en remboursant aux entrepreneurs la plus-
valeur pour l'amélioration par eux faite aux marais, suivant estimation *avant et après* le desséchement, laquelle plus-valeur devra être payée dans
les trois mois après l'estimation. Ce délai expiré,
et à défaut de faire le payement exigible, « *les pro-*
» *priétaires sont tenus de faire les mêmes condi-*
» *tions et traités qui auront été faits et accordés*
» *entre les entrepreneurs et les propriétaires des*
» *deux autres tiers.* »

En vertu de la déclaration faite par le même sou- Déclaration du 4 mai 1641.
verain, le 14 mai 1641, la compagnie Siette suc-
cède à celle de Bradleii, dont le privilége, ainsi que

---

(1) On verra cette disposition renouvelée plus d'une fois dans
notre nouvelle législation.

celui de son continuateur Noël Champenois, étaient expirés ; et elle est autorisée à entreprendre, avec le mêmes prérogatives que les deux premières, le desséchement des marais, palus et terres inondées qui restent à dessécher dans les provinces de Poitou, de Saintonge et d'Aunis.

Déclaration du 20 juillet 1643.

Mais en 1643 Louis XIV restreint le privilége accordé à Siette, qui avait voulu exercer ses droits jusque sur les desséchemens commencés avant la déclaration de 1641, et il l'oblige à se renfermer dans de plus justes limites. Les propriétaires des marais restant à dessécher sont donc autorisés à continuer, à leurs frais, le desséchement de leurs terrains ; mais, par une fatalité singulière, ils n'échappent des mains de Siette que pour retomber dans celles d'un sieur Petit, gentilhomme attaché au service de la reine-mère ; et auquel seul la déclaration accorde faculté et pouvoir « de faire faire » et permettre les desséchemens qu'ont entrepris » et voudraient entreprendre les propriétaires et » acquéreurs...... et de les faire jouir des mêmes » priviléges et exemptions que ceux accordés à » Siette (1). »

Édit du mois de mars 1644.

On doit encore faire ici mention d'un sieur Jacques Brun, qui obtint, en 1644, la concession des

---

(1) Il paraît que cette déclaration, qui ne fut point enregistrée par les cours souveraines, n'eut jamais aucun effet, et que les choses en restèrent dans l'état où elles étaient, comme on le voit dans quelques arrêts postérieurs.

marais du Bas-Languedoc, au dessèchement desquels
était liée l'ouverture d'un canal de navigation de
Beaucaire à Aigues-Mortes, le tout avec les priviléges et conditions accordés à ceux qui l'avaient
précédé; mais ce nouveau concessionnaire rentra
bientôt dans l'obscurité, soit parce qu'il n'avait pas
les moyens de soutenir une entreprise trop au-dessus de ses forces, soit, plus probablement, à cause
de l'opposition qu'il rencontra de la part des états
et des habitans de la province pour l'exercice de son
privilége.

À Jacques Brun succède, en 1660, un bourgeois
de Paris, appelé Marc Poulet, qui partage le sort
de son devancier.

En 1701 et 1702, M. le maréchal de Noailles,
qui avait long-temps commandé en Languedoc,
obtient du roi la permission de dessécher ces mêmes marais, et de confectionner le canal projeté,
moyennant la concession des droits et priviléges
déjà consentis en faveur de ceux qui avaient été
précédemment chargés de ces importans ouvrages;
mais tous ses efforts se bornent à discuter les titres
et prétentions élevées par les communautés, seigneurs et particuliers qui réclament des droits de
propriété ou d'usage dans les marais concédés.

En 1746, M. de Barillon, entre les mains de qui
cette concession était passée, en fait la remise au
roi, qui en dispose immédiatement en faveur des
états de Languedoc, à la charge de terminer l'entreprise.

Mais telle était encore l'incertitude de la marche administrative à cette époque, que tout le pouvoir des états eux-mêmes ne put vaincre les difficultés toujours renaissantes qu'ils rencontraient (1) à chaque pas.

Pour ne point déranger l'ordre chronologique de cette dernière et importante entreprise, particulière à la province du Languedoc, j'ai avancé trop rapidement la marche de ce résumé. Je reviens sur mes pas pour ne point omettre de parler des contrariétés qu'éprouvèrent les entrepreneurs de desséchemens vers 1664, et qui se prolongèrent pendant plusieurs années consécutives.

La France, déchirée au dedans par les troubles de la fronde, avait encore à soutenir le poids d'une

---

(1) On voit, dans le recueil des lois de Languedoc, imprimé à Montpellier en 1782, tome 3, pages 396 et suivantes, les états lutter sans relâche pendant plus de trente ans avec les communautés, seigneurs et particuliers sur les droits de propriété et d'usage, et ce n'est qu'en 1777 que les travaux purent être commencés; mais ils étaient encore bien loin d'avoir atteint le but désiré, lorsqu'ils furent interrompus par les événemens tumultueux de la révolution.

Cette opération a été enfin reprise en vertu d'un traité passé le 27 floréal an 9 entre le gouvernement et une compagnie composée de grands capitalistes. D'immenses travaux ont été exécutés, et la navigation du canal est établie depuis la fin de 1811. Le desséchement des marais en sera la suite nécessaire, et la compagnie touche au moment de recueillir le fruit de ses sacrifices et de son énergique constance.

guerre étrangère; les besoins de l'état étaient extrê-
mes ; alors, malgré toutes les exemptions solennel-
lement accordées, malgré les priviléges garantis
précédemment aux dessécheurs, ils n'en furent pas
moins compris aux rôles des tailles.

Après de longues procédures, auxquelles une in-
fraction aussi manifeste aux anciens édits ne manqua
pas de donner lieu, ces impositions illégales furent converties en taxes, fixées d'abord à 12 livres
une fois payées, par arpens de terrains déjà desséchés et mis en culture, et à 6 livres pour chaque
arpent de terrains à dessécher. Ces taxes furent ensuite modérées ; la première à 8 liv., et la dernière
à 5 liv.

La perception de ces taxes ayant été affermée à
un nommé Riverolle, moyennant une somme
qu'il versa au trésor royal, des réclamations nouvelles s'élevèrent de toutes parts, et ne furent
apaisées que par un arrêt contradictoire du parle-
ment, du 16 mars 1658, portant décharge de toute *Arrêt du 16 mars 1658.*
taxe imposée aux propriétaires dont les marais
étaient desséchés ou commencés à l'être antérieure-
ment à l'édit de 1656, mais qui y maintient ceux
qui voudraient dessécher à l'avenir.

On ne peut attribuer qu'au désordre (1) qui ré-

_____

(1)..... « Encore ébranlé des secousses qu'il avait reçues, rem-
» pli de désordres en tout genre, mais plein de ressources....: »
c'est ainsi que Voltaire peint l'état du royaume à cette époque.
(*Voyez* Siècle de Louis XIV, tome 1, page 266, édit. de Beaum....)

gnait à cette époque, dans toutes les parties de l'administration, une innovation aussi contraire aux principes libéraux de la législation sur les des-séchemens, principes qui, malgré l'imperfection inévitable d'un premier essai, avaient produit, depuis Henri IV, d'immenses améliorations dans plusieurs provinces.

Il s'écoule ensuite une période de plus d'un siècle, sans qu'il paraisse aucune loi générale sur cette matière.

Enfin paraît l'édit du 14 juin 1764, qui affranchit les propriétaires des marais du joug qui leur avait été imposé, dès l'origine, en vertu des priviléges exclusifs accordés à des compagnies puissantes, priviléges qui avaient été d'abord la récompense et l'encouragement de l'industrie; mais qui, par la suite, étaient dégénérés en purs dons, accordés gratuitement à des hommes puissans et favorisés, aux dépens des propriétaires auxquels ils ne rendaient plus aucun service. Cet édit rétablit les propriétaires dans toute la plénitude de leur droit sur leurs marais, sans leur faire sentir le poids d'aucune dépendance étrangère.

Le gouvernement, en corrigeant l'abus des compagnies exclusivement privilégiées, et l'abus plus criant encore des sacrifices pécuniaires exigés de ceux qui, en desséchant, voulaient jouir des préro-gatives attachées à ce genre utile d'industrie, tomba dans un autre excès contraire et non moins préjudi-ciable aux desséchemens, en perdant de vue ce principe précédemment consacré : que la propriété des marais, toute respectable qu'elle est, n'en est pas moins soumise à des règles qui lui sont particulières, et notamment à l'obligation de faire le desséchement ou de le laisser faire, obligation à laquelle une administration sage ne doit jamais renoncer, à cause des effets immédiats que le desséchement d'un marais a toujours sur la prospérité et la salubrité publiques (1).

Cet édit permet à tous seigneurs et propriétaires de marais, palus et terres inondées, d'en faire le desséchement, après vérification de l'état et consistance des terrains ; moyennant quoi lesdits propriétaires jouiront pendant vingt ans de l'exemption de toutes impositions pour les terres desséchées, qui seront en outre exemptes des dîmes, etc., etc.

Une disposition de cet édit exige que la vérification de l'état et consistance des marais, palus et

---

(1) Ce ne sont pas les marais seulement que nos lois assujettissent à des règles spéciales qui en modifient en quelque sorte la jouissance ; ce principe, qui prend sa source dans l'utilité, dans le bien général, s'applique à diverses autres espèces de propriétés.

Par exemple : les propriétaires de maisons bâties sur la voie publique, sont obligés de se conformer, pour l'alignement, aux règlemens particuliers de la voirie, et ceux dont les héritages sont situés sur le bord des fleuves et rivières navigables ou flottables ont été de toute ancienneté passibles de livrer l'espace nécessaire au chemin de hallage, pour le trait des chevaux. (*Voyez* Les règlemens de la grande voirie, et l'ordonnance de 1669, titre 28, art. 7.)

terres inondées, soit faite par le plus prochain juge
royal, *en présence de toutes les parties intéressées*,
disposition d'une exécution toujours très-difficile,
pour ne pas dire impraticable, et qui a dû être un
grand obstacle aux desséchemens, en entraînant
d'interminables longueurs.

A cette première difficulté que présentera toujours la condition de réunir un certain nombre
d'intéressés, isolés de demeure et d'intention, il faut
ajouter l'inertie dans laquelle dûrent naturellement
retomber les propriétaires, qui voyaient les compagnies privilégiées abandonnées par le gouvernement, du moins pour les desséchemens non encore
commencés, et qui, ennemis pour la plupart des
embarras qu'occasione une grande entreprise, préféraient une jouissance d'un produit borné, mais
tranquille et exempt de tous soins.

Ainsi s'altérèrent et se dénaturèrent successivement, ainsi s'évanouirent enfin les grands projets
que Henri IV et Sully avaient formés pour encourager le desséchement des marais (1), parce qu'au

---

(1) L'objet de ce résumé étant de donner une idée générale de
l'ancienne législation française sur le desséchement des marais,
j'ai pensé que, pour conserver une forme plus méthodique et plus
claire, je devais éviter d'entrer dans le détail de divers autres
arrêts ou édits recueillis par Frédéric Léonard, non-seulement
parce qu'ils n'intéressent que quelques localités particulières, mais
principalement parce qu'ils ne présentent que l'application des
règles précédemment établies et déjà connues.

C'est aussi dans le dessein de ne pas grossir inutilement ce vo-

lieu de perfectionner ce qu'avait si heureusement
commencé le génie de ces deux grands hommes,
que la postérité reconnaissante aime toujours à pla-
cer l'un à côté de l'autre, la marche de l'administration fut toujours rétrograde et absolument contraire au but auquel il fallait tendre; savoir, favoriser l'industrie, sans léser l'intérêt des propriétaires.

On doit cependant ajouter que quelques arrêts
locaux, rendus depuis l'édit de 1764, ont essayé de
redonner encore quelque encouragement à l'industrie des spéculateurs, au défaut de celles des propriétaires.

C'est ainsi que, par un arrêt du 12 novembre 1772,
le roi accorde au prince de Marsan l'autorisation de
rendre navigable la rivière de Seugne, depuis la
ville de Pons jusqu'à celle de Saintes, et de faire
le desséchement des vastes marais que renferme la
même étendue.

L'article 6 de cet arrêt est remarquable; il est ainsi
conçu :

« Pour indemniser le sieur prince de Marsan des

---

lume, que j'ai suivi le conseil qui m'a été donné par des personnes recommandables par leurs lumières, de n'insérer dans cette
réimpression des anciennes lois, que celles qui renferment des dispositions générales et réglementaires.

J'ai cru, par le même motif, que je pouvais me dispenser d'y
insérer les divers réglemens relatifs aux moëres de la Flandre, réglemens dont l'origine remonte à une époque bien antérieure à
celle où cette province a été réunie à la France, et qui par conséquent ont subi par la suite beaucoup de variations.

» dépenses qu'il sera tenu de faire pour les travaux
» de ladite navigation, et attendu le desséchement
» qui résultera desdits ouvrages, ordonne, sa ma-
» jesté, que par les propriétaires des terrains inon-
» dés sur les bords et aux environs de ladite rivière,
» il sera payé audit sieur prince de Marsan la
» somme de trente-six livres par arpent de marais
» qu'en ne fauche point; ving-cinq livres par arpent
» de prés marais fauchables, et la somme de vingt
» livres par arpent de bons prés situés dans la prai-
» rie qui s'étend le long de la Seugne; le tout après
» que ladite rivière aura été rendue navigable et
» lesdits terrains desséchés; si mieux n'aiment les-
» dits propriétaires abandonner leur fonds au sieur
» prince de Marsan, qui sera tenu de leur en payer la
» valeur, aussitôt après l'estimation qui en sera faite
» par experts convenus, sinon nommés d'office, en
» égard à la valeur desdits terrains avant leur dessé-
» chement, laquelle option ils seront tenu de faire
» signifier dans la quinzaine du jour de la somma-
» tion qui leur en sera faite par ledit sieur prince
» de Marsan. »

De même aussi par arrêts des 5 novembre 1776
et 12 juin 1781, M. Delafaye est autorisé, *exclusivement à tous autres*, à construire un canal de navigation en Poitou, depuis Pas-de-Jeu jusqu'à la rivière de Thouet, au-dessous du pont de Saint-Just,
traversant les marais de la rivière de Dive, et à
faire dessécher tous les marais et terrains inondés,
le long de la Dive, et ruisseaux y affluents.

On voit, dans l'article 9 de l'arrêt de 1781, que la plupart des propriétaires ont consenti à abandonner au concessionnaire les deux tiers de leurs marais pour frais de desséchement : « Que, dans le » cas où quelques-uns ne se soumettraient pas à » cette contribution, ils seront tenus de recevoir le » prix de la totalité de leurs marais, suivant l'esti- » mation qui sera faite de leur valeur actuelle, et » un tiers de cette valeur en sus, soit en argent, » soit en terrains desséchés, ce qu'ils seront tenus » d'opter dans un mois du jour de la publication » de l'arrêt.

» Art. 10. Quant à ceux des propriétaires qui » auraient accepté la contribution des deux tiers, il » sera fait par ledit sieur Delafaye trois parts égales » de chaque portion de leurs marais, dans lesquelles » ils choisiront celle qui leur conviendra.

» Art. 11. Si les propriétaires préféraient le prix » en argent de la totalité de leurs marais, il sera » fait une estimation de leur valeur actuelle, dont » le prix, les intérêts et un tiers de ce prix en sus, » seront payés par ledit sieur Delafaye..... (1). »

La loi du 5 janvier 1791 a apporté des modifica-tions nouvelles et notables à l'édifice déjà trop irré-

*Loi du 5 janvier 1791*

---

(1) Après un commencement d'exécution, les travaux ont été suspendus et détruits en très-grande partie par la guerre civile de la révolution ; il est en ce moment question de remettre en vigueur cette belle entreprise.

gulier de l'ancienne législation des desséchemens; mais s'est-elle plus approchée du but?

L'article 4 accorde six mois aux propriétaires pour déclarer s'ils veulent faire dessécher eux-mêmes leurs marais.

Si les propriétaires renoncent ou s'ils ne remplissent pas l'engagement qu'ils auront contracté de les faire dessécher, aux termes convenus, *l'administration* fait exécuter le desséchement *en payant aux propriétaires la valeur actuelle du sol du marais à leur choix, soit en argent, soit en partie du terrain* qui sera desséché, le tout à dire d'experts. L'administration peut augmenter d'un quart, d'un tiers, ou de plus, le dédommagement du propriétaire, si elle ne juge pas que celui qui est accordé soit assez considérable. Mais ce dédommagement ne peut excéder *le double* de la valeur actuelle du terrain, etc., etc.

Avant que l'administration puisse adjuger un desséchement, tout copropriétaire peut l'entreprendre en entier, au refus des autres propriétaires d'y coopérer.

S'il ne se présente aucun propriétaire pour le desséchement, *et que l'administration départementale en juge l'exécution nécessaire pour le bien général, l'adjudication en est annoncée par affiche, et, après trois séances, elle est passée au profit de celui qui offre de s'en charger à la condition la plus avantageuse.*

L'entrepreneur est tenu d'indemniser d'*avance*

les propriétaires riverains, pour les dommages bien constatés qu'ils éprouveront par les travaux du desséchement, de même que pour les terrains qui leur seront pris pour le passage des eaux et autres travaux nécessaires aux desséchemens. Il est tenu de donner une caution solvable dont la décharge n'aura lieu qu'après le ressuiement total du marais.

L'article 11 de cette loi porte que la cotisation des marais qui seront desséchés, ne pourra être augmentée pendant les vingt-cinq premières années après leur desséchement, suivant l'article 5 du décret du 4 novembre 1790, sur la contribution foncière (1).

Que leur taxe ne pourra être que de 3 deniers par arpent, mesure d'ordonnance, conformément à l'article 11 du même décret (2).

Que les terrains précédemment desséchés, conformément à l'édit de 1764 et autres sur les desséchemens, jouiront de l'avantage de ne payer qu'un sou par arpent, jusqu'au temps où l'exemption d'impôts devra cesser, comme il est dit à l'art. 13 de ce même décret (3).

---

(1, 2, 3) Art. 5. « A l'avenir, la cotisation des marais qui se-
» ront desséchés ne pourra être augmentée pendant *les vingt-cinq*
» *premières années* après leur desséchement. Art. 11. Pour jouir
» de ces divers avantages, le propriétaire sera tenu de faire au
» secrétariat de la municipalité et à celui du district dans l'éten-
» due desquels les biens sont situés, et avant de commencer les
» desséchemens, défrichemens ou autres améliorations, une dé-

L'article 12 consacre le principe équitable du *paiement préalable de l'indemnité* des terrains pris, soit pour le passage des eaux, soit pour les travaux de desséchement, de même que pour les digues et usines dont la suppression serait jugée nécessaire.

Enfin, dans le cas de contestation sur la propriété, ou prétention d'usage, ou de toute servitude sur les marais dont le desséchement est ordonné, l'administration départementale intervient par voie de conciliation, sauf aux parties à se pourvoir devant les tribunaux; mais, dans tous les cas, il leur est défendu, et à qui que ce soit, de mettre obstacle au desséchement, et d'en troubler l'entreprise, sous les peines infligées aux auteurs des délits commis sur les ateliers nationaux et sur les propriétés publiques.

Telles sont les variations que la législation, en matière de desséchement, a éprouvées depuis

---

» claration détaillée des terrains qu'il voudra ainsi améliorer.
» Art. 13. Les terrains précédemment desséchés ou défrichés, et
» qui, conformément à l'édit de 1764 et autres sur les défriche-
» mens et desséchemens, jouissent de l'exemption d'impôt, ne
» seront taxés qu'à raison d'un sou par arpent; mesure d'or-
» donnance, jusqu'au temps où l'exemption d'impôt devait
» cesser ».

*N. B.* Ces articles sont extraits de la loi du 1er décembre 1790, rendue sur décret des 20, 22 et 23 novembre 1790 (et non du 4, comme le porte, je ne sais pourquoi, l'art. 11 de la loi du 5 janvier 1791).

Henri IV jusqu'à la loi du 16 septembre 1807, aujourd'hui en vigueur.

On voit, d'après cet exposé analytique, que, dès l'origine, un étranger (1) a été mis par le gouvernement en possession du droit exclusif de dessécher tous les marais du royaume, appartenant à l'état, moyennant qu'il lui était accordé la moitié des terrains desséchés.

Que la même part lui était accordée pour le desséchement de tout marais appartenant soit aux corporations, soit aux particuliers, à défaut par ceux-ci de se charger eux-mêmes de dessécher leurs propriétés.

Il devait résulter de cette disposition ainsi généralisée, que Bradleii et ses associés ne se mettaient en devoir d'entreprendre que des desséchemens d'une exécution facile et qui offraient ainsi les plus grands bénéfices, qu'ils recueillaient, quelque disproportionnés qu'ils fussent avec leurs dépenses (2)-

Il est facile de sentir combien cette base devait être onéreuse pour les propriétaires, combien elle

---

(1) « Ne s'estant trouvé aucun de nos sujets qui en ait fait offre, soit à raison des grandes difficultés, risques et dépenses, ou autrement. ( Préambule de l'édit de 1599. ) »

(2) Des Mémoires authentiques, que l'auteur a été à même de consulter, constatent que le desséchement ne se faisait souvent que d'une manière très-incomplète, et dans la partie la plus facile, la plus productive du marais, et il est résulté de ce système vicieux que les travaux exécutés anciennement sont aujourd'hui un obstacle à un parfait desséchement.

dut blesser leur intérêt, exciter de réclamations, d'oppositions, et par conséquent entraver la marche des opérations.

Il n'est pas douteux que l'édit de 1599 eût produit de bien plus heureux résultats, si, au lieu d'accorder, en thèse générale, moitié des terrains desséchés, il eût su combiner, peser l'intérêt des propriétaires avec celui de la compagnie privilégiée, et fait à chacun sa part des bénéfices de l'entreprise.

Les anciens édits avaient pour ainsi dire sacrifié les propriétaires aux compagnies privilégiées. La déclaration de 1764 corrige à la vérité cet abus, mais elle en fait naître un autre non moins contraire aux desséchemens des marais, en ce qu'elle détruit tout germe d'émulation entre le propriétaire et l'entrepreneur, en ce qu'elle paralyse l'activité de celui-ci, et qu'elle réduit celui-là à une apathie absolument contraire au but salutaire que s'étaient efforcé d'atteindre les premiers législateurs.

La loi du 5 janvier 1791, à laquelle avaient préludé les deux décrets du 24 août et du 26 décembre 1790, introduit un nouveau système dans l'administration des desséchemens ; mais c'est pour consacrer une erreur plus funeste à la prospérité des desséchemens, que tous les abus que l'on a déjà fait remarquer.

On a vu précédemment les propriétaires sacrifiés aux spéculateurs, et ensuite les spéculateurs aux propriétaires ; la loi de 1791 semble viser à un tout autre but, en voulant faire de chaque desséchement une entreprise administrative, au compte et au profit direct de l'état; mode aussi vicieux qu'impraticable. Je dis vicieux, parce que l'intérêt particulier peut seul exécuter des travaux de cette nature avec cette économie qui en rend le résultat profitable; et je dis impraticable, parce qu'il suppose dans le trésor public des ressources constamment disponibles, indépendantes de tout événement, l'opération une fois commencée, ne pouvant plus être suspendue sans de graves inconvéniens, et sans que l'on s'expose à perdre tous les avantages de l'entreprise.

Or, cette obligation impérieuse suppose un état de prospérité et de tranquillité qu'on peut espérer pour l'avenir, mais qu'on a été loin de goûter depuis la loi de 1791, jusqu'à ce jour.

Cette loi consacre aussi de nouveau le principe de l'acquisition des terrains appartenans aux propriétaires, et *le paiement en argent*, s'ils l'exigent; autre obstacle qui ajoute à la difficulté, en obligeant l'administration à une mise de fonds bien plus considérable, quand toutes les ressources mises à sa disposition doivent être consacrées à la dépense dans laquelle elle est obligée de se constituer pour l'opération même du desséchement.

Lorsqu'après avoir réfléchi sur l'ancienne législation des desséchemens, on arrive à l'examen de la loi du 16 septembre 1807, on voit qu'elle est exempte des vices qu'on vient de remarquer, qu'elle est le fruit d'une sage méditation, qu'elle présente toutes les précautions, qu'elle donne toutes les garanties.

Ce n'est plus ici l'entrepreneur que la loi favorise au préjudice du propriétaire, ou le propriétaire auquel elle sacrifie l'industrie de l'entrepreneur : elle tient entre les deux une balance égale, pour le plus grand avantage de l'un et de l'autre, et pour la prospérité publique.

Elle est à l'avantage des propriétaires, en leur réservant toujours la faculté d'opérer eux-mêmes le desséchement, s'ils le trouvent avantageux et s'ils en ont les moyens.

Elle est à l'avantage du spéculateur, non-seulement en l'admettant, au défaut des propriétaires, à exécuter le projet qu'il a conçu, mais en lui assurant, dans le cas d'éviction, le juste remboursement de ses frais.

On ne peut pourtant se dissimuler que l'entrepreneur évincé ne se trouve en quelque sorte lésé, puisque le propriétaire, en remboursant les frais que celui-ci a été obligé de faire, ne lui paie pas son industrie, et les soins que lui a nécessairement coûtés l'étude préliminaire de son projet.

C'est une chance qu'il court, mais qui rarement tournera contre lui, par la difficulté que rencontreront toujours des propriétaires, souvent en grand nombre, pour s'entendre sur les fonds à faire et la division de leurs intérêts respectifs et privés.

Enfin, la loi du 16 septembre 1807 est favorable aux desséchemens, et conséquemment à l'état, en ce qu'elle oblige le propriétaire à sortir de cette funeste insouciance qui a si souvent opposé aux meilleurs projets une résistance invincible d'inertie; à tirer parti de sa propriété; à la mettre lui-même en valeur, s'il ne veut pas qu'un étranger vienne exploiter à ses yeux les trésors qu'il s'obstine à laisser enfouis dans la fange pestilentielle de son marais : elle est favorable aux desséchemens, en ce qu'elle ne laisse aux propriétaires aucun moyens évasifs pour en éluder l'exécution, lorsque l'utilité en est démontrée; en ce qu'elle le met enfin dans l'alternative de faire ou de laisser faire, et lève ainsi le plus grand des obstacles au desséchement des marais; car, je ne crains point de l'avancer comme fait positif d'après le témoignage des ingénieurs les plus instruits dans cette matière, les difficultés qui s'opposent au desséchement des marais proviennent bien plus souvent des hommes que de la nature elle-même; et, ce qui ne paraîtra pas moins singulier, c'est qu'elles sont suscitées ordinairement par ceux qui ont réellement le plus grand intérêt au desséchement.

La loi de 1807, fruit de plus de deux siècles d'expérience, offre le moyen de mettre un terme à ces résistances opiniâtres d'un intérêt mal entendu, en lui opposant l'énergique activité d'un intérêt plus éclairé.

Médiatrice impartiale entre le propriétaire dont elle protège les droits, et le spéculateur dont elle encourage l'industrie, elle établit entre eux une

louable concurrence de laquelle résulte nécessairement le bien général et particulier.

Quels avantages ne doit-on pas espérer de cette
sage combinaison ?

Il ne me reste que quelques mots à ajouter, et
j'invoque ici l'attention du lecteur.

Combien nos longues discordes n'ont-elles pas
froissé d'intérêts et renversé de fortunes ! Combien
de familles, autrefois opulentes, auxquelles il ne
reste aujourd'hui que d'amers souvenirs !

Il est encore possible de réparer tant de pertes,
de cicatriser tant de plaies. Cinq à six cent mille
hectares de terrains précieux ne demandent que
quelques efforts, que quelques années de soins et
de constance pour sortir de la fange qui les couvre,
et se transformer en riches domaines.

Verrons-nous cette mine féconde ouverte devant
nos yeux, sans être tentés de l'exploiter ?

Attendrons-nous que des étrangers plus clair-
voyans viennent, comme du temps de Henri IV;
accuser de nouveau l'industrie française, en s'y présentant les premiers ?

# COMMENTAIRE

## SUR LA LOI DE 1807,

### RELATIVE AU DESSÉCHEMENT DES MARAIS.

---

## TITRE PREMIER.

### SECTION PREMIÈRE.

*Demande en Concession.*

LE premier soin de celui qui se détermine à consacrer son crédit, sa fortune et son industrie à une entreprise aussi importante que le desséchement d'un marais, est de s'assurer de la possibilité physique de l'opération.

Il doit chercher ensuite à connaître si la dépense dans laquelle il s'engage n'est pas hors de proportion avec les bénéfices qu'il doit raisonnablement espérer, comme le juste salaire de ses travaux et l'intérêt de ses avances. Un aperçu général de l'étendue du marais, de sa situation, des moyens d'écoulement, un coup d'œil rapide sur la quantité et la qualité de terrains susceptibles d'être conquis ou améliorés, suffit pour fixer ses premières idées, s'il a les connaissances nécessaires.

On suppose donc qu'un spéculateur probe, instruit et prudent s'est procuré, soit par lui-même, soit sur le témoignage de gens de l'art qui méritent sa confiance, des données exactes sur les avantages que présente une entreprise de cette nature. Sa première démarche auprès de l'administration est d'adresser, soit au préfet du département, soit au directeur général des ponts et chaussées, à Paris, une pétition expositive de l'intention qu'il a d'entreprendre le desséchement du marais : il n'en doit donner d'abord qu'une description sommaire; il demandera en même temps l'autorisation de lever les plans, profils, nivellement, et de faire toutes autres opérations préliminaires pour la formation d'un projet régulier.

Cette autorisation lui est indispensable pour qu'il puisse opérer librement sur la propriété d'autrui, sans que les propriétaires aient droit de s'y opposer, sauf les dédommagemens qu'ils seraient dans le cas de réclamer pour cause de dégradations quelconques. Elle lui assure en outre la priorité dans le cas où d'autres spéculateurs se présenteraient pour la même entreprise, et prévient ainsi toute discussion entre deux pétitionnaires qui se présenteraient en concurrence.

Il peut arriver qu'un marais s'étende sur le territoire de deux et même d'un plus grand nombre de départemens contigus: dans ce cas, la pétition doit être présentée au préfet sur l'arrondissement duquel la plus forte portion de marais est située.

D'autres motifs, comme celui de la plus grande quantité de travaux à exécuter dans une localité plutôt que dans une autre, pourraient encore déterminer le choix du département dans lequel une affaire de cette nature devrait être renvoyée pour être instruite. Il serait donc plus sûr que la demande fût adressée au directeur général, qui, d'après la connaissance de l'affaire et des localités, prendrait une détermination raisonnée.

J'ai dit que la pétition ne doit renfermer qu'une description sommaire du marais à dessécher.

Il serait prématuré d'y insérer aucune proposition ou soumission plus développée, ce qui ne peut être fait avec connaissance de cause, et définitivement qu'après que les opérations graphiques sont terminées, parce qu'elles seules peuvent mettre l'entrepreneur à même de connaître la quantité des terrains à dessécher, leur valeur, les dépenses qu'il aura à faire, les bénéfices qu'il a lieu d'espérer, et de faire ses conditions en conséquence.

L'arrêté pris sur cette pétition par le préfet ne peut renfermer, *par le même motif*, que l'autorisation pure et simple de procéder à la formation du projet de desséchement ; il doit être approuvé par le directeur général des ponts et chaussées, formalité qui ôte à tout autre entrepreneur le droit de se présenter pour la même opération ; elle assure, en outre, à celui en faveur duquel il a été pris, le remboursement de ses frais, dans le cas où il viendrait à être évincé de son entreprise par suite de la faculté réservée aux propriétaires, d'exécuter le des-séchement dans les délais prescrits et conformément aux plans adoptés.

Enfin l'autorisation du directeur général est en-core indispensable, afin que le soumissionnaire, avant de se constituer en frais, soit assuré d'avance que le marais qu'il se propose de dessécher n'a pas été destiné à être un jour utilisé pour le service de la navigation intérieure.

Quelques personnes ont cru qu'elles pouvaient demander de prime abord un acte de concession, sauf ensuite, disaient-elles, à faire rédiger les pro-jets et à justifier de leurs moyens d'exécution.

Cette marche est vicieuse et n'est propre qu'à fa-voriser l'intrigue et l'agiotage ; l'administration doit d'abord savoir si le desséchement proposé est exé-cutable, ensuite si celui qui se présente a les moyens, le crédit et la capacité nécessaires pour l'exécuter.

## SECTION II.

### Plans et Projets.

La loi laisse aux entrepreneurs la faculté de le-ver eux-mêmes, ou de faire lever leurs plans, ou seulement, après qu'ils ont été dressés, de les faire vérifier et approuver par les ingénieurs des ponts et chaussées.

L'expérience a prouvé qu'un projet de cette na-ture ne peut être bien complétement rédigé que par un ingénieur des ponts et chaussées, au fait des formes administratives, qui réunit toutes les connaissances théoriques de l'art, et qui par cela même arrive plus directement au but, en y employant les moyens les plus simples et les plus économiques.

Il sait, en outre, par une pratique journalière et par les instructions qu'il reçoit, ce que l'administration exige pour la formation des projets sur lesquels elle a à prononcer ou à faire prononcer par le gouvernement; et c'est pour le concessionnaire une probabilité de plus que le travail sera accueilli, une espèce de garantie que ses premiers frais ne seront point perdus dans des opérations en tout ou en partie inutiles; garantie que n'offre point aussi complétement un homme étranger à l'art et aux fonctions de l'ingénieur, et qui en fait toujours trop ou trop peu; ce qui expose son commettant à un surcroît inutile de dépense, et à la perte plus regrettable encore d'un temps précieux.

C'est donc un conseil salutaire à donner à tout entrepreneur de desséchement, lorsqu'il n'a pas lui-même les connaissances nécessaires pour le faire, de confier la rédaction de son projet à l'ingénieur dont l'arrondissement se trouve le plus à proximité du marais à dessécher.

Au surplus, on le répète, la loi à cet égard est facultative et n'impose aucune obligation.

Quant à l'échelle des plans, on doit se conformer aux proportions adoptées pour le service des ponts et chaussées. (*V.* le tableau des échelles métriques).

Ainsi, pour le plan cadastral ou parcellaire des marais, on suivra l'échelle indiquée par le n°. 9 ou 10 du tableau, suivant l'étendue du marais; et, pour le plan général ou d'ensemble, le même motif d'étendue doit indiquer l'échelle à adopter entre les n°. 12, 13, 14 et 15 du même tableau.

Il peut se faire que les opérations de levée de plan soient déjà faites par les ingénieurs du cadastre; et dans ce cas, l'entrepreneur trouvera un grand avantage à s'en faire délivrer une copie, ce qui lui coûtera beaucoup moins que pour refaire lui-même une opération déjà faite avec toute l'exactitude désirable.

Les plans généraux et parcellaires doivent être accompagnés de nivellemens et de profils en travers, de cent mètres en cent mètres, ou du moins assez rapprochés pour bien faire connaître les variations des terrains. Ces nivellemens et profils doivent être rapportés à une seule surface horizontale, et liés au plan du local par des numéros correspondans.

L'échelle des profils en travers et en longueur, ainsi que des nivellemens, est indiquée aux n°. 8, 10 et 11 du tableau ci-dessus mentionné.

Le plan doit encore présenter, 1°. le tracé d'une ligne de circonscription renfermant les terrains submergés dans le moment des grandes eaux; 2°. le tracé d'une ligne pareille renfermant les terrains constamment sous les eaux, et qu'on se propose de dessécher. ( Avis du conseil des ponts et chaussées, du 8 février 1814, sur les projets de desséchement des marais de Goulaine, Loire-Inférieure. )

Le tout doit être divisé par classes ; mais cette classification n'a lieu qu'après l'obtention de l'ordonnance de concession, par le concours des ingénieurs et des experts, ainsi qu'il est prescrit par les articles 9 et 10 de la loi.

Il est un écueil à éviter, c'est de comprendre dans le plan, comme devant profiter du desséchement, des terrains qui n'en seraient pas évidemment susceptibles.

On pourrait citer plus d'une entreprise entravée dès son origine par ce seul motif d'une avidité mal éclairée ; c'est inspirer au propriétaire une crainte qui l'indispose, qui en fait un ennemi né de l'entreprise, et qui, en dernière analyse, ne préjudicie qu'au concessionnaire, puisque, s'il n'y a pas de plus value, il n'a rien à réclamer, et qu'il en est alors pour ses frais.

Aux plans, nivellemens et profils du desséchement, il est indispensable de joindre, 1°. un devis ; 2°. un détail estimatif ; 5°. un mémoire présentant l'aperçu comparatif des dépenses à faire avec les bénéfices présumés, afin que le gouvernement puisse déterminer la portion de plus value à accorder au dessécheur, et la portion qui doit rester au propriétaire auquel on doit laisser ( dit l'orateur de la loi du 16 septembre 1807 ) *toute la part de l'amélioration qui n'est pas nécessaire au salaire, à l'encouragement, à la récompense des travaux ;* 4°. enfin la soumission définitive du demandeur.

Ce n'est qu'après qu'un projet a été ainsi étudié

et rédigé, et que l'ingénieur en chef en a fait la vérification exigée par l'article 5 de la loi , que le tout est transmis au directeur général des ponts et chaussées par le préfet, qui y joint ses propres observations, 1°. sur l'utilité de l'opération; 2°. sur la portion de plus value à accorder au concessionnaire; 5° sur les clauses particulières et locales auxquelles la concession lui paraît devoir être subordonnée.

Ces plans et projets sont indépendans de ceux de détail à fournir ultérieurement par le concessionnaire pour les ouvrages d'art , tels que ponts, écluses, barrages, auxquels il peut être obligé par son titre de concession , projets qui , par leur importance, exigent un examen plus approfondi de la part de l'administration.

## SECTION III.

### Publication du projet.

Si le projet, après avoir été examiné au conseil général des ponts et chaussées, est adopté par le directeur général, il est renvoyé au préfet du département , qui alors a une formalité aussi importante qu'indispensable à remplir , c'est de constater légalement si les propriétaires ou les communes intéressées sont dans l'intention d'user de la faculté qui leur est laissée par la loi , de faire le desséchement projeté *dans les délais fixés , et conformément aux plans adoptés.* (Article 5 de la loi du 16 septembre 1807.)

A cet effet une affiche publiée dans toutes les communes intéressées au desséchement, annonce au public que pendant l'espace d'un mois (au moins), les plans, le projet et la soumission sont déposés au secrétariat de la préfecture, où chacun est admis à venir en prendre communication sans déplacement.

Il est bon que cette affiche contienne, à la fin, un tableau par ordre alphabétique des communes comprises dans le projet, et qui indique pour chacune la quantité d'hectares soit de marais, soit de terrains jugés par le projet susceptibles de profiter du desséchement, ainsi qu'il suit :

| Nº d'ordre. | NOMS DES COMMUNES. | CONTENANCES. | | |
|---|---|---|---|---|
| | | hect. | ares. | cent. |
| 1 | . . . . . . . . . . . . . . . . . . . . | » | » | » |
| 2 | . . . . . . . . . . . . . . . . . . . . | » | » | » |
| 3 , etc. | . . . . . . . . . . . . . . . . . . . . | » | » | » |

Si, après l'expiration du délai, les communes ou propriétaires n'ont point fait connaître leur détermination, ou si elles ont adhéré aux propositions du soumissionnaire, il en est dressé procès verbal, qui est envoyé avec toutes les pièces à la direction générale des ponts et chaussées, et alors rien ne s'oppose plus à ce que le projet et la demande en concession soient présentés à l'approbation définitive du gouvernement.

Si, au contraire, les propriétaires, ou les communes par l'organe de leurs maires respectifs, se sont présentés dans les délais pour exécuter eux-mêmes le desséchement, ils doivent en remettre de suite la soumission expresse, rédigée dans le sens de l'art. 3.

Le préfet en dresse procès verbal comme dans le premier cas, et il l'adresse avec la soumission et son avis au directeur général.

L'art. 4 porte : « Lorsqu'un marais appartiendra » à un propriétaire ou à une réunion de proprié- » taires qui ne se soumettront pas à dessécher dans » les délais et selon les plans adoptés, ou qui n'exé- » cuteront pas les conditions auxquelles ils se seront » soumis; lorsque les propriétaires ne seront pas » tous réunis; lorsque parmi lesdits propriétaires » il y aura une ou plusieurs communes, la conces- » sion du desséchement aura lieu en faveur des con- » cessionnaires dont la soumission sera jugée la » plus avantageuse par le gouvernement, celles qui » seraient faites par des communes propriétaires ou » par un certain nombre de propriétaires réunis » seront préférées à conditions égales. »

On aurait tort d'inférer de cette disposition, et l'administration n'a jamais en effet entendu qu'un desséchement pût être dans le cas d'être mis aux enchères publiques, pour être adjugé à celui qui

offrirait de l'exécuter aux conditions les plus avantageuses.

En lisant attentivement cet article, on voit évidemment que la concurrence ne peut exister qu'entre celui qui a fait le projet et les diverses portions
réunies des propriétaires ou des communes propriétaires, lorsque tous ne sont point de commun accord et se partagent en différentes compagnies.

Ceux-là seuls sont admis à concourir avec le soumissionnaire, et ne peuvent pourtant obtenir sur
lui la préférence qu'en offrant des conditions au
moins égales : de telle sorte que, si alors le premier
soumissionnaire présente un rabais qui ne soit point
accepté, la concession doit lui être adjugée.

Si cet article pouvait être autrement entendu,
comment pourrait-on espérer qu'un spéculateur habile voulût courir les risques, les chances, les fati-
gues, les dangers même qu'entraîne la formation
d'un projet de desséchement, pour que son travail
fût livré au premier venu qui n'y aurait pris aucune
part, et qui n'y prendrait d'intérêt que par l'espoir
d'enlever à un autre le fruit d'un travail auquel il
n'aurait point coopéré?

---

## SECTION IV.

*Sûreté préalable des moyens d'exécution. — Cau-
tionnement.*

Soit que l'entreprise reste au premier demandeur,
soit que les propriétaires se présentent pour lui être

substitués, ils doivent joindre à leur soumission un acte de cautionnement, soit en argent, soit en immeubles, qui présente une garantie suffisante pour que l'exécution de leur engagement soit assurée dans les délais déterminés.

Ce cautionnement doit faire partie des pièces à mettre sous les yeux du conseil d'état pour obtenir l'ordonnance de concession. J'observe toutefois qu'un cautionnement, soit en argent, soit en immeuble, n'est pas toujours indispensable, et qu'il a quelquefois suffi que l'administration eût une connaissance exacte et morale de la solvabilité du soumissionnaire (1).

---

(1) Le décret du 25 mai 1811 pour le desséchement de la vallée d'Authie, n'a pas prescrit de cautionnement ; mais le conseil d'état a exigé de madame de Laubepin, concessionnaire, la représentation d'un état de sa fortune, et s'est contenté de cette justification.

Le décret du 29 octobre 1809 pour le desséchement des marais de Sacy-le-Grand (Oise), ne fait aucune mention de cautionnement, sans doute parce que madame de Villette, concessionnaire, est principale propriétaire.

Le décret du 30 septembre 1811 pour le desséchement des marais de la Sourche et des Barantons (Aisne) assujettit le concessionnaire à donner, pour garantie de l'entière et bonne exécution des travaux, un cautionnement, en terres ou deniers, de cent mille francs.

Il est à remarquer que par le même article ce cautionnement demeure affecté aux droits et recours de toutes parties intéressées, jusqu'après l'année révolue de la réception des travaux.

Il n'est pas sans exemple, comme je l'ai déjà indiqué dans l'introduction mise à la tête de ce commentaire, que des propriétaires et même des communes, quoique premiers intéressés au desséchement de leurs marais, n'aient cependant opposé leur demande en concession à celle du premier soumissionnaire que dans l'intention secrète, dans l'arrière-pensée d'éloigner celui-ci, et d'empêcher ainsi l'exécution du desséchement.

Il a suffi que cet abus fût une fois connu pour qu'il ne pût plus avoir lieu.

C'est sans doute dans l'intention de le prévenir, que le gouvernement s'est réservé d'exiger un cautionnement des propriétaires mêmes.

Quant aux communes, comme elles ne peuvent entreprendre une opération de cette nature sans l'autorisation du ministre de l'intérieur, elles doivent joindre à l'appui de leur soumission un état de leurs ressources, afin de justifier qu'elles ont collectivement les moyens d'exécuter le desséchement dans les délais et suivant les plans adoptés.

Le directeur général en réfère au ministre de l'intérieur, division de la comptabilité des communes, pour l'examen de ces ressources, et principalement de la question de savoir s'il est de l'avantage des communes d'opérer elles-mêmes le desséchement; examen qui doit toujours précéder l'ordonnance de concession. D'après la marche qui vient d'être indiquée, et qui est adoptée par l'administration, on a la certitude que les préférences réclamées par les communes ne seront plus un prétexte pour évincer les concessionnaires, et pour entraver une entreprise utile; que, si elles manifestent l'intention d'user de la faculté que leur laisse la loi, ce ne sera plus pour en éluder l'exécution.

~~~~~~~~~~~~~~~~~~~~~~~~~~~~~~~~~~~~~~~~~~~~~~~~~~~~~~~~~~~~~~~~~

# TITRE II.

## SECTION PREMIÈRE.

### *Syndicat.*

Le législateur a bien senti que lorsqu'il s'agit d'obtenir le vœu bien réfléchi soit d'une ou de plusieurs communes, soit d'un nombre plus ou moins considérable de propriétaires, il devient très-difficile et quelquefois même impossible, lorsque les intérêts sont divergens, d'en réunir les membres dispersés (1).

C'est pour prévenir cette difficulté, qui a souvent fait échouer les plus utiles projets, que la loi du 16 septembre 1807 a prescrit la formation d'un syndicat composé de propriétaires choisis par le préfet parmi les plus imposés dans le desséchement, et qui agissent dans l'intérêt de tous.

On voit même que dans le dessein évident de centraliser et de faciliter l'action des propriétaires sur les opérations du desséchement de la vallée d'Authie,

_____

(1) C'est un vice de l'édit de 1764, comme on l'a déjà fait remarquer.

qui s'étend dans les départemens de la Somme et du Pas-de-Calais, le décret du 25 mai 1811 ordonne, article 1er., qu'il ne sera formé qu'un seul syndicat composé de neuf membres, dont cinq nommés par le préfet de la Somme, et quatre par celui du Pas-de-Calais (1).

Une des premières fonctions à remplir par le syndicat est la nomination de l'expert chargé des intérêts des propriétaires, aussitôt que la concession est définitivement accordée, afin qu'il coopère avec celui du concessionnaire à l'estimation de la valeur de chaque portion de terrain avant le desséchement.

Suivant les dispositions du Code de procédure, les parties intéressées, c'est-à-dire, le concessionnaire d'une part et les propriétaires de l'autre, ont droit de récusation, mais seulement contre les experts nommés d'office, à moins que les causes n'en soient survenues depuis la nomination et avant le serment (article 308).

C'est également par l'organe d'un syndicat que les propriétaires, lorsqu'ils sont en certain nombre, peuvent gérer l'administration d'un desséchement, s'ils en obtiennent la concession par l'éviction du premier soumissionnaire.

Il est bon d'observer ici que la loi n'a point déterminé le mode d'administration dans ce cas. Elle a voulu laisser au gouvernement la faculté de l'établir

---

(1) Ce décret fait partie des pièces insérées dans ce volume.

par des règlemens d'administration publique adaptés aux besoins et aux divers usages des localités.

C'est donc aux préfets à proposer les bases et les dispositions réglementaires qui conviennent à ces sortes d'administrations locales ; ils connaîtront l'esprit dans lequel ces règlemens doivent être présentés, en se pénétrant des dispositions des décrets rendus les 21 février et 3 mars 1814, insérés au bulletin, n°. 565, pages 133 et 141, pour les marais de Flamans et de Blaye.

On a cru devoir insérer le premier dans ce recueil.

On remarquera peut-être que ces règlemens ont été rendus, non pour administrer le desséchement proprement dit des marais y dénommés, qui n'exigeaient que quelques travaux de perfectionnement, mais pour leur simple conservation en bon état de desséchement. Je répondrai à cette observation que le mode de gestion et de comptabilité prescrit pour une administration de conservation peut s'appliquer tout aussi-bien à une entreprise neuve pour laquelle il faut également des cotisations à lever, des fonds à dépenser, et des comptes à rendre.

Il n'est pas nécessaire de dire qu'il ne peut y avoir lieu à la formation d'un syndicat lorsqu'il n'y a qu'un petit nombre de propriétaires ; mais, dans ce cas-là même, il est convenable qu'ils indiquent à l'administration un directeur, avec lequel elle devra correspondre.

# SECTION II

*Classemens et première évaluation des terrains.*

ON va indiquer la marche qui a été suivie dans les opérations de la vallée d'Authie, le seul desséchement où ces dispositions de la loi aient été remplies jusqu'à ce jour. C'est à l'expérience à indiquer s'il y a quelque chose de mieux à faire; la route n'est encore que frayée.

D'après le plan parcellaire, il a été dressé un tableau indicatif et nominal de toutes les propriétés comprises dans l'étendue du desséchement, dans la forme suivante :

| N.os du plan. | NOMS ET DEMEURES des propriétaires. | NATURE des terrains. | contenances. | NOMS DES DÉTENTEURS, fermiers ou locataires. |
|---|---|---|---|---|
| | | | | |

Il a ensuite été procédé par l'expert des communes et propriétaires, et par celui du concessionnaire, assisté du tiers expert nommé par le préfet, à la classification et à l'estimation des terrains.

Après avoir parcouru la vallée et pris des renseignemens exacts, les experts réunis ont divisé les terrains en *dix* classes, *maximum* de la loi. Ils en ont tracé le périmètre sur le plan parcellaire.

Cette première opération, après avoir été soumise aux formalités prescrites par l'article 11, a reçu l'approbation de la commission spéciale, dont il sera ci-après question, sauf les modifications résultantes des réclamations présentées par les propriétaires intéressés, lorsqu'elles avaient été jugées fondées.

Ensuite, les experts s'étant de nouveau réunis sont convenus des bases du prix auquel devait être évalué l'hectare de terrain dans chacune des classes.

Ces bases étant arrêtées, il n'est plus resté à faire pour chacune des classes qu'un tableau de la quantité de terrain que renfermait chaque commune, en commençant par les terrains de la première classe, commune par commune, et ainsi de suite pour les autres classes, dans la forme suivante :

# PREMIÈRE CLASSE.

## COMMUNE DE

| NUMÉROS correspondant au plan. | NOMS DES PROPRIÉTAIRES, etc. | NATURE du terrain. | CONTENANCE de chaque propriété. | | | TOTAL des terrains par commune | | |
|---|---|---|---|---|---|---|---|---|
| 5 | N. . . . | Pré . . . . . | o | 35 | 33 | | | |
| 9 | N. . . . | Oseraie . . . | o | 45 | 68 | | | |
| 10 | N. . . . | Jardin . . . . | 1 | » | 98 | | | |
| 13 | N. . . . | Terre . . . . | 1 | 2 | 25 | | | |
| | Total pour ladite commune. . . . . . . . . | | | 82 | 24 | 2 | 82 | 24 |
| | *Suivent les autres communes.* | | | | | | | |
| | | | | | *à reporter.* | | | |

Le tableau ayant été ainsi dressé pour chaque classe, commune par commune, on a eu à calculer pour chacun des totaux, également par commune, la valeur de l'estimation suivant le prix arrêté pour chaque classe, ainsi qu'il suit :

## COMMUNE DE

| CLASSES. | hect. . ares. cent. | PRIX de l'hectare. | TOTAL. |
|---|---|---|---|
| 3<sup>e</sup>. | | | |
| 4<sup>e</sup>. | | | |
| 6<sup>e</sup>. | | | |
| 9<sup>e</sup>. | | | |
| 10<sup>e</sup>. | | | |

*Suivent les autres communes.*

# TITRE III.

## SECTION PREMIÈRE.

### *Travaux* (1).

Ox répète ici qu'il est certains travaux d'art, tels que ponts, écluses, barrages, dont les projets peuvent n'être remis qu'après l'obtention de l'ordonnance de concession.

---

(1) Il n'entrait pas dans le plan de l'auteur de traiter de la nature des travaux à faire pour opérer un desséchement, et il n'est question dans cet ouvrage, purement administratif, que des formalités légales à remplir soit par les concessionnaires, soit par les propriétaires, soit par les différens fonctionnaires appelés par la loi à régler et à protéger les intérêts des uns et des autres.

Trouver le moyen le plus simple, le plus économique de conduire les eaux stagnantes vers un bassin inférieur, afin qu'elles puissent s'y vider et s'écouler sans obstacles, donner aux rigoles ou canaux émissaires une largeur et une profondeur calculées sur le plus grand volume des eaux à écouler, tel est le problème le plus ordinaire à résoudre pour le desséchement des marais.

Il n'existe pas de traité particulier sur cette matière. Chaque marais ayant en effet sa topographie et pour ainsi dire sa physionomie particulière, les moyens à employer pour le dessécher dépendent nécessairement de la nature des obstacles que présente chaque localité, et exigent chacun une application particulière des principes généraux de la science de l'équilibre, du mouvement et de la direction des eaux.

Ceux qui désireront se former une idée de l'art des dessèche-

Il suffit que, par des études préliminaires, on ait mis l'administration à même de connaître les difficultés que l'on aura à vaincre, et quel sera le montant approximatif de cette partie de la dépense du desséchement.

Mais il serait imprudent d'attendre jusqu'au moment de l'exécution pour s'occuper de cette partie, souvent la plus intéressante du projet, parce qu'elle est susceptible de présenter des questions dont la solution réclame toute la maturité d'un examen approfondi ; ce qui pourrait exiger plus de temps qu'on ne s'y serait attendu.

C'est ici surtout que l'intervention et les lumières

---

mens, ainsi que de la culture la plus propre à un marais, surtout dans les premières années du desséchement, pourront consulter avec fruit,

1°. Un Mémoire de feu M. Cretté de Paluel sur le desséchement des marais, ouvrage qui a remporté en 1787 le prix de la société d'agriculture de Laon.

Il est divisé en trois parties :

La première indique les procédés les plus simples et les plus utiles à employer pour le desséchement.

La deuxième traite des semences propres aux terrains desséchés.

Et la troisième des différentes espèces de bois qu'on peut planter dans les terres humides.

Cet ouvrage, devenu rare, a été réimprimé en l'an 10, avec des notes et additions de M. de Chassiron.

M. de Chassiron est aussi l'auteur d'un article instructif et assez étendu, inséré dans la continuation du Cours complet d'agriculture de Rosier, tom. 11, pag. 460 et suivantes.

Il fait d'abord connaître quelles sont les précautions à prendre

des ingénieurs des ponts et chaussées deviennent
plus directement nécessaires, et même obligées,
afin d'éviter les erreurs graves dont la conséquence
pourrait exposer la fortune du concessionnaire et
le succès de l'opération.

---

## SECTION II.

*Moyen employé par l'administration pour en assurer
l'exécution.*

L'ORDONNANCE de concession fixe ordinairement
le délai pendant lequel les travaux doivent être exécutés. Il est à remarquer que cette disposition était
déjà consacrée, dès l'origine, dans l'édit de 1599.

---

pour s'assurer si le desséchement que l'on projette est utile, s'il
doit être fait en entier, ou s'il est plus avantageux de ne faire
qu'un demi-desséchement.

Il traite ensuite :

1°. Des moyens de contenir les eaux extérieures d'un marais
par des digues, chaussées et levées ;

2°. De la construction des canaux généraux de desséchement
destinés à vider les eaux intérieures, et à les conduire dans le bassin qui doit les recevoir, et des canaux secondaires ou saignées ;

3°. Des ouvrages d'art, tels qu'écluses, vannes, etc.

Enfin l'auteur termine en donnant des conseils utiles sur la culture propre aux terrains nouvellement desséchés.

La lecture de ces deux ouvrages sera d'autant plus profitable,
qu'elle est à la portée de tout le monde, et ne présente que des
résultats appuyés sur l'expérience.

Le moyen d'assurer l'exécution de cette clause, de laquelle le concessionnaire ne peut s'écarter sans inconvénient, plus encore pour ses propres intérêts que pour ceux des propriétaires mêmes, serait de déterminer, aussitôt que la concession est accordée, une distribution de tous les ouvrages compris au projet, en divisant la dépense année par année.

L'ingénieur en chef fait tous les ans, à la fin de la campagne, une visite des travaux, et constate par procès verbal que l'entreprise a reçu le degré d'avancement convenable.

Dans le cas contraire, et d'après son rapport, l'administration prend des mesures pour obliger le concessionnaire à développer plus d'activité, et à assurer l'exécution des travaux dans les délais prescrits.

Cette visite périodique de travaux est ordonnée pour le desséchement des marais de l'Authie. (Article 21 du décret de concession.)

On voit, dans l'édit du 8 avril 1599, rendu par Henri IV, article 4, qu'une obligation semblable est imposée aux propriétaires qui font eux-mêmes leur desséchement.

« Et à cet effet, seront tenus y faire travail-
» ler, etc., etc. »

# SECTION III.

## *Cas de non exécution.*

La loi de 1807 semble n'avoir pas prévu le cas où, par une cause quelconque du fait du concessionnaire, les travaux seraient abandonnés avant l'exécution complète du desséchement.

Mais on voit, d'après l'article 9 du décret du 25 mai 1811, déjà cité, que dans ce cas le concessionnaire est exposé à perdre le fruit et le prix de ses travaux, et que le gouvernement est subrogé en son lieu et place (1).

L'édit de 1599 n'avait pas porté plus loin l'obligation du concessionnaire; mais la chambre des comptes, dans son enregistrement, exige que dans ce cas il soit obligé de remettre les choses dans leur premier état. (*Voyez* introduction, page 154.)

Le gouvernement me parait devoir être seul juge de la question de savoir s'il est nécessaire d'assujettir l'entrepreneur à cette obligation rigoureuse qui peut n'être pas dans l'intérêt même des propriétaires.

---

(1) Le décret du 20 septembre 1811 pour la concession du desséchement des marais de Sourche et des Barantons contient (art. 13) une disposition absolument semblable.

# TITRE IV.

## SECTION PREMIÈRE.

### *Réception des travaux.*

C'EST aux ingénieurs des ponts et chaussées, chargés par la loi de vérifier les projets, à constater si les ouvrages ont été faits suivant les règles de l'art et avec l'exactitude prescrite.

On voit, par le deuxième alinéa de l'article 17, que, s'ils ont quelques observations à faire à ce sujet, ils doivent les porter devant la commission qui les jugera, qui fera refuser les travaux s'ils présentent des malfaçons, et s'ils sont dans le cas de compromettre dans cet état la sûreté du desséchement.

C'est également à la commission à déterminer le moment où il convient de procéder à la nouvelle classification et à l'estimation subséquente de la plus value, ainsi qu'il sera expliqué ci-après.

## SECTION II.

### *Estimation de la plus value après le desséchement.*

C'EST sur l'exactitude et le soin qu'apportent les experts dans l'estimation de la valeur du terrain avant le desséchement, que reposent l'espérance du concessionnaire et la sécurité du propriétaire.

Il est donc nécessaire qu'elle soit faite avec loyauté et de bonne foi de part et d'autre.

L'estimation de la valeur acquise après le desséchement n'est pas moins importante pour l'un que pour
l'autre. C'est le moment de recueillir, de partager le
bénéfice obtenu, dans la proportion déterminée par
l'acte de concession.

Cette double estimation est l'opération qui présentera toujours le plus de difficulté et de discussions
dans un desséchement.

Ces difficultés augmentent encore, lorsqu'il intervient des communes dont les relations et les formes
administratives sont ordinairement plus lentes que
celles qui ont lieu entre de simples particuliers.

## SECTION III.

### *Transactions avec les communes.*

Il est plusieurs moyens d'abréger ces délais et de
prévenir toute difficulté avec les communes; c'est
de prendre avec elles des arrangemens préalables par
le moyen de transactions qui règlent, dès l'origine,
la part fixe qu'elles devront recueillir de l'opération.

Voici la marche qui a déjà été suivie en pareil
cas: elle pourra paraître un peu longue; mais on
verra, en y réfléchissant, et par comparaison avec
les formalités ordinaires, qu'elles épargneront un
temps précieux et des discussions sans nombre, qui
sont ordinairement la pierre d'achoppement de ces
entreprises.

Aux termes de l'arrêté du gouvernement, du 21

frimaire an 12, les communes ne peuvent passer de transactions qu'après une délibération du conseil municipal, prise sur la consultation de trois jurisconsultes délégués par le préfet, et sur l'autorisation du préfet donnée elle-même d'après l'avis du conseil de préfecture.

Cette transaction n'est valable qu'après l'homologation du gouvernement.

Je vais tracer, d'après le principe établi par l'arrêté du 21 frimaire an 12, la marche à suivre, en profitant des exemples qui me sont passés sous les yeux.

1°. Les premières ouvertures d'un arrangement doivent être provoquées par le concessionnaire soit avant, soit après la concession (1), auprès du maire de la commune intéressée;

2°. Le maire, après en avoir référé au conseil municipal, s'adresse au préfet pour obtenir la nomination des arbitres qui doivent être consultés, et qui doivent donner leur avis sur les bases de la transaction;

3°. Le préfet délibère, en conseil de préfecture, sur la question de savoir s'il y a lieu d'accorder l'arbitrage demandé : sur l'avis favorable du conseil de préfecture, il nomme les trois jurisconsultes;

4°. Les arbitres, après s'être fait représenter les

---

(1) Dans l'affaire du desséchement des marais de Lattes, les transactions ont précédé le décret de concession; elles ont été postérieures dans l'affaire du desséchement des marais de Beaucaire.

bases convenues par la transaction, ou plutôt la minute discutée, préparée et convenue entre le maire
et le concessionnaire, donnent leur avis ;

5°. Le maire adresse au préfet par l'intermédiaire
du sous-préfet, qui y joint son avis, le projet de
transaction définitivement arrêté en conseil municipal ;

6°. Enfin, le préfet autorise la signature définitive.
La transaction signée est envoyée par le maire en
triple expédition au préfet, qui adresse le tout au directeur général des ponts et chaussées, pour solli-
citer l'approbation du gouvernement (1).

Il est aisé de sentir que cette marche évite de longues discussions, qui se prolongeraient pendant
toute la durée et même après le desséchement. On
la propose ici avec confiance, parce que l'expérience
en a déjà prouvé l'efficacité.

Des transactions avec les propriétaires, lorsqu'ils
se trouvent en petit nombre, pourraient également
éviter une grande partie des embarras qui résultent
nécessairement des formes prescrites par la loi. Le
concessionnaire y trouverait aussi un moyen d'éluder la condition un peu rigoureuse de recevoir sa
portion de plus-value en une rente constituée sur le
pied de quatre pour cent ; seule disposition de la loi
que me paraisse réellement au désavantage du concessionnaire, et dont il peut se garantir en stipulant

---

(1) Cette homologation peut faire partie de l'ordonnance de
concession.

d'avance son remboursement en nature de terrain, ou en argent comptant.

Je crois devoir citer à l'appui de ce moyen de conciliation, surtout avec les communes, l'article de la loi du 10 juin 1793, ainsi conçu : « Les actions » exercées ou à exercer par les communes contre » des citoyens pour desséchement et autres contes- » tations qui auraient pour objet les biens com- » munaux, seront terminées par la voie de l'arbi- » trage. »

Dans le mode établi par la loi du 16 septembre 1807, et dans les cas ordinaires où il n'existe pas de transactions particulières soit avec les communes, soit avec les propriétaires; après qu'il a été procédé à la vérification et réception des travaux, ainsi qu'il a été indiqué ci-dessus, il reste aux experts réunis à constater la plus-value acquise par l'opération du desséchement.

Pour y parvenir, ils doivent se munir de leur premier travail de classification et d'estimation, et se transporter sur le local afin de reconnaître exactement les améliorations produites par l'opération du desséchement, procéder au nouveau classement et à la nouvelle estimation de chaque propriété, et constater par ce moyen le montant du bénéfice à partager entre les propriétaires et le concessionnaire.

La forme du rôle qui doit être dressé à cet effet, est si clairement indiquée par l'article 19 de la loi, qu'on pourrait en convertir, en diviser les expressions en un tableau ainsi qu'il suit :

COMMUNE DE.......

| Nos du plan. | NOMS des PROPRIÉTAIRES. | ÉTENDUE de la propriété. | CLASSE | | Montant de la 1re estimation, calculée à raison de l'ancienne classe et du classement. | Nouvelle estimation; nouvelle estimation formant le second classement. | DIFFÉRENCE de la plus-value. | MONTANT de la portion de la plus-value réservée aux propriétaires concessionnaires | ÉTAT pour le bénéfice du |
|---|---|---|---|---|---|---|---|---|---|
| | | | ancienne. | nouvelle. | | | | | |

Cette seconde opération de classement et d'estimation doit être soumise, comme la première, à l'approbation de la commission administrative, de même que le procès verbal de vérification et de réception de travaux ( article 46.)

# TITRE V.

## SECTION PREMIÈRE.

### *Hypothèques.*

On doit fixer l'attention du lecteur sur le deuxième paragraphe de l'art. 25, ainsi conçu :

L'hypothèque de tout individu inscrit avant le desséchement sera restreinte...... sur une portion de propriété égale en valeur à la première valeur estimative du terrain desséché.

Ce principe se trouve déjà consacré dans l'édit de 1599 (1), et il est conforme à l'esprit de l'article 2103 du Code civil. (2).

---

(1) *Voyez* l'édit du 8 avril 1599, art. 13. « Ladite moitié.... » ne sera tenue, obligée, ni hypothéquée, etc. »

(2) « Les créanciers privilégiés sur les immeubles sont 1°..... 4°. Les architectes entrepreneurs, etc.; mais le montant du privilége ne peut excéder les valeurs constatées par le second procès verbal, et il se réduit à la plus-value existante à l'époque de l'aliénation de l'immeuble et résultant des travaux qui y ont été faits. »

# SECTION II.

## *Terrains détériorés.*

D'après le système de la loi du 16 septembre 1807, un terrain amélioré doit une portion déterminée de sa plus-value au concessionnaire.

On demande si par la même raison le propriétaire d'un terrain n'a pas droit à réclamer une indemnité, lorsqu'au lieu d'avoir profité de l'opération du desséchement, il y a détérioration constatée.

On répond: Il n'arrivera que très-rarement sans doute qu'un desséchement détériore sensiblement un terrain ; mais, si le dommage est notable, reconnu et constaté, on pense que, dans l'équité, il y a lieu à dédommagement à la charge du concessionnaire. L'article 8 de la loi du 5 janvier 1791 me parait décisif. (*Voyez cette loi, dans le Recueil imprimé à la tête de cet ouvrage.*)

J'ai dit que ces cas devront se présenter rarement. En effet, je suis loin de croire que l'on puisse mettre équitablement dans cette catégorie tout terrain, par la seule raison qu'il a perdu une portion de son produit, après l'opération du desséchement. Je crois nécessaire de développer cette opinion, qui présente une question délicate.

Je suppose qu'un propriétaire possédait sur la lisière d'un marais un terrain en nature de prairie, et qu'après le desséchement ce terrain n'étant plus suffisamment humecté, il soit obligé de le cultiver en céréales.

On demande si le propriétaire, dont le revenu se trouve diminué, est fondé à réclamer pour cause de moins-value.

Je vois dans le Code civil ( article 640) « que les » fonds inférieurs sont assujettis, envers ceux qui » sont plus élevés, à recevoir les eaux qui en décou- » lent naturellement, sans que la main des hommes » y contribue ;

» Que le propriétaire supérieur ne peut rien faire » qui aggrave la servitude du fonds inférieur.

» Que le propriétaire inférieur ne peut élever de » digue qui empêche cet écoulement.

Mais je ne vois ni dans ces dispositions, ni dans aucune de celles que renferme le même chapitre, ni dans l'équité naturelle, base de toutes les lois, que le propriétaire supérieur ait droit de réclamer, lorsque le propriétaire inférieur parvient à se dé- barrasser des eaux qui inondent son propre fonds, soit qu'il rende aux eaux leur écoulement naturel, soit qu'il leur procure un débouché qu'elles n'a- vaient point auparavant, pourvu qu'il n'aggrave point la servitude du fonds qui lui est inférieure.

Le concessionnaire d'un marais, qui agit aux droits des propriétaires de terrains inondés, ne me paraît donc pas devoir de dédommagement, lorsque, pour affranchir de la submersion des fonds infé- rieurs, il porte quelque préjudice à des fonds supé- rieurs ; et on ne voit pas que le propriétaire de

ceux-là puisse rien prétendre; quelque favorable
que pût être pour lui la situation désavantageuse de
son voisin avant le desséchement, situation dont il a
bien pu profiter, mais qui ne peut jamais établir pour
ce dernier une servitude légale et permanente.

# TITRE VI.

## SECTION PREMIÈRE.

### Conservation des marais après le desséchement.

On trouvera dans les décrets des 21 février et 5
mars 1814, dont le premier se trouve imprimé à
la suite de ces commentaires, tous les élémens d'une
bonne administration pour l'entretien et la conservation d'un desséchement.

Je vais en exposer en peu de mots le système qui
se divise en trois parties bien distinctes: 1°. mode
d'administration ; 2°. exécution des travaux; 3°. et
comptabilité.

*L'administration* et la surveillance des intérêts
de l'association sont confiées à un syndicat, dont
un membre est renouvelé tous les ans.

Un des membres choisi par le préfet remplit les
fonctions de directeur; c'est lui qui convoque et
préside les assemblées du syndicat, qui surveille
l'exécution des travaux, délivre les mandats d'a-
compte et de paiement définitif, vérifie la caisse du
percepteur, etc.

Le syndicat répartit entre les intéressés le montant des taxes nécessaires à l'entretien et à la conservation du desséchement. Il examine, modifie et approuve les projets des travaux, d'entretien, propose le mode d'exécution, passe les marchés, vérifie les comptes, présente les experts lorsqu'il s'agit de régler les intérêts de l'association avec des tiers, et dresse une liste double sur laquelle est nommé par le préfet un conducteur de travaux, lorsqu'il y a lieu.

*Les travaux* ordinaires sont de deux espèces : ceux de simple entretien, et ceux d'urgence. Les travaux de simple entretien sont exécutés d'après des projets et suivant le mode proposé par le syndicat, dont la délibération est soumise à l'approbation du préfet.

Ceux d'urgence exigent des formes plus expéditives pour prévenir des accidens plus graves. Le directeur est autorisé à les faire exécuter, ainsi qu'il le juge le plus convenable aux intérêts de l'association ; mais il est tenu d'en rendre compte immédiatement au préfet et au syndicat ; et quels que soient les travaux, le préfet peut en ordonner la suspension sur l'avis de l'ingénieur en chef et du syndicat.

Quant aux travaux extraordinaires, on entend par cette qualification ceux de construction neuve, autre que de simple entretien et de conservation : ils exigent des projets rédigés par des hommes de l'art, et soumis à l'approbation du directeur général des ponts et chaussées.

La loi ayant réservé au gouvernement le droit

d'approuver les projets de desséchement, on conçoit que l'administration supérieure doit veiller soigneusement à ce qu'on n'en change point le système sans sa participation et son autorisation expresse.

*La comptabilité* consiste d'abord dans la rédaction des rôles, dans le recouvrement des taxes délibérées par le syndicat, et dans la liquidation des comptes annuels. Un percepteur choisi par le syndicat, et dont la nomination est approuvée par le préfet, est chargé de cette partie du service, sur les documens qui lui sont fournis par le syndicat.

Les rôles, visés par le syndicat, sont rendus exécutoires par le préfet; et, au moyen de cette formalité, ils sont recouvrables de la même manière et avec les mêmes priviléges que pour les contributions directes. La perception s'effectue par tiers.

Les comptes annuels du percepteur sont vérifiés par le syndicat, et ils sont soumis à l'approbation définitive du préfet, sur l'avis du sous-préfet.

----

## SECTION II.

*Concours des propriétaires intéressés au dessèchement dans les travaux de conservation.*

Il peut arriver que des terrains aujourd'hui étrangers au desséchement se trouvent par la suite intéressés à sa conservation.

Il devient juste alors que ces fonds supportent une charge proportionnelle à leur intérêt, à moins

qu'ils n'exhibent les titres contraires ; cette obligation est consacrée dans l'article 2 de chacun des
deux décrets cités, et précédemment par l'article 2
de la loi du 14 floréal an 11 (1).

Cet article de la loi de l'an 11 n'est lui-même
que le renouvellement d'une des dispositions de
l'arrêt du 22 octobre 1611, ainsi conçu :

« Art. 2. S. M. entend que ceux qui se ressenti-
» ront du bénéfice et commodité d'un desséchement
» contribuent au *prorata* du bien et amendement
» qu'ils en recevront, etc. »

---

(1) Loi du 14 floréal an 11.

Art. 1er. « Il sera pourvu au curage des canaux et rivières
non navigables, et à l'entretien des digues et ouvrages d'art qui y
correspondent de la manière prescrite par les anciens réglemens,
ou d'après les usages locaux. Art. 2. Lorsque l'application des
réglemens ou l'exécution du mode consacré par l'usage éprouvera
des difficultés, ou lorsque des changemens survenus exigeront des
dispositions nouvelles, il y sera pourvu par le gouvernement dans
un réglement d'administration publique, rendu sur la proposition du
préfet du département, de manière que la quotité de la contribution de chaque imposé soit toujours relative au degré d'intérêt qu'il
aura aux travaux qui devront s'effectuer. Art. 3. Les rôles de ré-
partition des sommes nécessaires au payement des travaux d'entretien, réparation ou reconstruction, seront dressés sous la surveillance du préfet, rendus exécutoires par lui ; et le recouvrement
s'en opérera de la même manière que celui des contributions publiques. Art. 4. Toutes les contestations relatives au recouvrement
de ces rôles, aux réclamations des individus imposés et à la confection des travaux, seront portées devant le conseil de préfecture,
sauf le recours au gouvernement, qui décidera en conseil d'état. »

# SECTION III.

## *Rentrée des cotisations.*

C'EST aussi d'après le principe établi par l'article
5 de la même loi de l'an 11 , que les articles 23 des
décrets du 21 février et 13 mars 1814 ont assujetti
la rentrée des fonds de cotisation destinés à la conservation des marais desséchés, au même mode que
pour les contributions publiques.

On conçoit que, si la rentrée des cotisations pou-
rait être assujettie aux lenteurs et aux débats d'une
procédure judiciaire , le syndicat se trouverait souvent privé du moyen de faire exécuter les ouvrages
les plus nécessaires; et qu'ainsi, non-seulement les
intérêts de l'association, mais encore la sûreté commune et le système du desséchement se trouveraient
compromis par suite de l'opiniâtreté mal entendue
de quelques récalcitrans , ou la mauvaise volonté
des retardataires.

# SECTION IV.

## *Police, répression des délits.*

EN renvoyant aux conseils de préfecture la connaissance des dommages causés aux travaux de desséchement, et leur réparation, comme pour les objets
de grande voirie, le législateur a montré qu'il pla-
çait cet objet d'administration en première ligne

d'intérêt public. On doit donc s'attendre que les administrations locales s'empresseront de concourir aux bonnes intentions du gouvernement, en protégeant de tout leur pouvoir des travaux dispendieux, et de la conservation desquels dépend la p ospérité et la salubrité d'une partie plus ou moins étendue de l'arrondissement confié à leurs soins et à leur sollicitude.

## SECTION V.

### *Compétence.*

L'ARTICLE 27 commet la conservation des travaux de desséchement, celle des digues contre les torrens, rivières et fleuves, et sur les bords des lacs et de la mer, à *l'administration publique.*

Il ajoute ensuite cette disposition remarquable :

« Toutes *réparations* et *dommages* seront poursuivis par *voie administrative*, comme pour les objets de *grande voirie* (1).

---

(1) Loi du 29 floréal an 10.

Art. 1er. Les contraventions en matière de grande voirie, telles qu'anticipations, dépôts de fumiers ou d'autres objets, et toutes espèces de détériorations commises sur les grandes routes, sur les arbres qui les bordent, sur les fossés, ouvrages d'art et matériaux destinés à leur entretien, sur les canaux, fleuves et rivières navigables, leurs chemins de halage, francs-bords, fossés et ouvrages d'art, seront constatées, réprimées et poursuivies par voie administrative.

» Les *délits* seront poursuivis par les voies ordinaires soit devant les tribunaux de police correctionnelle, soit devant les cours criminelles,
en raison des cas. »

Il résulte de cette disposition qu'une contravention peut donner lieu à deux actions absolument distinctes ; l'une exercée par le conseil de préfecture
qui prononce contre le délinquant une amende en
réparation, poursuite ou répression du délit qu'il a
commis, et le paiement de tous les *dommages* qui
auraient été la suite de son délit ; l'autre qui concerne
les tribunaux auxquels la loi réserve le droit de poursuivre le coupable soit correctionnellement, soit
criminellement, suivant la gravité du cas et le degré
de culpabilité et de malveillance qui pourrait avoir
accompagné le délit.

---

Art. 2. Les contraventions seront constatées concurremment par
les maires ou adjoints, les ingénieurs des ponts et chaussées, leurs
conducteurs, les agens de la navigation, les commissaires de police et par la gendarmerie : à cet effet, ceux des fonctionnaires
publics ci-dessus désignés qui n'ont pas prêté serment en justice
le prêteront devant le préfet.

Art. 3. Les procès verbaux sur les contraventions seront adressés au sous-préfet, qui ordonnera par provision, et sauf le recours
au préfet, ce que de droit, pour faire cesser les dommages.

Art. 4. Il sera statué définitivement en conseil de préfecture.
Les arrêtés seront exécutés sans *visa* ni mandement des tribunaux,
nonobstant et sauf tout recours ; et les individus condamnés seront
contraints par l'envoi de garnisaires et saisie de meubles, en vertu
desdits arrêtés qui seront exécutoires et emporteront hypothèque

Cette distinction entre la juridiction administrative et judiciaire a été développée dans une circu-
laire du 13 frimaire an 11 , que j'ai insérée à la suite
de cet ouvrage, avec la copie d'une lettre écrite par
le grand-juge , sous la date du 28 vendémiaire
an 11, sur la même question.

L'article 28 du décret réglémentaire du 21 février 1814 sur le marais de Flamands , me parait
contraire à la loi de 1807 , en ce qu'il renvoie la
répression de tous les délits et contraventions aux
tribunaux.

La même inadvertance se trouve textuellement
reproduite dans le décret réglémentaire du 5 mars
1814, relatif au petit marais de Blaye.

La loi de 1807 , étant précise , impérative, ne
peut être atténuée par les dispositions des deux
décrets sus-relatés ; elle doit donc être observée de
préférence ; telle est mon opinion.

On a élevé la question de savoir à qui , du conseil de préfecture, ou de la commission spéciale ;
il appartenait de juger et homologuer les expertises
relatives aux expropriations de terrains et autres
immeubles, tels que moulins et usines, dont l'occupation ou la suppression a été jugée nécessaire au
desséchement d'un marais.

Il suffit d'avoir un peu étudié le système de la loi
du 16 septembre 1807, pour connaître l'intention
du législateur, et s'assurer qu'il n'a point voulu
étendre jusque-là les attributions des commissions
spéciales.

L'article 46 a clairement déterminé les limites de leur compétence, qui se borne à tout ce qui tient à l'opération proprement dite du desséchement, savoir :

Au classement des propriétés avant et après le desséchement ;

A l'estimation de leur valeur ;

A la vérification de l'exactitude des plans cadastraux ;

A l'exécution des clauses de la concession ;

A la vérification et réception des travaux ;

A la formation du rôle de plus-value,

Enfin, à l'examen du projet de règlement d'administration publique sur le mode d'entretien.

Il est vrai que le même article ajoute que les commissions spéciales arrêteront les estimations, dans le cas prévu par l'article 24, c'est-à-dire, celui où il serait jugé nécessaire de déposséder *tous les propriétaires d'un marais, comme seul moyen de vaincre les oppositions des propriétaires.*

Mais cette disposition ne s'applique, comme on le voit, qu'à un cas extraordinaire ; et puisque, dans la nomenclature détaillée des objets attribués aux commissions spéciales, il n'est pas fait mention d'expertises pour les cas ordinaires d'occupation de terrains, on doit en inférer qu'une autre autorité est chargée de ce soin.

Ce qui suit démontrera que la loi de 1807 n'a rien laissé d'obscur sur cette question de compétence.

Toutes les dispositions du titre XI de la loi sont relatives au mode à suivre pour le règlement des indemnités dues aux propriétaires, dans le cas de dépossession, soit pour un dessèchement de marais, soit pour toute autre cause d'utilité publique.

L'article 48 et l'article 49 ne laissent aucun doute sur l'application de ce titre XI aux travaux du dessèchement.

Les articles 50, 51, 52, 53, 54 et 55 ne parlent que de cas étrangers aux dessèchemens des marais, et qui concernent divers objets d'utilité publique et générale; mais l'article 56, applicable aux uns et aux autres, indique formellement quel sera le mode d'après lequel les experts procéderont à l'estimation; par qui ils seront nommés; et immédiatement après, l'article 57 porte que leur procès verbal, après que le contrôleur et le directeur des contributions auront donné leur avis, sera soumis à la délibération *du conseil de préfecture.*

## TITRES VII et VIII.

Ces deux titres de la loi du 16 septembre 1807 n'ont qu'un rapport indirect avec le dessèchement des marais, objet exclusif de ce Commentaire.—Et pour le titre IX, voyez page 235.

# TITRE X.

## *Commissions.*

Ce titre de la loi a pour objet unique de déterminer les fonctions administratives et les attributions des commissions spéciales, institution dont l'origine remonte à Henri IV et dont les membres, choisis sur les lieux mêmes où le desséchement doit s'opérer, ont toutes les connaissances désirables pour prononcer, en cas de discussion dans le cours du desséchement, entre l'entrepreneur et les propriétaires, sur leurs intérêts respectifs.

Les commissions spéciales sont, sous ce rapport, investies d'un pouvoir administratif aussi étendu que celui qui est attribué aux conseils de préfecture ; et il n'appartient qu'au conseil d'état d'annuler ou modifier leurs décisions. Elles forment, suivant l'expression de l'orateur du gouvernement qui a présenté la loi, une sorte de magistrat spécial, juge permanent et le plus éclairé pour tout le contentieux entre les divers intéressés (1).

L'article 17 porte expressément qu'en cas de réclamations après la confection des travaux, leur vérification et réception, elles seront portées devant la commission *qui les jugera.*

(1) *Voyez* Motifs de la loi.

L'article 24 est encore plus précis ; prévoyant le cas extraordinaire où un desséchement ne pourrait être opéré qu'en obligeant les propriétaires à délaisser la totalité de leur marais sur estimation, il ajoute que cette estimation sera soumise *au jugement et à l'homologation* de la commission.

Telles sont les principales expressions de la loi qui doivent faire considérer les décisions d'une commission spéciale comme ayant *force de jugement*, et ne pouvant être révoquées que par le conseil d'état.

Il est donc important que le choix des membres qui doivent composer les commissions spéciales soit dirigé sur des hommes éclairés, et qui surtout n'aient aucun intérêt direct dans l'opération du desséchement (1).

---

(1) Pour juger tout le contentieux une commission est formée ; le prince la nomme lui-même et l'organise dans son conseil, à l'abri de l'influence des intérêts particuliers et des passions locales, gage de la sécurité des justiciables ; et cependant toutes les questions de propriété sont portées aux tribunaux ordinaires, tandis que, de son côté, le prince évoque à son conseil les réclamations persistantes, les questions de quelque importance dans l'ordre administratif.

« Difficilement on pourrait accumuler plus de précautions, plus de garanties. »

*Discours de l'orateur du tribunat, sur le projet de loi.*

# TITRE XI.

## *Indemnité de terrain.*

L'OUVERTURE des canaux et rigoles de desséchement peut exiger l'occupation ou le morcellement
d'un nombre plus ou moins grand de propriétés. Si
l'indemnité à laquelle chaque propriétaire a droit
est réglée à dire d'experts, ainsi que l'indique la
loi, ces formalités entraîneront une perte considérable d'un temps précieux.

C'est donc rendre service aux concessionnaires
en même temps qu'aux propriétaires, que d'indiquer ici un mode employé avec succès par l'administration pour abréger ces formalités.

Ce mode n'est autre qu'une estimation faite à
l'amiable de la valeur des portions de terrains qui
doivent être occupées pour le desséchement.

Pour prévenir toute difficulté, il paraîtrait convenable que le concessionnaire, après avoir fait
choix d'un homme intègre et instruit dans cette
partie, le fît accepter par le syndicat des propriétaires.

Ce choix étant déterminé, l'estimateur, le plan
parcellaire à la main, se transporte sur les lieux
pour apprécier la valeur de chacune des portions
de terrain à acquérir par le concessionnaire.

Il en dresse son procès verbal contenant une description exacte des diverses portions à occuper, de leur nature, et son évaluation.

Il est bon que chaque article du procès verbal corresponde au numéro du plan parcellaire et le rappelle, afin de faciliter les recherches et vérifications en cas de besoin.

Il est également convenable que l'estimation se fasse, autant que possible, en présence des parties intéressées, dûment prévenues par les maires du jour de l'arrivée de l'estimateur, afin qu'après avoir pris connaissance de l'article qui le concerne, chaque propriétaire l'émarge de son acceptation ou de son refus.

Si le propriétaire accepte (et la plupart prendront sans doute ce parti, si l'estimation est faite avec équité), il ne restera plus qu'à remplir entre eux les formalités de vente, et tout est terminé.

Si quelques propriétaires refusent de donner leur acceptation, il est indispensable de remplir à leur égard les formalités que la loi prescrit, et alors il faut qu'il y ait trois experts; que le contrôleur et le directeur des contributions soient consultés; enfin que le conseil de préfecture statue sur le montant définitif de l'indemnité.

On voit combien de soins et de temps épargnerait l'estimation à l'amiable, d'après le système que je viens de proposer, et que j'ai puisé dans les règlemens ou instructions de l'administration des ponts et chaussées, qui en a fait avec succès l'application dans les cas d'ouvertures de canaux de navigation et autres, où, comme dans les desséchemens, il est nécessaire de morceller un grand nombre de propriétés.

En 1810, S. Exc. le ministre de l'intérieur a été consulté, à l'occasion d'un moulin dont la suppression était ordonnée pour le desséchement des marais de Sacy-le-Grand, département de l'Oise, sur la question de savoir si la loi du 8 mars, même année, sur les expropriations pour cause d'utilité publique, est applicable aux desséchemens.

Son excellence a répondu, sous la date du 27 avril 1810, à M. le préfet :

« La loi du 8 mars n'est applicable qu'au cas » d'expropriation pour cause d'utilité publique, » ou *d'un desséchement fait par l'état, et lorsque le* » *préfet, au nom du gouvernement,* demanderait la » mise en possession des terrains désignés pour » l'expropriation.

» Elle ne peut donc *s'appliquer au cas d'un* » *concessionnaire particulier,* et l'indemnité due » doit être réglée par des experts, dont un a dû » être nommé par chaque partie intéressée et le » tiers expert, par le préfet, conformément à l'art. 45 » de la loi du 16 septembre 1807. »

Cette décision me paraît trancher la question.

S'il pouvait encore rester quelque doute à ce sujet, je citerais, pour le dissiper entièrement, l'article 30 du décret du 21 février 1814, qui est ainsi conçu :

« Dans le cas où il deviendrait nécessaire d'occu-

» per quelques terrains pour l'établissement des ca-
» naux ou autres travaux de desséchement par suite
» des projets approuvés, les indemnités à accorder
» aux propriétaires seront fixées conformément aux
» dispositions de l'article 48 de la loi du 16 sep-
» tembre 1807, et seront acquittées préalablement. »
( *Voyez ce décret, page* 264. )

On a proposé la question de savoir si le concessionnaire doit être chargé de l'indemnité à payer à
un fermier, dans le cas d'expulsion avant l'expiration du bail. On s'est appuyé sur le silence de la
loi du 16 septembre 1807 à cet égard, et l'on a pré-
tendu que le concessionnaire ne devait que la valeur
effective de la propriété, après le paiement de laquelle il avait rempli tous ses engagemens.

La loi du 16 septembre 1807 ne renferme effectivement aucune disposition qui puisse aider à résoudre cette question; mais la loi du 8 mars 1810 sup-
plée à cette lacune.

L'article 18 est ainsi conçu :

« Dans le cas où il y aurait des tiers intéressés à
» titre d'usufruitier, de fermier ou de locataire, le
» propriétaire sera tenu de les appeler avant la fixa-
» tion de l'indemnité, pour concourir, en ce qui
» les concerne, aux opérations y relatives; sinon il
» restera seul chargé, envers eux, des indemnités
» que ces derniers pourraient réclamer. »

J'ai dit plus haut que la loi du 8 mars n'est point
applicable aux desséchemens concédés; mais, quand
on voit le gouvernement reconnaître et s'imposer

l'obligation d'indemniser les tiers intéressés, on ne conçoit pas ce qui pourrait en dispenser un concessionnaire, lorsqu'il se trouve dans un cas absolument semblable.

Cette disposition de la loi du 8 mars 1810 n'est d'ailleurs qu'une application équitable des articles 1743 et suivans du Code civil auxquels je renvoie (1).

---

(1) Art. 1743. « Si le bailleur vend la chose louée, l'acquéreur ne peut expulser le fermier ou le locataire qui a un bail authentique ou dont la date est certaine, à moins qu'il ne se soit réservé ce droit par le contrat de bail. Art. 1744. S'il a été convenu, lors du bail, qu'en cas de vente, l'acquéreur pourrait expulser le fermier ou locataire; et qu'il n'ait été fait aucune stipulation sur les dommages et intérêts, le bailleur est tenu d'indemniser le fermier ou le locataire de la manière suivante. Art. 1745. S'il s'agit d'une maison...., etc Art. 1746. S'il s'agit de biens ruraux, l'indemnité que le bailleur doit payer au fermier est du tiers du prix du bail pour tout le temps qui reste à courir. Art. 1747. L'indemnité se réglera par experts, s'il s'agit de manufactures, usines, ou autres établissemens qui exigent de grandes avances. Art. 1748. L'acquéreur qui veut user de la faculté réservée par le bail, d'expulser le fermier ou locataire en cas de vente, est en outre tenu d'avertir le locataire au temps d'avance usité dans le lieu pour les congés. Il doit aussi avertir le fermier de biens ruraux au moins un an à l'avance. Art. 1749 Les fermiers ou les locataires ne peuvent être expulsés qu'ils ne soient payés, etc. Art. 1750. Si le bail n'est pas fait par acte authentique, ou n'a point de date certaine, l'acquéreur n'est tenu d'aucuns dommages et intérêts.

# TITRE XII.

## *Dispositions générales.*

L'ARTICLE 59 et dernier de la loi du 16 septembre 1807, porte :

« Toutes les lois antérieures ont cessé d'avoir leur
» exécution en ce qui serait contraire à la présente
» loi. »

C'est-à-dire, en d'autres termes, que toutes les dispositions des anciens règlemens qui ne se trouveraient point rapportées par celles que contient la nouvelle loi, ont conservé leur autorité.

Pour terminer fructueusement ce commentaire, je vais indiquer les dispositions principales des anciens règlemens qui me paraissent devoir être observées ou invoquées en cas de besoin par les parties intéressées.

## SECTION PREMIÈRE.

### *Mode de partage de la plus-value.*

DANS tous les cas où la plus-value sera payée en terrains, on voit par l'art. 7 de l'édit de 1599 que c'est au concessionnaire à en faire les parts les plus égales qu'il pourra, et que les propriétaires ont alors le droit de choisir celles qui leur sont les plus avantageuses, *à leur volonté et discrétion.*

Que dans le cas où les propriétaires dûment appelés seraient empéchés de se présenter dans la quinzaine, après signification faite pendant trois dimanches ou marchés consécutifs, le choix doit être fait pour eux d'office.

---

## SECTION II.

*Union des deux tiers des propriétaires pour obliger l'autre tiers.*

La déclaration du 5 juillet 1613 veut que dans le cas d'opposition d'une portion des propriétaires ou usagers d'un marais, ils ne puissent être dépossédés qu'autant que les deux tiers desdits propriétaires auront consenti le desséchement dudit marais, auquel cas l'autre tiers sera tenu de souffrir le desséchement aux mêmes charges et conditions que les deux autres tiers qui auront traité avec les concessionnaires.

La déclaration du 4 mai 1641 veut aussi, dans le même cas, que les refusans soient contraints aux mêmes prix et conditions des autres, pourvu que le concessionnaire soit d'accord avec les propriétaires des deux tiers dudit marais.

Cette disposition, qui oblige le consentement de la minorité lorsque la majorité des deux tiers a consenti, me paraît devoir être invoquée dans tous les cas où un marais étant possédé indivis, surtout entre plusieurs communes, on ne peut les amener à un consentement unanime sur les conditions du desséchement.

------

## SECTION III.

### *Exemption de péages pour les matériaux destinés aux travaux de desséchement.*

Dans la vue d'encourager les desséchemens des marais, l'édit de 1607 ordonne, article 5 : « Que » tous matériaux comme briques, pierres, chaux, » bois et autres semblables, ensemble toutes sortes » d'outils qui peuvent servir tant au desséchement » des marais et terres inondées qu'à la construction » des écheraux, canaux navigables, ponts, écluses, » et tous autres édifices et bâtimens qu'ils voudront » faire èsdits marais, concernant le desséchement » d'iceux, seront et passeront libres et exempts du » payement de tous péages, pontages et autres charges » et contributions qui se payent aux passages, de » quelque part que leur commodité soit de les avoir » et tirer, *soit par eau, soit par terre*, etc. »

Cette disposition ne pourrait être maintenue aujourd'hui qu'autant qu'elle serait exprimée dans l'ordonnance de concession ; c'est au pétitionnaire à la comprendre formellement dans les conditions de sa soumission.

# SECTION IV.

*Droit de passe et repasse sur les héritages pour la levée des plans.*

L'ARTICLE 18 du même édit donne à l'entrepreneur le droit de passe et repasse sur les héritages pour dresser les plans et alignemens, à charge de payer une indemnité au propriétaire, s'il y a dommage.

Ces permissions sont accordées par les préfets sur la première pétition du soumissionnaire.

———————

# SECTION V.

*Exemption de toutes contributions pendant vingt-cinq ans ; formalités à remplir pour jouir de cette exemption.*

L'ÉDIT de 1764 donne de nouveaux encouragemens aux concessionnaires, en leur accordant l'exemption, pendant vingt ans, de la taille et de toute contribution pour les terres desséchées.

Cette exemption de contribution est étendue, par la loi du 1<sup>er</sup>. décembre 1790, sur la contribution foncière, et par celle du 5 janvier 1791, relative au desséchement des marais, *jusqu'à vingt-cinq ans.*

Elle est également maintenue par l'art. CXI de la loi du 3 frimaire an 7; et l'art. CXVII ajoute: « Pour » jouir de ces divers avantages; *et à peine d'en être* » *privé*, le propriétaire sera tenu de faire au secré-

» tariat de l'administration municipale, dans le ter-
» ritoire de laquelle les biens sont situés, avant de
» commencer les desséchemens, une déclaration
» détaillée des terrains qu'il voudra ainsi amé-
» liorer. »

» Article CXVIII. Cette déclaration sera reçue
» par le secrétaire de l'administration municipale
» sur un registre ouvert à cet effet, coté, paraphé,
» daté et signé comme celui des mutations. Elle
» sera signée tant par le secrétaire que par le décla-
» rant ou son fondé de pouvoirs.

» Copie de cette déclaration sera délivrée au dé-
» clarant, moyennant la somme de 25 centimes,
» non compris le papier timbré et autres droits léga-
» lement établis. »

» Article CXIX. Dans les dix jours qui suivront
» la déclaration, l'administration municipale char-
» gera l'agent municipal de la commune ou son ad-
» joint ou un officier municipal dans les communes
» de cinq mille habitans et au-delà, d'appeler deux
» répartiteurs, de faire avec eux le relevé des ter-
» rains déclarés, de dresser procès verbal de leur
» état présent, et de le communiquer, ainsi que la
» déclaration, aux autres répartiteurs. Ce procès
» verbal sera affiché pendant vingt jours, tant dans
» la commune de la situation des biens qu'au chef-
» lieu du canton. Il sera rédigé sans frais et sur pa-
» pier non timbré. »

» Article CXX. Il sera libre aux répartiteurs et à
» tous autres contribuables de contester la déclara-

» tion, et même de faire à l'administration muni-
» cipale des observations sur le procès verbal de
» l'état présent des terrains; et, si la déclaration ne
» se trouve pas sincère, l'administration pronon-
» cera que le déclarant n'a pas droit aux avantages
» précités. Si au contraire la sincérité de la déclara-
» tion est reconnue, l'administration municipale
» arrêtera que le propriétaire a droit de jouir de
» ces avantages.

» On pourra, dans tous les cas, recourir à l'admi-
» nistration centrale du département, qui réfor-
» mera, s'il y a lieu, l'arrêté de l'administration
» municipale.

» Article CXXI. Les terrains précédemment des-
» séchés, qui jouissent de quelque exemption ou
» modération de contribution, en vertu des lois
» antérieures à la présente, continueront d'en jouir
» jusqu'au temps où cette exemption ou modération
» devra cesser. »

Il est donc prudent, pour être parfaitement en
règle, que le concessionnaire fasse sa déclaration
aussitôt qu'il a obtenu son ordonnance de concession, ou du moins aussitôt après la clôture et homologation du procès verbal de première estimation,
à laquelle les experts doivent procéder, pour constater la valeur des terrains avant le desséchement.

# SECTION VI.

*Concours des propriétaires intéressés aux travaux de conservation d'un desséchement.*

On a vu qu'en vertu de l'article 3 de l'arrêté du 22 octobre 1611, tout terrain, se ressentant du bénéfice d'un desséchement, était appelé à contribuer au *prorata* de cette amélioration, aux frais de son en-tretien.

Cette disposition se trouve confirmée par la loi du 14 floréal an 11, et plus récemment encore appli-quée par les décrets des 21 février et 3 mars 1814, rendus pour régler l'administration de deux anciens desséchemens.

Quant aux nouveaux desséchemens exécutés sous le régime de la loi de 1807, on voit, par l'article 6, que le plan général doit comprendre tous les ter-rains qui seront présumés devoir profiter du dessé-chement, ce qui maintient et confirme le principe anciennement établi, et rend un terrain sujet à con-tribuer, en quelque temps que ce soit, quand il est constaté qu'il profite des ouvrages servant soit à opérer, soit à entretenir le desséchement, à moins que le propriétaire ne justifie de titres contraires.

# TITRE IX.

1°. *De la concession des lais et relais de mer et autres objets dépendans du domaine public.*

On a cru devoir porter à la fin de ce Commentaire le titre 9 de la loi du 16 septembre 1807, comme devant être distingué des autres titres qui concernent spécialement le desséchement des marais.

L'article 41 de la loi du 16 septembre 1807 est ainsi conçu :

« Le gouvernement concédera aux conditions » qu'il aura réglées, les marais, lais et relais de la » mer, le droit d'endiguage, les accrues, attérisse- » mens, alluvions des fleuves, rivières et torrens, » quant à ceux de ces objets qui forment propriété » publique ou domaniale. »

Il existe entre les concessions dont il a été parlé précédemment, et celles dont il est question dans cet article, cette analogie que dans l'un et l'autre cas le gouvernement use du droit particulier que la loi lui réserve sur les terrains que leur submersion rend nuisibles à la salubrité publique ou qu'elle prive de la valeur qu'ils sont susceptibles d'acquérir; mais il y a cette différence essentielle que dans le premier cas, le gouvernement se borne à mettre le propriétaire en demeure ou dans l'alternative de faire ou de laisser faire les travaux d'amélioration jugés nécessaires, tandis que dans l'autre

cas, il ne dispose que de ce qui lui appartient suivant les règles déterminées dans le chap. 2, tit. 2
du Code civil. *Voir les art.* 556, 557 *et* 560.

Comme le concessionnaire n'a à traiter ici qu'avec
le gouvernement, on conçoit que les formalités à
remplir sont loin d'être aussi compliquées que celles
qu'exige la concession du desséchement d'un marais
qui, appartenant à un nombre plus ou moins
grand de communes et de particuliers, ne peut
être mis à la disposition d'un tiers qu'autant que
les intérêts réciproques ont été mis à l'abri de toute
lésion.

Je vais indiquer la marche la plus régulière à
suivre pour le succès des demandes de cette nature.

Ce que j'ai déjà dit au sujet du desséchement des
marais proprement dits, abrégera beaucoup ce que
j'aurai à dire dans ce dernier chapitre, et en facilitera l'intelligence.

Les motifs qui doivent faire adresser la première
demande soit à l'administration locale, soit au directeur général des ponts et chaussées, de la compétence duquel ces affaires ressortissent, sont les
mêmes que ceux que j'ai indiqués au sujet des mesures préliminaires à remplir concernant les concessions de marais.

Le pétitionnaire doit obtenir d'abord, ainsi que
pour les desséchemens, l'autorisation de lever un
plan de délimitation des terrains qu'il est dans l'intention de mettre en culture.

Lorsqu'il l'a obtenue, et que ce plan est dressé,

il doit y joindre les devis ou aperçus estimatifs et aussi détaillés qu'il est possible des travaux qu'il se propose de faire pour défendre le terrain concédé de l'irruption des eaux.

C'est d'après ces données qu'il rédige ensuite et qu'il présente sa soumission définitive qui ne peut être comme je l'ai déjà fait observer, que le résultat de la connaissance exacte qu'il aura acquise de la dépense à faire et du bénéfice qu'il doit espérer.

Je renvoie pour tous ces détails au Commentaire, pages 179 et 180.

Il n'arrive que trop souvent que des terrains situés dans le lit ou aux embouchures des fleuves ou sur les rivages de la mer, ont été l'objet d'usurpations plus ou moins anciennes.

Toutes les fois qu'il s'élève des discussions de cette nature, elles sont renvoyées au ministre des finances pour faire instruire par l'administration générale de l'enregistrement la question de domanialité; question absolument étrangère à l'administration générale des ponts et chaussées.

Si cette question est résolue affirmativement, rien ne s'oppose plus à la remise de la soumission définitive.

Il peut cependant arriver que l'anticipation ne soit que partielle, et que la portion de terrain contestée ne soit pas d'une importance telle qu'elle doive arrêter la marche de l'affaire. Dans ce cas, elle doit suivre son cours, et l'acte de concession réserve au soumissionnaire toute faculté pour faire valoir les droits du gouvernement, et poursuivre la rentrée des biens qui seraient possédés sans titre de propriété et par usurpation.

Une formalité indispensable pour les concessions de cette nature de même que pour les desséchemens des marais, est la vérification du plan par les ingénieurs des ponts et chaussées.

Les concessions dont il s'agit sont temporaires ou perpétuelles, à titre onéreux ou gratuits, ce qui dépend de la nature du terrain et des frais à faire pour le mettre en culture.

A cet égard, il est nécessaire que le directeur de l'administration d'enregistrement soit préalablement consulté par le préfet; et son avis doit être joint aux pièces d'instruction.

Le préfet doit également proposer, sur le rapport des ingénieurs, les charges qui doivent être imposées au soumissionnaire, le temps qu'il convient de lui accorder pour mettre le terrain concédé en culture, et passé lequel la déchéance serait prononcée de droit.

Tel est l'ordre dans lequel l'affaire doit être instruite et transmise à la direction générale des ponts et chaussées, pour qu'elle soit à même de provoquer l'ordonnance de concession.

On trouvera dans le cours de ce Commentaire les autres renseignemens dont on aura besoin pour s'éclairer, soit sur l'échelle des plans à dresser, soit pour la surveillance et la marche des travaux, soit sur les moyens de répression des délits, etc., toutes dispositions également applicables aux concessions de quelque nature qu'elles soient.

Je n'ai point parlé, dans ce chapitre, de commission spéciale ni de syndicat, par la raison que ces institutions n'ont lieu, dans le système de la loi de 1807, que pour garantir aux parties intéressées les moyens de faire valoir leurs droits réciproques; mais, comme le gouvernement est ici le seul intéressé, et que c'est lui qui concède aux charges et conditions qui lui conviennent, toutes ces formalités deviennent sans objet, et par conséquent ne peuvent trouver d'application.

## 2°. *Plantations des dunes.*

Les mêmes règles trouvent naturellement leur application, lorsqu'il s'agit de demandes présentées au gouvernement pour obtenir la concession de quelques portions des dunes qui, dans le plus grand nombre des départemens maritimes, s'étendent plus ou moins sur les bords de la mer, d'où elles portent leur envahissement sur les terres voisines, au point de couvrir quelquefois des communes entières.

On doit à feu M. Brémontier, dont le corps des ponts et chaussées honore la mémoire, les premiers essais qui furent faits en 1787 et années suivantes, pour la fixation des dunes; et le semis fait à cette époque est devenu et est encore aujourd'hui une belle forêt, couverte de pins, dont on extrait de la résine, de la thérébentine et du goudron.

En l'an 5, cet habile ingénieur publia un ouvrage aussi instructif qu'intéressant sur les moyens de fixer la mobilité des sables, et sur les avantages inappréciables qui doivent en résulter.

Divers essais fructueux ont été faits depuis dans plusieurs départemens maritimes.

« Ces essais consistent en plantations de diverses » espèces d'arbrisseaux ou herbes vivaces et aré- » neuses, propres aux localités, tels qu'oyats, ou » roseaux des sables, tamaris, genets, chiendens, » ou toutes autres plantes qui, croissant très-vite sur » les terrains sabloneux, et poussant, en peu de » temps, une grande quantité de racines et de pe- » tits rameaux, recouvrent le sol, affaiblissent l'ac- » tion des vents, et fixent les sables. » ( *Circul. du* 18 *octobre* 1808. )

Le gouvernement, éclairé sur l'utilité et sur l'extrême facilité de ces semis et plantations, en avait tellement reconnu les avantages, qu'il en fit l'objet d'un règlement spécial, dans lequel il manifeste son intention formelle de s'en occuper, à ses frais, au défaut des propriétaires intéressés. Le décret rendu à ce sujet est du 14 décembre 1810 (1).

-----

(1) En voici les dispositions :

Art. 1er. Dans les départemens maritimes, il sera pris des mesures pour l'ensemencement, la plantation et la culture des végétaux reconnus les plus favorables à la fixation des dunes.

2. A cet effet, les préfets de tous les départemens dans lesquels se trouvent des dunes, feront dresser, chacun dans leur département respectif, par les ingénieurs des ponts et chaussées, un

Cet appel à l'industrie n'a pas été tout-à-fait sans succès ; déjà dans plusieurs départemens quelques

plan des dunes qui sont susceptibles d'être fixées par des plantations appropriées à leur nature ; ils feront distinguer sur ce plan les dunes qui appartiennent au domaine, celles enfin qui sont la propriété des particuliers.

3. Chaque préfet rédigera ou fera rédiger, à l'appui de ces plans, un mémoire sur la manière la plus avantageuse de procéder, suivant les localités, à l'ensemencement et à la plantation des dunes ; il joindra à ce rapport un projet de règlement, lequel contiendra les mesures d'administration publique les plus appropriées à son département, et qui pourront être utilement employées pour arriver au but désiré.

4. Les plans, mémoires et projets de règlemens levés et rédigés en exécution des articles précédens, seront envoyés par les préfets à notre ministre de l'intérieur, lequel pourra, sur le rapport de notre directeur général des ponts et chaussées, ordonner la plantation, si les dunes ne renferment aucune propriété privée ; et, dans le cas contraire, nous en fera son rapport, pour être par nous statué en conseil d'état, dans la forme adoptée pour les règlemens d'administration publique.

5. Dans le cas où les dunes seraient la propriété de particuliers ou des communes, les plans devront être publiés et affichés dans les formes prescrites par la loi du 8 mars 1810 ; et si lesdits particuliers ou communes se trouvaient hors d'état d'exécuter les travaux commandés, ou s'y refusaient, l'administration publique pourra être autorisée à pourvoir à la plantation à ses frais : alors elle conservera la jouissance des dunes, et recueillera les fruits des coupes qui pourront être faites, jusqu'à l'entier recouvrement des dépenses qu'elle aura été dans le cas de faire, et des intérêts ; après quoi lesdites dunes retourneront aux propriétaires, à charge d'entretenir convenablement les plantations.

6. A l'avenir, aucune coupe de plants d'oyats, roseaux de

spéculateurs se sont présentés ; quelques concessions ont été faites ; et, dans plusieurs autres, l'administration a senti la nécessité de s'en charger elle-même.

Enfin, en vertu d'une ordonnance du roi du 5 février 1817, les travaux de plantation des dunes viennent d'être repris en grand aux frais de l'état dans les départemens de la Gironde et des Landes ; et une somme de 90,000 à 100,000 francs au moins doit être annuellement consacrée à cette belle et utile entreprise, qui promet, à une époque prochaine, d'immenses revenus à l'état.

---

sables, épines maritimes, pins, sapins, mélèzes et autres plantes résineuses conservatrices des dunes, ne pourra être faite que d'après une autorisation spéciale du directeur général des ponts et chaussées, et sur l'avis des préfets.

7. Il pourra être établi des gardes pour la conservation des plantations existant actuellement sur les dunes, ou qui y seront faites à l'avenir ; leur nomination, leur nombre, leurs fonctions, leur traitement, leur uniforme, seront réglés d'après le mode usité pour les gardes des bois communaux. Les délits seront poursuivis devant les tribunaux, et punis conformément aux dispositions du Code pénal.

8. N'entendant en rien innover, par le présent décret, à ce qui se pratique pour les plantations qui s'exécutent sur les dunes du département des Landes et du département de la Gironde.

9. Nos ministres de l'intérieur et des finances sont chargés, etc.

*Fin du Commentaire.*

# DÉCRETS

ET

# ORDONNANCES

## EN EXÉCUTION DE LA LOI

### DU 16 SEPTEMBRE 1807.

# AVERTISSEMENT.

Dans le nombre des décrets et ordonnances qui ont paru jusqu'à ce jour, en exécution de la loi de 1807, on a choisi pour être insérés dans ce recueil ceux qui offrent l'application des différens cas dans lesquels une concession de marais peut être faite, savoir :

1°. Concession dans le sens pur et simple de la loi de 1807;

2°. Ancienne concession renouvelée avec application du système établi par la loi de 1807;

3°. Concession précédée de transaction avec les communes intéressées.

# DÉCRET

*Qui accorde la concession du desséchement des marais de l'Authie à madame de l'Aubépin (1).*

Caen, le 25 mai 1811.

NAPOLÉON, etc., etc.

Sur le rapport de notre ministre de l'intérieur,

Vu les lois du 5 janvier 1791 et du 16 septembre 1807, sur le desséchement des marais;

Vu les soumissions souscrites par la dame de l'Aubépin, née Scorraille, en date des 28 août et 25 novembre 1809, par lesquelles elle demande la concession du desséchement des marais et terrains marécageux situés dans la vallée d'Authie, depuis la chaussée de La Broye jusqu'à l'écluse des Mazures, y compris les marais du vallon aboutissant, appelé de Pendé, Villers, Vercourt et Quend, le tout départemens de la Somme et du Pas-de-Calais, à la charge de l'exécuter dans dix ans, et de payer les indemnités à qui il en sera dû, et sous les conditions d'obtenir les quatre cinquièmes de la plus-value que nécessitera l'opération, et de jouir provisoirement, conformément à la loi, des terrains qui auront les premiers profité du desséchement;

---

(1) Concession dans le système pur et simple de la loi de 1807.

Vu les plans, nivellement, projet et devis des ouvrages, avec l'avis des ingénieurs en chef des ponts et chaussées des départemens de la Somme et du Pas-de-Calais;

Vu les avis donnés par les préfets de ces deux départemens, le 25 septembre et le 9 octobre 1809;

Vu les plans supplémentaires fournis par la soumissionnaire, avec un mémoire supplétif en forme d'éclaircissement;

Vu enfin les rapports donnés relativement à cette entreprise par l'inspecteur divisionnaire des ponts et chaussées de la deuxième division, en date du 30 septembre 1809 et 8 janvier 1811;

Notre conseil d'état entendu,

Nous avons décrété et décrétons ce qui suit:

ART. 1er. La concession de l'entreprise du des-séchement des marais et terrains marécageux situés dans la vallée d'Authie, depuis la chaussée de La Broye jusqu'à l'écluse des Mazures, y compris ceux situés dans les vallons aboutissans, appelés de Pendé, Villers, Vercourt et Quend, est faite à la dame de l'Aubépin, née Scorzaille, ses héritiers et ayant-cause.

2. Néanmoins les marais et terrains marécageux des vallons de Villers, Vercourt et Quend, pourront être distraits du présent acte de concession, si, dans les formes prescrites par l'article 4 de la loi du 16 septembre 1807, les propriétaires en demandent la préférence; et audit cas, lesdits propriétaires devront

contribuer proportionnellement avec la concessionnaire à la construction du barrage éclusé, dont il sera
fait mention ci-après, si, par la suite dudit barrage
éclusé, le desséchement des marais de Villers, Vercourt et Quend se trouve lié au système du dessèchement de la vallée d'Authie.

3. Avant de commencer le desséchement, il sera
procédé par experts, et contradictoirement avec tous
les intéressés, à la classification et à l'estimation des
terrains à dessécher, ou qui profiteront du dessèchement, conformément aux dispositions du titre 11
de la loi du 16 septembre 1807.

4. Il sera fait une estimation du revenu net que
les propriétaires retirent dans l'état actuel des parties
de pré, marais et terrains susceptibles de quelque
produit, sur lesquelles le desséchement devra s'effectuer, ou qui devront profiter de ses effets. Cette
estimation sera faite à raison de l'hectare par classe,
eu égard à la valeur locative des terrains et à leur
cote d'imposition.

5. On procédera également à l'estimation, tant
en principal qu'en revenu, des moulins situés dans
la vallée d'Authie, depuis et non compris ceux de
La Broye, jusqu'à l'écluse des Mazures.

Tous lesdits moulins seront supprimés, excepté
ceux de La Broye, de Moulinet, de Noyelle et de
Frène; néanmoins ces trois derniers moulins pourront être compris dans la suppression, s'il est ultérieurement reconnu qu'elle soit nécessaire.

6. Les indemnités dues aux propriétaires des

moulins supprimés seront réglées conformément à l'article 48 de la loi du 16 septembre 1807, et acquittées préalablement.

Seront aussi acquittées préalablement les indemnités dues pour acquisitions des terrains nécessaires aux travaux, abattages d'arbres ou destructions de récoltes.

7. Les experts nommés pour le classement et l'estimation des terrains avant le desséchement, conjointement avec les syndics des propriétaires, détermineront à l'avance l'emparquement des portions de marais que la concessionnaire devra laisser aux communes, pendant la durée du desséchement, pour le pacage de leurs bestiaux, annuellement et proportionnellement à la force des troupeaux. L'emparquement sera limité de manière qu'en aucun cas les bestiaux ne puissent pâturer sur les bords du lit de la rivière et des fossés de desséchement : en conséquence, les fossés de limite desdits emparquemens seront tracés à six mètres au moins des bords des fossés de desséchement.

Les fossés de limite desdits emparquemens seront construits aux frais de la concessionnaire.

8. Pour la nomination des experts dont il vient d'être parlé, il ne sera formé qu'un seul syndicat entre les divers propriétaires intéressés; le nombre des syndics sera de neuf, dont cinq seront nommés par le préfet de la Somme, et quatre par celui du Palais-de-Calais; et ce, parmi les propriétaires de chaque arrondissement les plus imposés, à raison des marais et terrains à dessécher.

9. Dès que les estimations auront été arrêtées, les travaux seront commencés; ils seront exécutés dans le délai de six ans au plus tard, à dater de la notification du présent décret.

Les parties des marais, dont le desséchement n'aurait pas été opéré, ne donneront lieu à aucune répétition de la part de la concessionnaire, en supposant l'exécution complète des travaux; mais si, pendant le cours de l'entreprise, les travaux étaient abandonnés par vice d'exécution, défaut de moyens, ou autre cause provenant de son fait, le prix et le fruit de ses travaux seraient perdus pour elle, et le gouvernement serait subrogé en son lieu et place, pour les faire continuer comme il jugera convenable.

10. S'il arrivait que quelques portions de terrains fussent sensiblement améliorées après les premières années de travaux, il sera accordé à la concessionnaire, conformément à l'art. 16 de la loi du 16 septembre 1807, une portion en deniers du produit des fonds qui auront les premiers profité du desséchement; cette portion sera fixée par la commission spéciale, dans la proportion des quatre cinquièmes de la plus-value annuelle desdits terrains, sur l'excédant de leur revenu primitif.

11. Les terrains seront mis en culture à mesure qu'ils seront desséchés; et, en cas de négligence de la part des propriétaires, la plus-value foncière des terrains non défrichés par leur faute, ainsi que la plus-value annuelle, dans le cas de l'article précé-

dent, seront fixées par la commission spéciale, par analogie aux terrains voisins de la même nature.

12. Les terrains et marais de nul rapport et non imposés, et ceux dont la propriété ne sera pas établie par titre, ou par inscription, seront considérés comme faisant partie du domaine impérial.

13. A l'expiration du délai de six ans, les travaux étant terminés, il sera procédé à l'estimation de la nouvelle valeur des terrains qui auront profité du desséchement, eu égard à l'espèce de culture et de produit dont ils seront devenus susceptibles.

14. Cette nouvelle estimation sera comparée avec la première, et leur différence formera la plus-value; la concessionnaire aura les quatre cinquièmes de ladite plus-value, et ils pourront lui être payés par le propriétaire du sol, suivant le mode établi aux articles 21 et 22 de la loi du 16 septembre 1807.

15. La concessionnaire est autorisée à acquérir, au prix de la première estimation, tous les terrains nécessaires pour l'élargissement et le redressement du lit de l'Authie, pour l'ouverture de rigoles et fossés de desséchement.

16. La concessionnaire pourra disposer à son profit des lits de rivière abandonnés par suite de ses travaux.

17. Il lui est réservé tous droits de préférence pour l'entreprise du desséchement de la partie de la vallée d'Authie, supérieure à la chaussée de La Broye; et ce, pendant dix ans, à dater du jour de la réception des travaux qui vont s'effectuer.

18. Le lit de l'Authie ne sera point endigué, et il sera fait différentes saignées dans les prés et marais pour diriger toutes les eaux dans la rivière.

S'il est jugé convenable de conserver en tout ou en partie les digues qui existent entre les moulins de Tigny et l'écluse des Mazures, le conseil des ponts et chaussées déterminera les dimensions auxquelles on pourra les réduire.

19. Il sera construit un barrage avec pont éclusé aux environs de l'écluse des Mazures, dans l'emplacement qui sera jugé le plus convenable ; le débouché et les dimensions de ce barrage seront ultérieurement déterminés.

20. Les projets d'élargissement, redressement et curement du lit de la rivière et de tous autres ouvrages nécessaires pour le desséchement de la vallée d'Authie, jusqu'à la chaussée de La Broye, ne pourront être exécutés qu'après avoir été approuvés par le conseil des ponts et chaussées, ainsi que leur devis et détails estimatifs ; et les travaux seront exécutés aux frais, périls et risques de la concessionnaire.

21. L'inspecteur de la deuxième division des ponts et chaussées rendra compte annuellement du progrès des ouvrages. Lorsqu'ils seront terminés, la réception en sera faite par tels commissaires ou ingénieurs qu'il plaira au gouvernement de nommer.

22. Après la réception des travaux, il sera donné à la dame de l'Aubépin une décharge de ses engagemens ; après quoi, l'entretien du barrage à la mer, de l'écluse à la porte de flot, et des autres ouvrages

d'art utiles au desséchement de la vallée, sera mis à la charge des propriétaires riverains.

Pour la conservation desdits bords, il ne pourra être fait de plantation qu'à la distance de deux mètres au moins du bord du lit de la rivière, et d'un mètre au moins des bords des fossés et rigoles de desséchement.

23. Les terrains desséchés jouiront de l'exemption de la contribution foncière, conformément aux lois. La concessionnaire ne pourra établir d'hypothèque sur les terrains qui lui adviendront d'après l'art. 14, qu'autant qu'elle aura satisfait à toutes les conditions qui lui sont imposées par le présent décret, et notamment par l'art. 9.

24. Notre ministre de l'intérieur est chargé de l'exécution du présent décret, qui sera inséré au Bulletin des lois.

# ORDONNANCE DU ROI,

*Qui autorise la compagnie de Bray à dessécher les marais connus sous le nom de marais de Donges, aux charges, clauses et conditions y exprimées (1).*

Au château de Saint-Cloud, le 2 juillet 181-.

LOUIS, par la grâce de Dieu, Roi de France et de Navarre, à tous ceux qui ces présentes verront, salut.

Vu les lois des 5 janvier 1791 et 16 septembre 1807, relatives aux desséchemens;

Vu le procès verbal d'enquête dressé en exécution d'un arrêt du conseil de 1774;

Vu le plan des marais de Donges, dressé en exécution du même arrêt;

Vu l'arrêt du conseil de 1779, qui autorise la compagnie de Bray à dessécher ces marais, et confirme les traités faits entre cette compagnie et les ayant-droit des diverses paroisses riveraines;

Vu l'arrêt du conseil de 1780, qui évoque par-devant l'intendant de Bretagne, sauf appel au conseil, toutes les difficultés qui pourraient s'élever au sujet du desséchement des marais de Donges;

_____

(1) Ancienne concession renouvelée, avec application du système établi par la loi de 1807.

Considérant qu'il résulte des renseignemens donnés par l'ingénieur des ponts et chaussées de l'arrondissement de Savenay, dans lequel sont situés les marais de Donges, et par notre directeur général des ponts et chaussées, que le desséchement de ces marais sera avantageux sous le double rapport de la salubrité et de l'agriculture, et qu'il est possible de l'opérer ;

Sur le rapport de notre ministre secrétaire d'état de l'intérieur,

Notre conseil d'état entendu,

Nous avons ordonné et ordonnons ce qui suit :

ART. 1er. La compagnie de Bray est autorisée à dessécher les marais connus génériquement sous le nom de *marais de Donges*, et qui lui ont été afféagés en 1771 par les seigneurs de Donges et de Besné, aux charges, clauses et conditions qui lui avaient été imposées par l'arrêt du conseil de 1779, portant concession du desséchement de ces marais, et qui ne sont point abrogées par la présente ordonnance.

2. S'il s'élève des contestations de propriété entre les concessionnaires et des communes ou particuliers prétendant à des droits de propriété sur des terrains faisant partie desdits marais, elles seront portées devant les tribunaux.

3. Les actes d'opposition au desséchement, soit de la part des communes, soit de la part des particuliers, seront jugés administrativement et sans délai, d'après les règles tracées par la loi du 16

septembre 1807, sans que les travaux puissent être interrompus.

4. Le terrain tourbeux, connu sous le nom de *la bruyère*, lequel comprend toute la partie occidentale de l'étier de Méan jusqu'à la chaussée d'Aignac, et dudit Aignac jusqu'à la chaussée qui conduit aux grandes îles où est l'église de Saint-Joachim à Clairfeuil, et de là et des autres parts les paroisses limitrophes et adjacentes à ladite bruyère, ne sera pas compris dans la concession du desséchement, et restera à l'usage de tous les habitans et bientenans de l'ancienne vicomté de Donges.

5. Les marais appelés *gardis*, qui sont ceux qui sont entourés, de temps immémorial, de douves capables de les défendre des bestiaux, et qui sont en conséquence, possédés privativement, ne seront pas compris dans les marais qui seront desséchés en vertu de la concession.

6. Les près dits *gardis*, et autres propriétés de la même nature de tous les intéressés qui ont traité ou traiteront avec la compagnie de Bray, ne seront tenus à aucune contribution audit desséchement, ni à payer aucune indemnité à ladite compagnie, à raison des améliorations qu'éprouveront leurs propriétés par suite du desséchement.

7. Avant de commencer le desséchement, et dans le délai d'un an au plus tard, à dater de la présente ordonnance, la compagnie de Bray sera tenue de faire reconnaître, à ses frais, par les ingénieurs des ponts et chaussées du département, et approuver par

le conseil général des ponts et chaussées, le plan des marais qui a été dressé en exécution des arrêts du conseil ci-dessus énoncés, ainsi que les plans, devis des travaux, nivellemens, sondes et autres opérations nécessaires pour le desséchement.

Les ingénieurs ou géomètres chargés de reconnaître le plan général des marais, borneront la circonscription de la concession, d'après les règles tracées par la présente ordonnance. Ils distingueront chaque propriété, et son étendue sera exactement circonscrite.

8. Les communes ou particuliers reconnus avoir des droits de propriété sur des terrains compris dans le desséchement, qui n'ont pas traité avec la compagnie de Bray, paieront à cette compagnie, à titre d'indemnité pour ses dépenses, les quatre cinquièmes de la plus-value que leurs propriétés obtiendront par suite du desséchement, à moins qu'ils ne préfèrent accepter l'offre faite par la compagnie de leur délaisser la moitié des terrains desséchés, et de leur accorder tous les autres avantages stipulés dans les anciens traités.

9. Cette plus-value sera établie suivant les règles prescrites par le titre II de la loi du 16 septembre 1807.

Elle pourra être payée par les propriétaires intéressés, d'après le mode indiqué par les art. 21 et 27 de la même loi.

10. Il sera formé un syndicat composé de neuf membres, dont trois seront pris parmi les proprié-

taires les plus imposés, à raison des marais qu'ils possèdent, hors ceux qui ont été afféagés à la compagnie de Bray; et les six autres seront pris parmi les propriétaires les plus imposés, inféodés de droits d'usage dans les marais afféagés à ladite compagnie : ces derniers seront choisis dans les principales communes de l'ancienne vicomté de Donges, où se trouve le plus grand nombre d'usagers dans les marais.

11. Les plans dressés conformément aux règles tracées par le titre II de la loi du 16 septembre 1807 et les procès verbaux d'estimation par classe, seront déposés à la préfecture. Les intéressés seront invités, par voie d'affiches placées dans les communes voisines des marais, à en prendre connaissance sans déplacement, et à former leurs observations, tant sur l'exactitude des plans, que sur l'étendue des limites données à la concession et le classement des terrains.

12. Il sera formé, conformément aux dispositions du titre X de la loi du 16 septembre 1807. une commission spéciale de sept membres, chargée d'exercer, relativement au desséchement, toutes les attributions déterminées par l'art. 46 de cette loi.

13. Les moulins et autres usines dont l'existence serait reconnue incompatible avec le plan du desséchement, ou devoir y préjudicier, pourront être supprimés ou modifiés.

Notre directeur général des ponts et chaussées fera constater la nécessité de ces suppressions ou modifications.

Les résultats de cette vérification seront mis sous nos yeux, et nous statuerons définitivement sur les suppressions ou modifications desdites usines, selon qu'il y aura lieu, et toujours à la charge par la compagnie d'en payer préalablement le prix d'estimation aux propriétaires, à dire d'experts, conformément aux art. 48, 49 et 56 de la loi du 16 septembre 1807, et à l'art. 545 du Code civil.

14. Toutes les indemnités pour suppression d'usines, et autres dépenses pour construction de ponts communaux ou vicinaux, aquéducs et autres ouvrages d'art qui seront désignés au plan de desséchement, et reconnus nécessaires pour l'opérer, demeureront à la charge de la compagnie, sans le concours des communes et des particuliers.

15. La compagnie indemnisera, conformément aux dispositions de la loi du 16 septembre 1807, les propriétaires des terrains sur lesquels passeront les canaux de desséchement.

16. Tous les canaux de desséchement, tous ceux même qui seront reconnus nécessaires par la suite pour l'entretien à perpétuité du desséchement, seront faits et entretenus par la compagnie de Bray, et à ses frais exclusivement, pour toutes les parties de marais pour lesquelles il y aura eu des traités faits entre les intéressés et la compagnie.

17. Il sera laissé, avant partage, vingt-quatre pieds de francs-bords, de chaque côté des canaux de desséchement, pour leur curage et leur entretien. Ces francs-bords seront plantés d'arbres par la com-

pagnie de Bray , et lui appartiendront dans toutes les parties de marais, dont l'entretien des travaux sera à sa charge exclusivement.

Dans les parties où cet entretien sera supporté par la compagnie et par les propriétaires, les francs-bords seront plantés à frais communs, et la propriété en sera commune aux uns et aux autres.

18. La compagnie laissera un espace suffisant entre les douves de ceinture de ses terrains et les terres voisines, pour l'usage des chemins, soit de la servitude desdites terres , soit de celle des marais.

19. Tous les chemins qu'il sera nécessaire d'ouvrir, tant sur la portion de terrain de la compagnie, que sur celle des habitans, seront faits et entretenus aux frais de tous les intéressés , et l'usage leur en sera commun à tous : seulement la partie dans l'intérêt de laquelle seront ouverts ces chemins, compensera à l'autre partie le terrain qui sera pris sur sa portion pour lesdits chemins , soit en argent, d'après une estimation faite par experts, soit en lui délaissant une portion équivalente de son propre terrain.

20. La compagnie de Bray sera tenue d'opérer le desséchement des marais de Donges dans l'espace de cinq ans , à dater du moment où le projet des travaux de desséchement aura reçu l'approbation de notre directeur général des ponts et chaussées, sous peine de déchéance.

Elle sera également déchue de sa concession, si, pendant le cours de l'entreprise, les travaux étaient abandonnés par vice d'exécution, défaut de moyens, ou autres causes provenant de son fait; sauf le remboursement des travaux reconnus utiles, si le gouvernement juge convenable de continuer le dessèchement, ou de le concéder de nouveau.

21. Dès qu'il y aura des portions de terrain desséchées par les premiers travaux sur des parties de marais pour lesquelles des traités auront été faits, il sera procédé à des partages provisoires, sur la demande d'une des parties, et de l'avis de l'ingénieur en chef.

Il sera également, pendant le cours de l'opération, attribué à la compagnie de Bray une portion en deniers sur la plus-value des terrains pour lesquels il n'aurait point été fait de traités, et qui auront les premiers profité du dessèchement : cette portion sera fixée annuellement par la commission.

22. Jusqu'à la réception du dessèchement, les habitans pourront continuer à user des marais pour le pacage de leurs bestiaux et pour y couper des roseaux, de manière toutefois à ne préjudicier en rien aux travaux du dessèchement.

23. Lorsque le dessèchement sera achevé et qu'il aura été reçu, la compagnie de Bray fera elle-même, et à ses frais, le partage des marais dans les proportions convenues, et les habitans choisiront le lot qu'ils voudront.

La compagnie ne pourra prétendre à aucune indemnité pour les parties de marais dont le dessèchement n'aurait pas été opéré.

24. Si des communes ou particuliers justifient

avoir des droits d'usage ou autres de la même nature sur des portions de marais autres que celles qui
ont été afféagées à la compagnie, le prix de ces
droits leur sera acquitté en terrains desséchés, qui
seront pris sur la portion revenant à ceux qui en
posséderaient la nue propriété.

25. Dès que les partages auront été définitivement
faits, le syndicat, auquel on joindra quatre des nouveaux propriétaires, proposera un règlement pour
assurer la conservation et l'entretien des travaux de
desséchement.

Ce projet sera transmis à notre ministre secrétaire
d'état de l'intérieur avec l'avis du préfet et de la
commission spéciale, conformément aux dispositions de la loi du 16 septembre 1807, et il y sera
statué par nous en notre conseil d'état.

26. La compagnie sera responsable, envers les
propriétaires riverains, de tous les dommages que
leurs propriétés pourraient éprouver par suite du
desséchement, en raison de la mauvaise exécution
des travaux, ou pour toute autre cause provenant
du fait de la compagnie.

27. Toutes les dispositions contraires à la présente ordonnance sont abrogées.

28. Notre ministre secrétaire d'état de l'intérieur
est chargé de l'exécution de la présente ordonnance;
qui sera insérée au Bulletin des lois.

# ORDONNANCE DU ROI,

*Qui accorde aux sieurs Vesin et Chatard la concession du desséchement des marais de Cessieux* (1).

Au palais des Tuileries, le 10 septembre 1817.

Louis, par la grâce de Dieu, Roi de France et de Navarre, à tous ceux qui ces présentes verront, Salut.

Sur le rapport de notre ministre secrétaire d'état au département de l'intérieur ;

Vu la soumission du 5 septembre 1816, par laquelle les sieurs Vesin et Chatard se présentent pour opérer le desséchement des marais de Cessieux, département de l'Isère ;

Les délibérations prises par les cinq communes intéressées à ce desséchement ;

L'avis des trois jurisconsultes nommés par le préfet du département pour donner leur avis sur ces délibérations ;

Vu le projet dressé par l'ingénieur ordinaire, et l'avis du conseil des ponts et chaussées, du 26 avril 1816 ;

Vu la loi du 16 septembre 1807 ;

Notre conseil d'état entendu,

---

(1) Concession précédée d'une transaction avec les communes intéressées.

Nous avons ordonné et ordonnons ce qui suit :

ART. 1er. La concession de l'entreprise relative au desséchement des marais de Cessieux dans les communes de la Tour-du-Pin, Saint-Jean-de-Soudain, Saint-Victor-de-Moristel, la Rochetoirin et Cessieux, département de l'Isère, est accordée aux sieurs Vesin et Chatard, leurs héritiers ou ayans-cause.

2. Les travaux seront exécutés conformément au projet dressé, sous la date du 18 décembre 1810, par l'ingénieur des ponts et chaussées, et adopté d'après l'avis du conseil des ponts et chaussées du 26 avril 1816; ils devront être terminés dans l'espace de dix-huit mois.

3. Les terrains desséchés appartiendront en toute propriété aux concessionnaires, à la charge par eux d'en abandonner, après le desséchement, le dixième aux cinq communes sus dénommées.

Ce dixième sera fixé suivant la valeur des fonds qui en feront partie, et non selon la surface.

4. Les terrains desséchés jouiront de l'exemption de toute contribution pendant vingt-cinq ans, conformément aux lois.

5. Les concessionnaires sont autorisés à poursuivre les propriétaires voisins qui auraient pu commettre des anticipations, et ce jusqu'à entière restitution.

6. Les concessionnaires jouiront exclusivement du droit de pêche sur toute la longueur du canal de desséchement.

7. Il sera ultérieurement procédé à la nomination d'une commission spéciale, conformément aux dispositions de la loi du 16 septembre 1807, tant pour juger toutes les contestations qui pourraient s'élever, entre les concessionnaires et les cinq communes intéressées, sur leurs intérêts respectifs, que pour ce qui concerne la vérification et réception de travaux de desséchement, et l'estimation du dixième dévolu auxdites communes par l'art. 5 de la présente ordonnance.

8. Notre ministre secrétaire d'état de l'intérieur est chargé de l'exécution de la présente ordonnance.

# DÉCRET (1)

*Qui prescrit des mesures pour l'établissement, l'entretien et la conservation des travaux de desséchement des marais des Flamands, situés dans la commune de Parempuyre, arrondissement de Bordeaux.*

Au palais des Tuileries, le 21 février 1814.

Napoléon, etc.

Sur le rapport de notre ministre de l'intérieur;

Vu une délibération prise le 7 nivôse an 9 par les propriétaires des marais des Flamands ;

Vu le projet de règlement rédigé par le préfet de la Gironde ;

---

(1) Règlement d'entretien et de conservation.

Vu les lois des 4 pluviose an 6, 4 floréal an 11 et 16 septembre 1807 ;

Considérant qu'il importe d'assurer à l'avenir l'entretien et la conservation des travaux de desséchement des marais des Flamands, situés dans la commune de Parempuyre, arrondissement de Bordeaux ;

Notre conseil d'état entendu,

Nous avons décrété et décrétons ce qui suit :

## TITRE PREMIER.

### *Formation de la commission syndicale.*

ART. 1er. Les propriétaires des marais des Flamands, situés dans la commune de Parempuyre, formeront une société appelée *communauté des marais des Flamands.*

2. Les fonds situés dans l'intérieur des digues de ceinture, qui sont intéressés à la conservation des travaux de desséchement, et qui en profitent, seront compris dans la nouvelle communauté instituée par l'article précédent, et paieront une part contributive à raison de leur intérêt et en conformité des articles 53 et suivans de la loi du 16 septembre 1807, à moins que leurs propriétaires ne justifient par titres des droits qu'ils ont d'être exempts de cette contribution.

3. Cette communauté sera administrée par une commission syndicale, composée de cinq membres nommés par le préfet et pris parmi les propriétaires les plus imposés à raison desdits marais.

4. Les membres de cette commission resteront cinq ans en place; cependant, pour la première fois, il en sortira un à la fin de l'année par la voie du sort, un à la fin de la seconde, et ainsi de suite, de manière qu'ils soient renouvelés annuellement par cinquième. Ils seront rééligibles.

5. Un des cinq commissaires sera désigné par le préfet pour remplir les fonctions de directeur de la commission. Il sera, en cette qualité, chargé de la surveillance générale des intérêts de la communauté, du dépôt des plans, registres et autres papiers relatifs à l'administration desdits marais.

Les membres de la commission ne pourront se faire représenter aux assemblées.

Il sera nommé par le préfet deux suppléans, qui les remplaceront en cas d'empéchement.

6. Le directeur convoquera et présidera l'assemblée de la commission : ses fonctions dureront trois ans; il pourra être réélu.

Il aura un adjoint nommé par le préfet; ses fonctions seront annuelles : il sera pris parmi les membres de la commission ; il remplacera le directeur, en cas d'empéchement, et sera rééligible.

7. La commission syndicale est spécialement chargée,

1°. De répartir, entre les intéressés, le montant des taxes reconnues nécessaires pour l'achèvement et l'entretien des travaux de desséchement;

2°. D'examiner, modifier ou adopter les projets des travaux d'entretien.

3°. De proposer leur mode d'exécution, soit par régie, soit par adjudication;

4°. De passer les marchés ou les adjudications des travaux de cette nature;

5°. De vérifier les comptes du percepteur;

6°. De donner son avis sur tous les objets relatifs aux intérêts de la communauté, lorsqu'elle sera consultée par l'administration;

7°. De présenter un expert chargé de procéder, contradictoirement avec celui nommé par les propriétaires des fonds compris dans l'intérieur des digues de ceinture, à la fixation de la portion contributive que devront supporter lesdits fonds, pour le paiement des travaux de desséchement ou de conservation, conformément à l'article 8 du titre II de la loi du 16 septembre 1807;

8°. De présenter au préfet une liste double, sur laquelle sera nommé le conducteur spécial, lorsqu'il y aura lieu.

8. La commission syndicale ne pourra délibérer qu'au nombre de quatre membres, y compris le directeur, qui, en cas de partage, aura voix prépondérante.

Les délibérations de la commission seront soumises à l'approbation du préfet par l'intermédiaire du sous-préfet, qui donnera son avis.

9. La commission présentera un plan de révision des règlemens de la communauté, dans le sens et d'après les bases du présent décret.

Ce règlement sera mis en activité, après avoir

été, sur l'avis du préfet et le rapport de notre ministre de l'intérienr, approuvé par nous en notre conseil d'état, comme règlement d'administration publique.

## TITRE II.

*Des travaux d'entretien, de leur exécution et de leur mode de paiement.*

10. La commission syndicale dressera ou fera dresser, s'il y a lieu, les projets de travaux d'entretien, et elle proposera le mode de leur exécution par une délibération qui sera soumise à l'approbation du préfet.

11. L'exécution desdits travaux aura lieu sous la surveillance du directeur : la commission pourra lui adjoindre un commissaire qui l'aidera dans cette surveillance.

12. Les travaux d'urgence pourront être exécutés sur-le-champ par l'ordre du directeur, qui sera tenu d'en rendre compte immédiatement au préfet et à la commission syndicale.

Le préfet pourra suspendre l'exécution des travaux, s'il le juge convenable, après avoir pris l'avis de l'ingénieur en chef et de la commission syndicale.

Les travaux d'urgence, exécutés conformément aux dispositions précédentes, seront payés sur les mandats du directeur, auxquels devront être jointes les feuilles d'attachement constatant l'état de la dépense résultant desdits travaux.

13. Les paiemens d'à-compte pour les travaux d'entretien seront faits en vertu des mandats du directeur, délivrés sur le certificat du commissaire qui lui aura été adjoint pour surveiller l'exécution des travaux.

Les paiemens définitifs s'effectueront sur les mandats du directeur, délivrés sur le certificat du même commissaire et le procès verbal de la réception des travaux, laquelle aura lieu en présence du directeur et du commissaire adjoint.

14. Le préfet se fera rendre compte, tous les ans, de l'état d'entretien des marais.

Il fera faire les vérifications et reconnaissances nécessaires par un ingénieur des ponts et chaussées, aux frais des intéressés, et ordonnera, s'il y a lieu, les dispositions convenables pour assurer la conservation des travaux, après avoir entendu la commission syndicale.

## TITRE III.

### *Des travaux extraordinaires, de leur mode d'exécution et de leur paiement.*

15. Les projets de travaux extraordinaires seront rédigés par des hommes de l'art, choisis par la commission, et acceptés par le préfet, sur l'avis de l'ingénieur en chef.

Ces travaux seront soumis à l'approbation de notre directeur général des ponts et chaussés, lorsqu'il s'agira de travaux neufs et autres que ceux de simple entretien et de conservation.

16. L'exécution des travaux aura lieu sous la surveillance du directeur et d'un membre de la commission qu'elle nommera à cet effet ; elle sera dirigée par le conducteur spécial, nommé conformément aux dispositions du paragraphe 8 de l'art. 7 du présent décret.

Les travaux seront, autant qu'il sera possible, adjugés d'après le mode adopté pour ceux des ponts et chaussées, en présence du directeur de la commission : ils pourront cependant être exécutés de toute autre manière, sur l'avis de la commission et de l'ingénieur en chef, approuvé par le préfet.

17. Les paiemens d'à-compte seront faits en vertu des mandats du directeur de la commission, sur les certificats du conducteur, visés par le commissaire chargé de la surveillance des travaux.

18. Les paiemens définitifs auront lieu sur un procès verbal d'un ingénieur des ponts et chaussées, constatant que les travaux ont été exécutés conformément aux projets approuvés, et sur le certificat délivré par le conducteur, visé par le directeur et par le commissaire chargé de la surveillance des travaux.

## TITRE IV.

### COMPTABILITÉ.

*De la rédaction des rôles et de leur recouvrement.*

19. Le recouvrement des taxes délibérées par la commission et approuvées par le préfet, sera fait par le percepteur de la commune, s'il est nommé

par la commission, ou par tout autre percepteur choisi par elle : cette nomination devra être autorisée par le préfet.

Le percepteur prêtera le serment voulu par la loi.

20. Le percepteur fournira un cautionnement en immeubles proportionné au montant du rôle.

Il lui sera alloué une remise, proposée par la commission, et déterminée par le préfet.

21. Le percepteur, au moyen de cette remise, dressera les rôles sur les documens qui lui seront fournis par la commission, conformément au paragraphe 1ᵉʳ. de l'art. 7 du présent décret; les rôles seront visés par la commission et rendus exécutoires par le préfet.

La perception en sera faite dans l'année; savoir,

Le premier tiers dans les quatre mois de la mise en recouvrement des rôles; le deuxième tiers dans les quatre mois suivans; et le troisième tiers dans les quatre mois après l'époque fixée pour le second paiement.

22. Le percepteur est responsable du défaut de paiement des taxes dans les délais fixés, à moins qu'il ne justifie des poursuites qu'il aura faites contre les contribuables en retard.

23. Les rôles seront recouvrables de la manière et avec les priviléges établis pour les contributions directes.

24. Le percepteur acquittera les mandats délivrés conformément aux art. 12, 13, 17 et 18 du présent

décret. Il rendra compte annuellement, avant le
1ᵉʳ. juin, des recettes et dépenses qu'il aura faites
pendant l'année précédente; il ne lui sera pas tenu
compte des paiemens irrégulièrement faits.

25. La commission vérifiera les comptes annuels
du percepteur, les arrêtera provisoirement, et les
soumettra au préfet, pour être définitivement approuvés par lui, s'il y a lieu, sur l'avis du sous-
préfet.

26. Le directeur vérifiera, lorsqu'il le jugera nécessaire, la situation de la caisse du percepteur, qui
sera tenu de lui communiquer toutes les pièces de
sa comptabilité.

## TITRE V.

### *Dispositions générales.*

27. Les contestations relatives au recouvrement
des taxes, aux réclamations des individus imposés et
à la confection des travaux, seront portées devant
le conseil de préfecture, conformément aux dispositions des lois des 28 pluviose an 8 et 14 floréal
an 11.

28. Tous les délits et toutes les contraventions
seront constatés par des procès verbaux dressés
par le conducteur spécial, ou par tous agens de
police, en conformité des lois, et jugés par nos
cours et tribunaux.

Le conducteur spécial prêtera le serment prescrit
par la loi devant le tribunal de première instance.

29. La moitié des amendes appartiendra à celui qui aura constaté la contravention ou le délit.

30. Dans le cas où il deviendrait nécessaire d'occuper quelques terrains pour l'établissement des canaux ou autres travaux de desséchement, par suite des projets approuvés, les indemnités à accorder aux propriétaires seront fixées conformément aux dispositions de l'art. 48 de la loi du 16 septembre 1807, et seront acquittées préalablement.

31. Les honoraires, frais de voyage et autres dépenses qui seront dus aux ingénieurs ou aux hommes de l'art, chargés, conformément aux dispositions de l'art. 15 du présent décret, de la rédaction des projets, seront payés par la communauté, d'après le règlement qui en sera fait, conformément aux dispositions de l'art. 75 du décret du 7 fructidor an 12.

32. Notre ministre de l'intérieur est chargé de l'exécution du présent décret, qui sera inséré au Bulletin des lois.

*N. B.* Le décret du 3 mars, même année, sur l'achèvement, l'entretien et la conservation du petit marais de Blaye (même département) contient des dispositions absolument semblables; on a cru pouvoir se dispenser d'en grossir ce recueil.

# RAPPORT

## A L'ASSEMBLÉE DES PONTS ET CHAUSSÉES,

*Sur la fixation des échelles métriques pour l'exécution des modèles et des plans relatifs au service des ponts et chaussées ; par MM. Lamandé, inspecteur général, et Dillon, ingénieur ordinaire.*

### Séance du 21 vendémiaire an 8.

Dans sa séance du 14 floréal an 6, l'assemblée des ponts et chaussées choisit une série d'échelles métriques pour remplacer celles relatives aux anciennes mesures, dont les ingénieurs des ponts et chaussées se servaient depuis long-temps. Le ministre de l'intérieur, instruit de cette détermination de l'assemblée, ainsi que des autres de ce genre, prises et par le bureau du cadastre et par l'école polytechnique, aperçut déjà dans ces trois séries d'échelles quelques différences parmi celles destinées aux mêmes usages ; et craignant, avec raison, que ces différences ne se multipliassent par la suite, il a cru, tout en rendant des éloges à l'assemblée pour s'être occupée de bonne heure de cet objet, devoir l'engager à le soumettre à un nouvel examen ; en même temps, il lui a adressé les autres séries d'échelles métriques déjà arrêtées, ainsi qu'une série générale indéfinie, parmi les termes de laquelle on doit prendre tous ceux qui peuvent servir à former les séries affectées à chaque service.

Tel est l'objet sur lequel l'assemblée des ponts et chaussées a désiré que nous lui donnassions notre avis, et dont nous allons l'entretenir.

Les échelles choisies par elle en floréal de l'an 6 ont le double avantage d'être très-approchées de celles en usage autrefois parmi les ingénieurs des ponts et chaussées, comme aussi d'être exactement dans le système décimal. Nous nous serions donc bornés à lui proposer de confirmer son premier arrêté, si nous avions trouvé que ces mêmes échelles fussent en nombre suffisant pour satisfaire à tous les besoins de ce service.

En effet, pourquoi voit-on encore dans des plans qui représentent des choses analogues, tantôt une échelle, et tantôt une autre; quelquefois une des échelles fixées, d'autrefois une échelle différente ? Indépendamment de ce qu'il est plus expéditif de piquer un ancien plan construit sur une échelle ar-bitraire, que d'en faire un nouveau sur une échelle déterminée, raison pour laquelle on est quelquefois entraîné à suivre la première méthode; l'étendue d'un plan a ses limites, qu'on ne peut dépasser sans le rendre incommode; ce qui détermine sou-vent les ingénieurs à se servir de toutes autres échelles que celles fixées par l'assemblée. Il faut donc y remé-dier par un choix d'échelles plus appropriées aux différens objets pour lesquels on doit les employer, en préférant de multiplier les genres de plans, plutôt que d'en augmenter la grandeur : d'où résulte le grand avantage de ne développer, par des dessins particuliers, que les objets seuls qui intéressent; au lieu qu'en suivant une autre marche, on est obligé, la plupart du temps très-inutilement, de donner le même degré de développement à toutes les parties d'un dessin.

Par exemple, qu'il soit question d'un projet pour rendre navigable une rivière dans une longueur de dix myriamètres, l'échelle arrêtée par l'assemblée est d'un dix-millième ou d'un mètre pour myriamètre. Il faudrait donc, pour figurer ce projet, exécuter plusieurs dessins, dont la longueur totale serait de dix mètres; et, sans s'arrêter à faire sentir combien il serait gênant d'examiner l'ensemble d'un tel projet dans des dessins d'une aussi grande étendue, il est facile de concevoir qu'il y en aurait toujours un certain nombre qui ne contiendraient rien d'important, et que les autres ne seraient pas rendus avec assez de netteté pour qu'on se crût dispensé d'avoir recours à d'autres dessins de détail. Si au contraire on se servait d'une échelle d'un cent-millième ou d'un mètre pour dix myriamètres, afin d'exprimer la masse de ce même projet, un dessin de l'étendue d'un mètre suffirait à cet objet : on pourrait l'examiner bien à l'aise; et en ne représentant sur des échelles plus fortes que les parties qui demanderaient à être rendues d'une manière plus claire, leur nombre serait moins considérable que dans le premier cas, et ils satisferaient davantage.

Ce principe, qui, comme on le voit, se réduit à choisir une échelle de telle espèce qu'elle puisse servir à représenter l'ensemble d'un projet sur un papier d'une étendue convenable, et à renvoyer à d'autres dessins les parties qu'il faut exprimer plus distinctement, nous a donc paru devoir être pris pour base de notre travail; nous avons pensé en même temps que, sous plusieurs rapports, ce même principe pouvait s'appliquer également aux modèles. Enfin, nous avons cru que le mètre était la longueur qu'il fallait choisir pour servir en général de limite à celle des objets qu'on serait dans le cas d'exprimer par les uns ou les autres.

Ces bases arrêtées, il a suffi de parcourir la série des travaux qui nous concernent, pour déterminer les échelles métriques dont il serait utile de faire usage. Le résultat de cette analyse se trouvant consigné dans le tableau ci-joint, nous nous dispensons d'entrer dans d'autres détails à ce sujet.

Paris, le vingt et un vendémiaire an huit.

*Signé* LAMANDÉ *et* J. DILLON.

L'assemblée adopte la proposition et le tableau des rapporteurs, en ajoutant que, dans le cas où les ingénieurs croiraient utile, pour exprimer plus clairement quelques objets de détail dépendans du projet général, d'employer d'autres échelles non comprises au tableau, ils seront tenus de se servir de celles des multiples.

Paris, le 21 vendémiaire an 8.·

*Signé* CESSART, GAUTHEY, LEFEVRE, LAMANDÉ, DUCLOS, MONTROCHER, BESNARD, ROLLAND, DUPERRON, DUCHEMIN, J. SQUAZNIN, LE MASSON, etc.

Reliure serrée

# TABLEAU DES ÉCHELLES MÉTRIQUES
## POUR LE SERVICE DES PONTS ET CHAUSSÉES.

| NUMÉROS des ÉCHELLES. | LEURS RAPPORTS AVEC L'OBJET REPRÉSENTÉ. | | LEUR USAGE. | |
|---|---|---|---|---|
| | En chiffres. | En nouv. mesures. | POUR LES MODÈLES. | POUR LES PLANS. |
| 1. | $\frac{1}{1}$ | 1 centim. pour 1 cent. | La fonte. . . . . . . . . . | Les panneaux, les profils et les détails de construction. |
| 2. | $\frac{1}{2}$ | 1 centim. p. 2 cent. | Les petits outils. — Les petites pièces des machines. . . . . . . . . . | Idem. |
| 3. | $\frac{1}{5}$ | 1 centim. p. 5 cent. | Les petites machines, ou celles composées de petites pièces. — (Crics, machines à recepper les pieux, etc.). . . . . . . | Idem. Et pour les détails relatifs aux ferrures, pivots, etc. des portes d'écluses, ponts tournans, etc. |
| 4. | $\frac{1}{10}$ | 1 centim. p. 1 décim. | Les machines d'une grandeur moyenne, et dont les pièces sont sensiblement fortes. — (Cabestans, etc.). | Idem. |
| 5. | $\frac{1}{20}$ | 1 centim. p. 2 décim. | Les grandes machines dont les pièces sont délicates. — (Pompes à feu, etc.). Les portes des écluses. — Les palées et piles des ponts. — Les cintres et les fermes, etc. | Idem, et pour les épures relatives à la coupe des pierres et des bois. |
| 6. | $\frac{1}{50}$ | 1 centim. p. 5 décim. | Les grandes machines, mais formées de fortes pièces. — (Grues, sonnettes, etc.) Les ponceaux ainsi que les ponts. — Les arches et les écluses à un seul passage, dont la longueur ou ouverture entre les piles ou bajoyers n'excède pas 25 mètres. | Idem, et pour les détails des écluses d'une plus grande largeur, ainsi que pour ceux d'architecture. |
| 7. | $\frac{1}{100}$ | 1 centim. p. 1 mètre. | Les ponts et les écluses dont la longueur totale est entre 25 et 50 mètres. . . . . . | Idem. |
| 8. | $\frac{1}{200}$ | 1 centim. p. 2 mètr. | Les ponts et les écluses dont la longueur totale excède 50 mètres. . . . . . . . . . | ... passage d'écluse. Les profils, en travers, des routes, des canaux et des rivières. — Les plans de traverse des communes. — Projets d'architecture. |
| 9. | $\frac{1}{500}$ | 1 centim. p. 5 mètr. | . . . . . . . . . | Les plans des communes dont la longueur n'excède pas 500 mètres. —Les plans d'arpentage |
| 10. | $\frac{1}{1000}$ | 1 centim. p. 10 mètr. | . . . . . . . . . | Les profils, en longueur, des parties des routes pour les traverses des communes, ainsi que pour les lits des rivières. — Les plans de communes depuis 500 jusqu'à 1,000 mètres |
| 11. | $\frac{1}{2000}$ | 1 centim. p. 20 mètr. | . . . . . . . . . | Les profils, en longueur, des projets de route, canaux et redressement des rivières. — Les plans des projets des canaux, ainsi que ceux des communes, depuis 1,000 jusqu'à 2,000 mètres de longueur. |
| 12. | $\frac{1}{5000}$ | 1 centim. p. 50 mètr. | . . . . . . . . . | Les plans des projets de route. — Les plans de communes, depuis 2,000 jusqu'à 5,000 mètres de longueur. |
| 13. | $\frac{1}{10000}$ | 1 centim. p. 100 mèt. | . . . . . . . . . | Carte itinéraire des rivières et des canaux. — Plans des communes, au-dessus de 5,000 mètres de longueur. |
| 14. | $\frac{1}{20000}$ | 1 centim. p. 200 mèt. | . . . . . . . . . | Carte itinéraire des routes et des grandes rivières. — Carte générale d'un canton. |
| 15. | $\frac{1}{50000}$ | 1 centim. p. 500 mèt. | . . . . . . . . . | Carte topographique d'un ou de plusieurs cantons, dont la longueur n'excède pas 50,000 m |
| 16. | $\frac{1}{100000}$ | 1 centim. p. 1 kilom. | . . . . . . . . . | Carte topographique de plusieurs cantons dont la longueur n'excède pas 100,000 m |
| 17. | $\frac{1}{200000}$ | 1 centim. p. 2 kilom. | . . . . . . . . . | Carte topographique d'un département. |
| 18. | $\frac{1}{500000}$ | 1 centim. p. 5 kilom. | . . . . . . . . . | Carte topographique de plusieurs départemens dont la plus grande longueur n'excède pas 500,000 m. —Grande carte gén. de la France. |
| 19. | $\frac{1}{1000000}$ | 1 centim. p. 1 myr. | . . . . . . . . . | Petite carte générale de la France. |

# MINISTÈRE DE L'INTÉRIEUR.

Paris, le 13 frimaire an 11.

LE CONSEILLER D'ÉTAT chargé spécialement des ponts et chaussées, canaux, taxe d'entretien, et de la navigation intérieure, etc.

*Au préfet du département d*

CITOYEN, j'ai été consulté sur la manière dont devait être entendue et exécutée la loi du 29 floréal dernier, relative aux contraventions en matière de grande voirie, qui se compose de toutes les routes faites et entretenues par la république, des canaux, fleuves et rivières navigables, ainsi que des rues des communes qui font partie des grandes routes, à la charge du gouvernement :

Je me suis adressé au grand juge et ministre de la justice, en lui proposant diverses questions sur l'exécution de cette loi.

Je vous transmets copie de la lettre qu'il m'a écrite le 28 vendémiaire, par laquelle il me donne la solution de ces questions.

Je vais les établir résolues dans l'ordre où elles ont été présentées, afin de lever les obstacles que vous pourriez rencontrer dans l'exécution de cette loi.

1°. C'est aux sous-préfets à ordonner, par provision, la répression des contraventions en matière de grande voirie, sur le vu des procès verbaux, sauf le recours au préfet.

2°. En cas de réclamations, c'est au préfet à statuer en conseil de préfecture.

3°. Les conseils de préfecture jugent définitivement; ils décident s'il y a eu contravention; ils prennent les mesures nécessaires pour la poursuite des contrevenans, qui peuvent se pourvoir devant l'autorité supérieure, après s'être conformés à la décision du conseil de préfecture.

4°. Les arrêtés du conseil de préfecture sont, dans ce cas, exécutoires à la poursuite et diligence des préfets et sous-préfets, par tous les moyens indiqués par l'art. 4 de la loi du 29 floréal dernier. Les ingénieurs des ponts et chaussées ne doivent que surveiller et constater les délits ou contraventions, suivant l'art. 11.

5°. L'autorité administrative doit, en vertu de la même loi, seule et sans le concours de l'autorité judiciaire, statuer, ainsi qu'il est dit ci-dessus, sur les contraventions en matière de grande voirie, et prononcer même sur les amendes qu'entraînent les contraventions, sans préjudice de l'indemnité qui pourra être due pour détérioration, conformément aux anciens règlemens sur la grande voirie.

Ainsi, la police de conservation des routes, qui consiste dans l'application des peines, n'appartient plus aux tribunaux; la répression des contraven-

lions en matière de grande voirie , est attribuée aujourd'hui à l'autorité administrative, qui était chargée seulement, par les lois des 14 et 22 décembre
1789 et 11 septembre 1790, de constater les délits,
et d'en poursuivre la punition devant les tribunaux.

Le conseil de préfecture doit appliquer les peines
pécuniaires, en prononçant sur les amendes encourues par les contrevenans, comme sur les indemnités, restitutions et réparations auxquelles les
contraventions peuvent donner lieu.

Dans le cas où les contraventions de voirie constituent un délit soumis à la peine corporelle et
d'emprisonnement, comme dans les cas prévus par
les art. 44 et 45 de la loi du 28 septembre 1791,
concernant les biens et usages ruraux et la police
rurale, ce n'est pas une raison qui empêche l'autorité administrative de connaître de la contravention; elle ne doit pas moins prononcer alors les
dispositions qui sont de sa compétence, c'est-à-dire,
en ce qui concerne la peine pécuniaire, sauf à renvoyer les contrevenans ou délinquans devant le tribunal correctionnel, pour l'application de la peine
corporelle.

La loi du 29 floréal ne . éta        , expliquée sur
les peines, ou doit se con⁁    .er aux lois antérieures.

Je vous invite, citoyen préfet , à faire exécuter
la loi du 29 floréal dernier d'après les principes
établis par la lettre ci-jointe du grand juge et mi-

nistre de la justice, et sur lesquels j'ai cru devoir entrer avec vous dans quelques développemens instructifs, afin de dissiper des doutes nuisibles au service des ponts et chaussées, et indiquer la ligne de démarcation entre les autorités judiciaire et administrative, sur le fait de la grande voirie.

Je vous salue.

*Signé* CRETET.

———

*Copie de la lettre écrite par le grand juge et ministre de la justice, le 28 vendémiaire an II, au conseiller d'état chargé spécialement des ponts et chaussées.*

J'AI reçu, citoyen conseiller d'état, votre lettre du 6 de ce mois, par laquelle vous me proposez diverses questions sur l'exécution de la loi du 29 floréal dernier, relative aux contraventions en matière de grande voirie. Je suis entièrement de votre avis sur la première et la troisième de ces questions, mais je ne partage pas votre opinion sur la deuxième.

Vous aviez effectivement, comme vous me l'observez, déjà consulté le ministre de la justice sur cette question, par une lettre du 25 thermidor dernier : vous avez dû recevoir la réponse qui vous a été faite le 23 fructidor suivant.

Dans cette réponse, il vous disait que la loi du 29 floréal dernier, en attribuant au conseil de prélecture le pouvoir de statuer *définitivement* sur les contraventions en matière de grande voirie, et en statuant que les arrêtés seraient exécutés sans *visa* ni mandement des tribunaux, seraient exécutoires et emporteraient hypothèque, avait *entièrement* dépouillé l'autorité judiciaire de la connaissance de ces sortes de contraventions; et qu'en conséquence le conseil de préfecture pouvait et devait prononcer sur les amendes encourues par les contrevenans, comme sur les indemnités, restitutions et réparations auxquelles les contraventions pourraient donner lieu. Je suis aussi de cet avis ; je pense que le recours à l'autorité judiciaire est non-seulement inutile, mais encore interdit. Ce n'est pas seulement, en effet, la *poursuite*, la *réparation* des contraventions en matière de grande voirie qui sont confiées à l'autorité administrative, c'est encore la *répression* même ; cela résulte des termes formels de l'art. 1er. de la loi du 29 floréal, qui porte que ces sortes de contraventions seront *constatées*, *réprimées* et *poursuivies*. Le pouvoir de répression, qui appartient en toutes autres matières aux tribunaux, se trouve, par ces dispositions, attribué, en matière de grande voirie, à l'autorité administrative. L'intention des législateurs se manifeste encore à cet égard par les dispositions de l'art. 4, qui statue que les arrêtés de l'autorité administrative seraient exécutés sans *visa* ni mandement des tribunaux ; et détermine les voies de contrainte qui pourront être employées pour l'exécution de ces arrêtés : il est clair qu'on a voulu donner à l'autorité administrative tous les moyens d'assurer la répression des contraventions en matière de grande voirie, sans subordonner l'exécution de ces mesures à l'autorité judiciaire.

C'est aussi ce qui a été exprimé dans les motifs qui ont accompagné la proposition de la loi.

Je ne pense cependant pas que l'autorité administrative puisse prononcer des peines corporelles; elle doit se borner à appliquer les peines pécuniaires qui sont établies par les lois. L'application des peines corporelles est trop essentiellement du ressort des tribunaux de répression, pour qu'on puisse admettre que l'autorité administrative a le pouvoir de la faire.

Mais, dans le cas où les contraventions de voirie constituent un délit soumis à la peine de l'emprisonnement, comme dans le cas prévu par l'art. 43, titre II de la loi du 28 septembre 1791, ce n'est pas une raison qui empêche l'autorité administrative de connaitre de la contravention; elle ne doit pas moins prononcer alors les dispositions qui sont de sa compétence, sauf à renvoyer le contrevenant devant le tribunal correctionnel, pour l'application de la peine corporelle.

La loi du 29 floréal ne s'étant point expliquée sur les peines, il est nécessaire de se conformer aux lois antérieures.

J'ai l'honneur de vous saluer.

*Signé* REGNIER.

# TABLEAU GÉNÉRAL
## DES MARAIS
# A DESSÉCHER EN FRANCE.

# AVERTISSEMENT.

Quelle que soit l'authenticité de la source où l'auteur a puisé pour la formation du tableau qui suit, il prévient cependant le lecteur qu'on ne doit considérer la contenance indiquée pour chaque marais, particulièrement pour ceux d'une certaine étendue, que comme approximative ; une exactitude mathématique ne pouvant être que le résultat des opérations du cadastre ou d'un plan topographique régulier.

On y trouvera aussi l'indication des lais et relais de mer, autant que l'ont permis les renseignemens que l'on a pu recueillir sur cette portion variable de notre territoire.

L'auteur recevra avec reconnaissance les avis qui pourront tendre à compléter cet intéressant aperçu ou à rectifier les inexactitudes qui pourraient s'y être glissées.

# TABLEAU GÉNÉRAL

## DES MARAIS A DESSÉCHER EN FRANCE.

| DÉPARTEMENS | ARRONDISSEM. | INDICATION DES LIEUX où les marais sont situés | NOMBRE d'hectares | OBSERVATIONS |
|---|---|---|---|---|
| AIN . . . . . | BOURG . . . . | Certines, Tossiat, et la Tranchère. . . . . . | 8? » | Marais de Le d'Écro |
| | | Polliat. . . . . . . . . | 4 » | Marais du Viel |
| | BELLEY. . . . | Château-Gaillard. . . . | 60 » | Marais de Seuzel. |
| | | Chazey, Bons . . . . | 6 » | |
| | | Lavours, Ceyzérieux, Flaxieu, Béon, Culloz | 2 ? | |
| | | Selley. . . . . . . . | 2? » | Marais de la Tour et de Lavours |
| | | Cressin. . . . . . . . | 2? » | |
| | | Magnieu. . . . . . . | 3o » | Marais de Chautleau |
| | | Massignieu de Rives. . | 2? » | |
| | | Chois. . . . . . . . . | 3? » | Marais de Milieu |
| | | Cormaranche. . . . . | 15? » | |
| | | Laburbanche. . . . . | 3 » | |
| | | Rossillon. . . . . . . | 2? » | |
| | | Pugieu et Virieu-le-Grand. . . . . . . | 16? » | |
| | | Viriguin. . . . . . . | 2? » | |
| | NANTUA. . . . | Arbent. . . . . . . . | 10? » | |
| | | Brenod. . . . . . . . | 47 » | |
| | TRÉVOUX. . . . | Miounay, Tramoye. . . | 1.15? 42 | Marais des Échels. |
| | | | 1.05? 82 | |
| AISNE . . . . . | LAON. . . . . . | Liesse, Nissy, Chivres, Pierre-Pont, Vesle, Cuirieux, Froimond. | 5,536 » | Marais de la Sourche. Le desséchement de ce marais a été conseillé par décret du 1o sept. 1811 aux sieurs Danès de Montardat et Deplace. |
| | | Chambry, Baranton-Brugay, Baranton-Cel, Verneuil, Baranton-sur-Serre. . . . . . | 1,40? » | Marais des Barantons. Même cette colonie |
| | | Saint-Martin, Ailles, Neuville, Courtecout, Crandilain, Chevrigny, Filain, Pargny, Anissy-le-Château, Pinon, Vaussaillon, Nogent, Guny, Manicamps et Champs. . . | 6,000 » | |
| | SAINT-QUENTIN. . | Omissy. . . . . . . . | 5o » | |
| | | Mauregoust, en amont du moulin brûlé. . | 5o » | |
| | | En aval du même moulin | 5o » | |
| | | Rouvroy et Haly. . . . | 20? » | y comp. le bourg d'Isle. |
| | | à reporter. . . | 18.25? » | |

| DÉPARTEMENS | ARRONDISSEM. | INDICATION DES LIEUX où les marais sont situés. | NOMBRE d'Hectares. | OBSERVATIONS. |
|---|---|---|---|---|
| Suite de l'Aisne. | Suite de Saint-Quentin. | Report.... | 12,895 | |
| | | Raucourt et Labiette.. | 50 | Il y a encore quelques autres parties maré-cageuses dans ce départe-ment, mais dont le dessè-chement ne paraît pas présenter un grand inté-rêt. |
| | | Dallon et Gaulohy... | 9 | |
| | | Fontaines-les-Clèrcs et Sévancourt..... | 105 | |
| | | Arthies, Happencourt et Tugny...... | 176 | |
| | | Tugny et Ollezy.... | 96 | |
| | | Saint-Simon et Jussy.. | 165 | |
| | | | 13,563 | |
| ALLIER.... | | | | Il n'y a dans ce dépar-tement aucun marais dont le desséchement présente quelque importance. |
| ALPES (B.). | DIGNE ET FORCAL-QUIER. | Les Mées, Oraison, Va-lensole, Gréoux, Pey-ruis, Lurs, la Brillan-ne, Volx, Villeneuve, Manosque, Ste-Tulle, Corbières...... | 4,032 | sur la Durance |
| | BARCELONNETTE. | Jausiers, Barcelonnette, St-Pons et les Tuiles | 96 | sur l'Ubaye. |
| | DIGNE..... | Seyne et Selonnet... | 36 | sur la Blanche |
| | | Digne, Courbons, les Sieyes, Aiglun, Male-moisson, Gaubert, le Chaffaut, Mirabeau, Malijai, Espinouse, les Mées...... | 440 | sur la Bléone. |
| | CASTELLANE ET DIGNE. | Senes, Barrême, Meat, Estoublon, St.-Julien, Brunet, Valensole et Oraison...... | 1,300 | sur l'Asse. |
| | CASTELLANE ET DIGNE. | Colmans, St.-André, Castillon, Demandols, Castellane, Quinson et Gréoux...... | 572 | sur le Verdon |
| | CASTELLANE.. | Saint-André... | 45 | sur l'Issole. |
| | | Guedan et Entrevoux.. | 144 | sur le Var. |
| | | | 6,665 | |
| ALPES (H.). | EMBRUN... | Chorges....... | 35 | |
| ARDÈCHE | | | | Il n'y a pas de marais à dessécher dans ce dép. |
| ARDENNES. | | | | id. |
| ARRIÈGE.. | | | | id. |

| DÉPARTEMENS | ARRONDISSM. | INDICATION DES LIEUX où les marais sont situés. | NOMBRE d'Hectares. | OBSERVATIONS. |
|---|---|---|---|---|
| AUBE.... | TROYES.... | Bréviande..... | 64 | |
| | | Fontvannes.... | 20 | |
| | | Montaugon.... | 30 | |
| | | Saint-Germain.... | 9 | |
| | | Saint-Léger.... | 64 | |
| | ARCIS-SUR-AUBE. | Avant, Longsols, Pou-gy et Verricourt... | 165 | |
| | NOGENT-SUR-SEINE. | Maisière, la Grande-Pa-roisse...... | 50 | |
| | | Paris...... | 150 | |
| | | Saint-Hilaire.... | 100 | |
| | | Remilly-sur-Seine.. | 30 | |
| | | | 819 | |
| AUDE... | NARBONNE... | Narbonne..... | 2,084 | Marais ... de, 1746; marais de Rouquette, 574; marais de l'Etang Salin, 264; étang de l'Estaud, 745; étang de Nantaise, 160. |
| | | Gruissan...... | 1,390 | Petit étang de Gruissan, 598; grand étang de Gruissan, 440; lais de mer, 364. |
| | | Sijean...... | 2,376 | Marais de Dorme, 1128; étang du Ler, Fos; étang de Sijean, 1293; lais de mer, 700. |
| | | Pérignan..... | 474 | Marais de Pérignan, 187; lais de mer, 287. |
| | | Peyriac de mer... | 1,201 | Etang de St-Paul, 1189; étang Pudee, 12 |
| | | Bages...... | 930 | Etang. |
| | | Ouveillan..... | 70 | Etang. |
| | | La Palme..... | 780 | Lais de mer. |
| | | La Palme..... | 405 | Lais de mer. |
| | | Leucate..... | 188 | Etang. |
| | | Leucate..... | 276 | Lais de mer. |
| | | | 11,957 | |
| AVEYRON. | | | | Il n'y a pas de marais à dessécher dans ce dep. |
| BOUCHES DU RHONE. | AIX. | Saint-Chamas.... | 154 | Marais, 130 h.; lais de mer, 24; deux étangs, 9. |
| | | Châteauneuf-les-Marti-gues....... | 20 | |
| | | Berre...... | 13,517 | Marais, 201; étang, 13,346. |
| | | Marignane..... | 64 | |
| | | Saint-Mitte.... | 199 | Etang de Pourra, 99 h.; étang de Lître, 100 |
| | | Istres...... | 498 | Etang d'Entressen, 132 h.; étang de l'Olivier, 366; étang d'Estagel, 6. |
| | | Fos...... | 1,346 | |
| | | à reporter...... | 15,890 | |

| DÉPARTEMENS | ARRONDISSEM. | INDICATION DES LIEUX où les marais sont situés. | NOMBRE d'hectares. | OBSERVATIONS |
|---|---|---|---|---|
| | | *Report* . . . . . . | 15,850 » | |
| *Suite des Bou-* *ches du Rhône.* | *Suite d'Aix.* . . | Fos. . . . . . . . | 2,576 » | Étang de Gloria, 445; d'Engrenier et de Lavaldin, 706; étang près du Rhône, 152; las de por, 100; étang du Galejon et de l'Estomac; 704; marais 1783. |
| | TARASCON. . . | Fontvieille. . . . . . | 805 » | |
| | | *Rive droite du Rhône.* | | |
| | | Arles. . . . . . . | 6,641 » | Marais et étangs. |
| | | Saint-Remi. . . . . | 643 » | |
| | | Noves. . . . . . . | 160 » | |
| | | Molléges. . . . . . | 160 » | |
| | | Mouriès, Maussane, Pa-radou, Lebaux. . . | 1,484 » | Marais, 1,112 h.; étang du comte, 282. |
| | | *Rive gauche du Rhône ou* *Camargue.* | | |
| | | Arles. . . . . . . | 5,292 » | Marais, étangs et atterissemens. |
| | | Saintes-Maries, ou No-tre-Dame de la Mer. | 20,125 » | |
| | | | 53,704 » | |
| CALVADOS. | CAEN ET PONT-L'ÉVÊQUE. | Bieville, Corbon, les Authieux, Victot, Hottot, Méri-Corbon, Hérito, Cléville, Hé-ruchot, Saint-Pierre du Jonquet, Janville le Ham, Brocotte, St.-Samson, Troarn, Bu-res, Bonneville, Gous-tranville, Saint-Clair de Manneville, Robe-hom, Bavent, Petit-Ville, Brecourt, Cric-queville. . . . . . | 3,240 85 | Marais de la Dives, dont le dessèchement est ordonné par décret du 1er mars 1811, aux frais des propriétaires intéressés. |
| CANTAL. . . | MAURIAC. . . | Madic. . . . . . . | 20 » | |
| | | Menet. . . . . . . | 60 » | |
| | | | 80 » | |
| CHARENTE | ANGOULÊME. . | Combiers. . . . . . | 14 97 | |
| | COGNAC. . . . | Bourg. . . . . . . | 15 » | Marais Vaillard. |
| | | Boutiers et Cherves. . | 600 » | |
| | | Gensac. . . . . . | 80 » | |
| | | La Pallu. . . . . . | 60 » | |
| | | Merpins. . . . . . | 80 » | |
| | | Nercillac. . . . . . | 130 » | |
| | | Reparsac. . . . . . | 12 » | |
| | | Saint-Brice. . . . | 40 » | |
| | | Saint-Trojeau. . . . | 40 » | |
| | | | 1,071 97 | |

| DÉPARTEMENS. | ARRONDISSEM. | INDICATION DES LIEUX où les marais sont situés. | NOMBRE d'hectares. | OBSERVATIONS |
|---|---|---|---|---|
| CHARENTE INFÉRIEURE. | LA ROCHELLE. . | Angoulins. . . . . | 146 » | |
| | | Aytré. . . . . . . | 83 » | |
| | | La Jarne. . . . . | 68 » | |
| | | Laleu. . . . . . . | 1 » | Marais de l'Ou,gu |
| | | Esnandes. . . . . . | 235 » | |
| | | Périgny. . . . . . | 22 » | |
| | | Chatel-Aillon. . . . | 420 » | |
| | | Salles. . . . . . . | 230 » | |
| | | Saint-Vivien. . . . | 365 » | |
| | | Anais. . . . . . . | 155 » | |
| | | Saint-Christophe. . . | 20 » | Les marais de ces sa touches, sont entigus. |
| | | Saint-Médard. . . . | 35 » | |
| | | Angliers. . . . . . | 175 » | |
| | | Nuaillé. . . . . . | 150 » | |
| | | St.-Sauveur de Nuaillé. | 196 » | |
| | | Courçon. . . . . . | 575 » | |
| | | Saint-Cyr du Doret. . | 1,68 » | |
| | | Taugon la Ronde. . . | 2,887 » | |
| | | Saint-Jean de Liversay. | 1,540 » | |
| | | Saint-Martin de Ville-Neuve. . . . . . | 330 » | |
| | | Cram-Chaban. . . . | 920 » | |
| | | Marans. . . . . . | 4,900 » | |
| | | Andilly. . . . . . | 800 » | |
| | | Charron. . . . . . | 740 » | |
| | | Longève. . . . . . | 140 » | |
| | | Villedoux. . . . . | 435 » | |
| | ROCHEFORT. . . | Rochefort. . . . . | 846 47 | |
| | | Saint-Laurent. . . . | 747 » | |
| | | Fouras. . . . . . | 957 77 | |
| | | Vautron. . . . . . | 2,035 » | |
| | | Ciré. . . . . . . | 1,782 35 | |
| | | Genouillé. . . . . | 905 » | |
| | | Muron. . . . . . . | 6 » | |
| | | Saint-Louis. . . . | 1,834 92 | |
| | | Loire. . . . . . . | 598 98 | |
| | SAINTES. . . . | Concoury, Saint-Sever, Lajard, Colombiers, Montils, Saint-Seurin de Palène, Bougneau. | 1,600 » | Marais de la Seugne. |
| | S.-JEAN-D'ANGELY | Saint-Jean-d'Angely. . | 400 » | |
| | | Ternan. . . . . . | 1,000 » | |
| | | Voissay. . . . . . | 800 » | Les marais de cette d'Archingeai dépende mens de la dessicca de-sus de la Boutonne |
| | | Les Nouilles. . . . | 700 » | |
| | | Archingeai. . . . . | 600 » | |
| | | Lavergne. . . . . | 800 » | |
| | | Torsay. . . . . . | 600 » | |
| | | Chantemerle. . . . | 100 » | |
| | | Landes. . . . . . | 500 » | |
| | | Tonnay-Boutonne. . . | 1,100 » | |
| | | *à reporter.* . . . . | 34,176 21 | |

# 6

| DÉPARTEMENS. | ARRONDISSEM. | INDICATION DES LIEUX où les marais sont situés. | NOMBRE d'hectares. | OBSERVATIONS. |
|---|---|---|---|---|
| de la Cha- rente-Infér. | MARENNES. | *Report*..... | 34,156 2½ | |
| | | Marennes..... | 9½ | |
| | | Hiers..... | 700 | |
| | | Arvert..... | 254 | |
| | | Saint-Palais..... | 32 | |
| | | Royan..... | 277 | Ce marais est nommé le Lac. |
| | | Saint-Denis..... | 400 | Marais de l'Anglade. |
| | | Saint-Pierre et Saint-George. | 133 | Marais appelé Sallé. |
| | | Brouage. | 6,214 | Marais de Lilette. |
| | JONSAC. | Saint-Bonnet..... | 1,066 | |
| | | Saint-Sorlin..... | 931 | |
| | | | 44,767 2½ | |
| ...R. | SANCERRE. | Feux..... | 350 | sur le ruisseau de Mortes |
| | | Sancergue..... | 75 | sur la Vauvise |
| | BOURGES. | St.-Germain-du-Puits, Moulins et Osmoi.. | 1,000 | Traversé par les rivières d'Ylvres et d'Yevrette. |
| | SAINT-AMAND. | Contres..... | 3,500 | |
| | | Saint-Loup..... | 1,800 | |
| | | Leslams..... | 7,000 | |
| | | | 13,725 | |
| RÈZE. | BRIVE. | Chauffour..... | 20 | Marais de Chauffour, dont 20 h. dans la commune de Chauffour, département de la Corrèze; et 4 h. dans celles de Coudat et Cavaniac, département du Lot. |
| SE. | AJACCIO. | Ajaccio..... | 3 65 | |
| | | Ecrita et Suarella.... | » 65 | |
| | VICO. | Rehno..... | 4 8 | |
| | SARTÈNE. | Arbellara, Fozzano et Viggianello..... | 15 32 | |
| | | Aullene et Zembia.... | 4 8 | |
| | | Figari et Levie..... | 7 15 | |
| | | Figari..... | 1 53 | |
| | | Porto-Vecchio..... | 58 | Cette quantité se compose de divers marais et étangs séparés. |
| | BASTIA. | *Rive gauche du Golo.* | | |
| | | Mariana..... | 3,000 | |
| | | *Rive droite du Golo.* | | |
| | | Casinca..... | 1,500 | |
| | | Tavagna..... | 500 | |
| | | Moriani..... | 150 | |
| | | Campoloro..... | 250 | |
| | | Saint-Fiorenzo..... | 350 | |
| | | Tenda..... | 200 | |
| | | *à reporter*.... | 6,544 46 | |

# 7

| DÉPARTEMENS. | ARRONDISSEM. | INDICATION DES LIEUX où les marais sont situés. | NOMBRE d'hectares. | OBSERVATIONS. |
|---|---|---|---|---|
| *Suite de la Corse.* | CALVI. | *Report*..... | 6,544 46 | |
| | | Calvi..... | 200 | |
| | | Montegrosso..... | 250 | |
| | | Paraso..... | 100 | |
| | CORTE. | Fiumorbo..... | 2,000 | |
| | | Serra, Verde..... | 3,500 | |
| | | | 12,594 46 | |
| COTE-D'OR. | BEAUNE. | Premeaux et Prissey..... | 2½ | |
| | | La Perrière et Samerey | 3½ | |
| | CHATILLON. | Laignes, Nicey, Griselles, Marcenay et Vildieu | 575 | |
| | | Courcelles-les-Rangs, Vix, Pothières, Obtrée et Villiers-le-Patras. | 160 | |
| | | Thoires, Balan et Grancey-sur-Ource. | 57 | |
| | | Courban et Riel-les-Eaux. | 150 | |
| | DIJON. | Norges, Brognon, Orgeux, Ruffey, Courtivron, Varois, Quétigny, Chevigny-Sauveur. | 350 | |
| | | Arc-sur-Tille et Bressey-sur-Tille. | 199 | |
| | | Beire-le-Fort..... | 50 | |
| | | Fenay..... | 75 | |
| | | Mirebeau..... | 100 | |
| | | | 1,720 | |
| COTES DU NORD. | | | ..... | Il n'existe pas de marais à dessécher dans ce département. id. |
| CREUSE. | | | ..... | |
| DORDOGNE. | NONTRON. | Beaussac..... | 120 | |
| | PÉRIGUEUX. | Bronchaud..... | 150 | |
| | RIBERAC. | Cherval et la Chapelle-Grésignac. | 320 | |
| | | | 590 | |
| DOUBS. | BAUME. | Morre et Saône..... | 700 | Il existe encore dans ce département d'autres marais, mais ils présentent moins d'importance. |
| DROME. | DIE. | Luc..... | 600 | |

| DÉPARTEMENS. | ARRONDISSEM. | INDICATION DES LIEUX où les marais sont situés. | NOMBRE d'hectares. | OBSERVATIONS. |
|---|---|---|---|---|
| EURE. | PONT-AUDEMER | La Roque, Marais-Vernier, Bouquelon, St.-Ouen-des-Champs, Ste.-Opportune, St.-Aubin, Quillebeuf. | 7,500 » | Connus sous la dénomination de marais Vernier. |
| EURE et LOIR | CHARTRES | Allones | 2 » | |
| | | Beville | 10 50 | |
| | | Oinville-sous-Auneau | 13 12 | |
| | | Roinville | 3 » | |
| | | Saint-Léger-des-Aubées | 12 » | |
| | | Saint-Luperce | 5 10 | |
| | DREUX | Boullay-Mivoie | 2 58 | |
| | | Romilly | 125 » | |
| | | Chanay | 13 » | |
| | | Lemée | 31 » | |
| | | Donnemain | 29 » | |
| | | Moléans | 100 » | |
| | CHATEAU-DUN | Molitard | 5 » | Ce marais et ceux qui suivent, du même arrondissement, sont formé par la dérivation des eaux de la rivière de Conie. |
| | | La Ferté-Villeneuil | 25 » | |
| | | Civry | 25 » | |
| | | Conie | 30 » | |
| | | Villiers-Saint-Orien | 20 » | |
| | | Perrouville | 30 » | |
| | | Orgères | 30 » | |
| | | Nottonville | 85 » | |
| | | Combehaye | 20 » | |
| | | Fontenay-sur-Conie | 25 » | |
| | | | 68 30 | |
| FINISTÈRE | BREST | Lamartyre | 13 » | |
| | | Tréhou | 5 » | |
| | | Kernouez | 30 » | |
| | | Guisseny | 300 » | |
| | | Peneran | 10 » | |
| | | Plonéour-Trez | 33 » | |
| | MORLAIX | Sizun | 31 » | |
| | | Plonéour-Menez | 12 » | |
| | | Tréflez | 6 » | |
| | | Plouénan | 1 45 | |
| | CHATEAU-LIN | Camaret | 2 43 | |
| | | Braspart, Berrien et Loquéfret | 650 » | |
| | | Morel | 2 43 | |
| | | Quimerch | 20 43 | |
| | | Saint-Hernin | 31 6 | |
| | | Berrien | 119 86 | |
| | | Pionnevez | 72 » | |
| | | Quemeneven | 21 » | |
| | | Saint-Coultz | 1 13 | |
| | | Combrit | 500 » | |
| | | Briec | 73 » | |
| | | à reporter | 7,925 33 | |

| DÉPARTEMENS. | ARRONDISSEM. | INDICATION DES LIEUX où les marais sont situés. | NOMBRE d'hectares. | OBSERVATIONS |
|---|---|---|---|---|
| Suite du Finistère. | QUIMPER | Report | 7,925 33 | |
| | | Peumarch | 54 33 | |
| | | Plobannalec | 2 » | |
| | | Treffiagat | 50 » | |
| | | Kerfeunten | 39 65 | |
| | | Penhars | 20 » | |
| | | Fouesnant | 35 » | |
| | | Trégune | 9 39 | |
| | | | 8,632 70 | |
| GARD. | NISMES | Beaucaire | 657 » | Les marais de cet arrondissement font partie de la concession faite du canal de Beaucaire à Aigues-Mortes. |
| | | Fourques | 482 » | |
| | | Bellegarde | 1,320 » | |
| | | Saint-Gilles | 6,150 » | |
| | | Vauvert | 4,965 » | |
| | | Le Cailar | 530 » | |
| | | Aimargues | 51 » | |
| | | Saint-Laurent | 1,515 » | |
| | | Aigues-Mortes | 1,330 » | |
| | | Aramon | 140 » | |
| | | Jonquières | 60 » | |
| | UZÈS | La Capelle | 56 » | |
| | | Rochefort | 400 » | |
| | | Pujaut | 350 » | |
| | | Saze | 148 » | |
| | | | 18,144 | |
| GARONNE. (haute) | . . . . | . . . . | . . . . | Il n'y a pas de marais à dessécher dans ce département. |
| GERS. | LOMBEZ | Touget | 1 15 | Connus sous la dénomination de marais de Nau... |
| GIRONDE. | BORDEAUX | Rive gau. de la Garonne. | | |
| | | Barsac et Cérons | 130 » | |
| | | Beautiran | 30 » | |
| | | Aigues-Mortes et îles St.-Georges | 320 » | |
| | | St.-Médard d'Eyrans | 100 » | |
| | | Cadaujac, la Corruade | 253 » | |
| | | Cadaujac, Villeneuve | 300 » | |
| | | Villeneuve | 13 » | |
| | | Bègles | 263 » | |
| | | Bègles et Bordeaux Ste.-Croix | 80 » | |
| | | Bordeaux, la Chartreuse et l'Archevêché | 63 » | |
| | | Caudeyran | 20 » | |
| | | Bordeaux, jardins publics et terrains adjacents | 120 » | |
| | | Bordeaux et Bruges | 1,672 » | |
| | | à reporter | 3,354 » | |

| DÉPARTEMENS. | ARRONDISSEM. | INDICATION DES LIEUX où les marais sont situés. | NOMBRE d'hectares. | OBSERVATIONS. |
|---|---|---|---|---|
| *suite de la Gi-ronde.* | *Suite de Bor-deaux.* | *Report* | 3,354 » | |
| | | Blanquefort | 1,000 » | |
| | | Parampuire | 865 » | |
| | | Ludon | 315 » | |
| | | Macau | 60 » | |
| | | Cantenac et Laborde | 126 » | |
| | | Montier, Avensan, Sous-san, Areins | 650 » | |
| | LESPARRE | St.-Laurent de Beche-velle | 600 » | |
| | | Pouillac, Pibrac | 50 » | |
| | | Le Breuille et Lafitte | 300 » | |
| | | St.-Surin de Cadourne Reyson, Verteuil | 800 » | |
| | | Saint-Izens | 750 » | |
| | | Saint-Cristoly | 263 » | |
| | | Begadan | 500 » | |
| | | Valeyrac | 81 » | |
| | | Seurrac, Gaillan, Les-parre | 1,860 » | |
| | | Queyrac | 1,550 » | |
| | | Saint-Vivien | 850 » | |
| | | Le Gua, Vendays | 874 » | |
| | | Talais | 2,200 » | |
| | | Soulac | 1,150 » | |
| | | Mattes | 4,000 » | |
| | | *Rive dr. de la Garonne.* | | |
| | | Bouillac | 100 » | |
| | | Floirac | 130 » | |
| | | Cenons-la-Bastide | 300 » | |
| | | St.-Louis de Montfer-rant, le Gas, Sabarège | 300 » | |
| | | Embarés, Saint-Vin-cent, etc. | 643 » | |
| | BLAYE | Ambès | 1,600 » | |
| | | Blaye, St.-Andronic Fours, St.-Génès | 1,430 » | |
| | | St.-Louis, St.-Simon St.-Ciers-Lalande | 4,618 » | |
| | | Étauliers, Braud, An-glande, et Lavergne | 773 » | |
| | | *Rive gau. de la Dordogne.* | | |
| | | Arveyres | 200 » | |
| | | Izon et Saint-Loubès | 400 » | |
| | | *Rive dr. de la Dordogne.* | | |
| | | Magrigne, Puignac, Ca-zelles, Marcamp | 1,500 » | le long du Moron. |
| | LIBOURNE | Fronsac et St.-Michel | 567 » | |
| | | *à reporter* | 34,756 » | |

| DÉPARTEMENS. | ARRONDISSEM. | INDICATION DES LIEUX où les marais sont situés. | NOMBRE d'hectares. | OBSERVATIONS. |
|---|---|---|---|---|
| *Suite de la Gi-ronde.* | *S. de Libourne.* | *Report* | 34,756 » | |
| | | La Rivière | 250 » | |
| | | Saint-Germain | 100 » | |
| | | Isle de Carney, Cadillac et Lugons | 150 » | |
| | | Saint-Romain | 125 » | |
| | | Asques et Cubsac | 1,500 » | |
| | | *Rivière de Lille.* | | |
| | | Les Billaux | 150 » | |
| | | | 37,031 » | |
| HÉRAULT. | BÉZIERS | Capestang | 2,075 » | |
| | | Vendres | 1,360 » | |
| | | Quarante | 15 » | |
| | | Sauvian | 1 91 | |
| | | Portiragnes | 400 » | |
| | | Bessan | » 12 | |
| | | Agde | 424 » | |
| | | Villemagne | » 72 | |
| | MONTPELLIER | Mauguio | 952 80 | |
| | | Vic | 214 » | |
| | | Lansargues | 561 80 | |
| | | Mireval | 40 » | |
| | | Frontignan | 21 25 | |
| | | Candillargues | 212 40 | |
| | | Lattes et Villeneuve-lès-Maguelone | 313 32 | Concession accordée à la compagnie de Grave, par décret du 17 mars 1809. |
| | | | 6,591 32 | |
| ILLE et VI-LAINE. | REDON | Bains | 892 » | |
| | | Brain | 276 » | |
| | | Fougeray | 150 » | |
| | | Langon | 8 » | |
| | | Redon | 115 » | Causé par le déborde-ment de la Vilaine. |
| | | Renac | 80 » | |
| | SAINT-MALO | Songeal | 120 » | Submergé par les eaux du Couesnon. |
| | | | 1,639 » | |
| INDRE. | LE BLANC | Mézières, Ste.-Gemme, St. Michel et Marti-zay | » » | Il existe dans ces com-munes, sur une étendue de 24 à 28 kilom., des prairies couvertes d'eaux et qui, en produisant que les joncs et des mau-vaises herbes, seraient facilement améliorées en canalisant en élargissant le lit de la rivière de Claise. |

| DÉPARTEMENS. | ARRONDISSEM. | INDICATION DES LIEUX où les marais sont situés. | NOMBRE d'hectares. | OBSERVATIONS. |
|---|---|---|---|---|
| INDRE et LOIRE. | CHINON | Azay-le-Rideau, Cheille. | 37 » | |
| | | Avoine, Savigny. | 250 » | |
| | | Beaumont. | 92 » | |
| | | Chinon. | 87 » | |
| | | Cinais. | 110 » | |
| | | Huisme. | 20 » | |
| | | Saint-Germain. | 40 » | |
| | | Laroche. | 18 » | |
| | | Seuilly. | 64 » | |
| | | Thysay. | 40 » | |
| | | Restigné. | 18 » | |
| | | Cravant. | 36 » | |
| | | Trogues. | 4 » | |
| | | Les Essards. | 24 » | |
| | | Saint-Michel. | 16 » | |
| | | Saint-Symphorien. | 12 33 | |
| | | Ligré. | 16 » | |
| | | Marcé. | 21 50 | |
| | | Le Sablon. | 955 83 | |
| ISÈRE. | GRENOBLE | St.-Laurent du Pont. | 209 » | Ce marais est formé par les eaux du Guyers. |
| | | Crolles, Lumbin. | 190 » | |
| | | Lamure, Saint-Honoré, Pierre-Châtel. | 134 » | |
| | | Eybens, Poisat, Saint-Martin-d'Hère. | 63 12 | Concédé par décret du 1er février 1813. |
| | ST.-MARCELLIN | Moirans | 167 » | Sur les bords de la rivière de Morges. |
| | | Tullins. | 268 » | Attérissement de l'Isère. |
| | | Saint-Quentin. | 9 » | |
| | LA TOUR-DE-PIN | Jamezien, Chamagnieu, Frontonas, St.-Marcel, Venerieu, Saint-Hilaire, Trept, Cosances et Serrières, Arandon, St.-Victor, Passins, Morestel, Bouhbage, Vézeroncees, les Avenières, Granieu, Corbelin, Veyrin, Thuellin, Curtin, Vasselin, Vignieu, Saint-Chef, Saint-Savin, Jallieu, Bourgoin. | 5,000 » | Ces terrains sont connus sous le nom de marais de Bourgoin, originairement concédés au maréchal duc de Bouillon, et par décret du 16 novembre 1813, à M. de la Tour d'Auvergne. |
| | | La Tour-du-Pin, St.-Victor-de-Cessieux, Roche et Toirin, St.-Jean de Soudin. | 200 » | Sur la rivière de Fourlen. Concédé par ordon. du 10 septembre 1817. |
| | | Saint-André-la-Palud, Fitilieu. | 100 » | |
| | | *reporter.* | 6,349 12 | |

| DÉPARTEMENS. | ARRONDISSEM. | INDICATION DES LIEUX où les marais sont situés. | NOMBRE d'hectares. | OBSERVATIONS. |
|---|---|---|---|---|
| *Suite de l'Isère.* | *Suite de la Tour-du-Pin.* | *Report.* | 6,349 12 | |
| | | Biol, Montrevel et Doissin. | 250 » | |
| | | Virieu, Blandin, Panissage, Chelieu, Chassigneu, Passage, St.-Oudras. | 800 » | |
| | VIENNE | L'Isle d'Abeau, Domarin, St.-Alban, Vaux et Millieu, Ville Falavia, la Verpillière, St.-Quentin, Satolas, Colombier, Chavagnieu. | 2,000 » | |
| | | St.-Symphorien d'Ozon | 120 » | |
| | | Communay. | 7 » | |
| | | Simandres. | 29 » | |
| | | Marennes. | 30 » | |
| | | Illins, Mons et Luzinay. | » 52 | |
| | | Vaux-en-Velin, Villeurbanne. | 18 » | Ancien lit du Rhône. |
| | | Décines, Charpieu et Meyzien. | 42 50 | Marais dit de Chemin. |
| | | Genas. | 6 » | |
| | | Charvieu, Janeyrias. | 50 » | Lac de Charvieu. |
| | | Purignan. | 60 » | Marais dit de Charvas. |
| | | Villette-d'Anthon, Yons. | 90 » | |
| | | | 9,852 14 | |
| JURA. | LONS-LE-SAULNIER. | Coges. | 133 » | |
| | | Villevieux. | 87 » | |
| | | Ruffey. | 8 » | |
| | | Mainal. | 10 » | |
| | | Auges. | 5 » | |
| | | Ecrilles. | 5 » | |
| | | Orgelet, Dompierre, Sensi, St.-Georges, Moritonne, Befliat, Cézéria. | 240 » | |
| | | Coulouvres. | 5 » | |
| | DOLE. | Pleures, Chausin, St.-Barain, Asnans, Beauvoisin-les-Essarts, la Chainée, Chêne-Bernard. | 13 50 | Une vaste prairie considérable serait considérablement améliorée par le dessèchement de ce marais. |
| | POLIGNY. | Andelot. | 98 » | Ce marais et la plupart de ceux du même arrondissement ci-après désignés sont des tourbières en exploitation ou déjà exploités, ou enfin susceptibles à l'être. |
| | | Arsures. | 8 » | |
| | | Bief-des-Maisons. | 3 » | |
| | | Bief-Dufour. | 76 » | |
| | | Bourg-de-Sirod. | 36 » | |
| | | Censeau. | 35 » | |
| | | *à reporter.* | 662 50 | |

| DÉPARTEMENS. | ARRONDISSEM. | INDICATION DES LIEUX. où les marais sont situés. | NOMBRE d'hectares | OBSERVATIONS. |
|---|---|---|---|---|
| | | Report... | 66o 5o | |
| Suite du Jura. | Suite de Poligny. | Chapois. | 40 » | |
| | | Charmoye. | 2 » | |
| | | Essavilly. | 6 » | |
| | | Esserval-Tartre. | 10 » | |
| | | Fraroz. | 5 » | |
| | | Froide-Fontaine. | 2 » | |
| | | Gillois. | » 72 | |
| | | Latet. | 33 » | |
| | | Larderet. | 18 » | |
| | | Miéges. | 2 » | |
| | | Mignovillars. | 9 » | |
| | | Noseroy. | 3 » | |
| | | Onglières. | 2 » | |
| | | Pasquier. | 14 » | |
| | | Petit-Villars. | 12 » | |
| | | Supt. | 7 » | |
| | | Trebief. | 4 » | |
| | | Vers. | 40 » | |
| | | Saint-Claude. | 1 » | |
| | | Septmoncel. | 9 5o | |
| | | Les Molunes. | 16 5o | |
| | | Maret - Marechet. | 10 8o | |
| | | Vallin. | 9 6o | |
| | SAINT-CLAUDE. | La Rixouse. | 12 » | |
| | | Les Villedis. | 10 » | |
| | | Couture. | 8 » | |
| | | Ravillole. | 7 » | |
| | | Saint-Lupicin. | 7 » | |
| | | Prénovel. | 4 » | |
| | | Long-Chaumois. | 16 » | |
| | | Bois-d'Amont. | 7 » | |
| | | Les Rousses. | 18 » | |
| | | Belle-Fontaine. | 8 » | |
| | | Bouchoux. | 31 » | |
| | | Moussières. | 25 71 | |
| | | Bellecombe. | 2 » | |
| | | Viry. | 5o | |
| | | | 1,096 84 | |
| LANDES. | MONT-DE-MARSAN. | Gabarret, Herré, Créon, Estigarde. | 1,689 » | |
| | | Sanguinet. | 5,8oo » | |
| | | Biscarrosse. | 410 » | |
| | | Biscarrosse, Parentis, Gastes, Ste.-Eulalie. | 3,547 » | |
| | | Ste.-Eulalie, St.-Paul, Aureilhau Mimisan. | 690 » | |
| | SAINT-SÉVER. | Pontoux. | 20 » | |
| | | Gouts. | 10 » | |
| | | Souprosse. | 100 » | |
| | | Bégaar. | 30 » | |
| | | Carcarès. | 150 » | |
| | | à reporter... | 12,476 » | |

| DÉPARTEMENS. | ARRONDISSEM. | INDICATION DES LIEUX où les marais sont situés. | NOMBRE d'hectares | OBSERVATIONS. |
|---|---|---|---|---|
| | | Report...... | 12,476 » | |
| S. des Landes. | S. de St.-Séver. | Carcen. | 200 » | |
| | | Villenave. | 50 » | |
| | | Mugron. | 2 » | |
| | DAX. | Dax. | 50 » | |
| | | Frosse. | 60 » | |
| | | Candresse. | 80 » | |
| | | Thétieu. | 25 » | |
| | | Pouy. | 70 » | |
| | | Saint-Paul. | 200 » | |
| | | Saint-Vincent. | 150 » | |
| | | Meez. | 60 » | |
| | | Angoumé. | 100 » | |
| | | Rivière. | 200 » | |
| | | Sambosse. | 200 » | |
| | | Œyreluy. | 50 » | |
| | | Seyresse. | 25 » | |
| | | Tercis. | 200 » | |
| | | Siest. | 80 » | |
| | | Heugasse. | 150 » | |
| | | Gousse. | 50 » | |
| | | Onard. | 30 » | |
| | | Précharcq. | 50 » | |
| | | Saint-Jean de Lier. | 40 » | |
| | | Saint-Pierre de Lier. | 30 » | |
| | | Orist. | 30 » | |
| | | Pey. | 50 » | |
| | | Tarmes. | 25 » | |
| | | Saint-Étienne. | 30 » | |
| | | Castels. | 100 » | |
| | | Vielle-Saint-Girons. | 100 » | |
| | | Linxe. | 150 » | |
| | | Escalus, Saint-Michel. | 400 » | |
| | | Léon. | 5oo » | |
| | | Saint-Julien. | 1,000 » | |
| | | Lévignacq. | 200 » | |
| | | Lit. | 100 » | |
| | | Saint-André. | 3oo » | |
| | | Seignaux. | 5oo » | |
| | | Sanbrigues. | 220 » | |
| | | Ora. | 150 » | |
| | | Benesse. | 150 » | |
| | | Saint-Laurent. | 100 » | |
| | | Saint-Barthelemy. | 50 » | |
| | | Biaudos. | 5o » | |
| | | Tarnos. | 5o » | |
| | | Angresse. | 200 » | |
| | | Azur. | 100 » | |
| | | Soorts. | 100 » | |
| | | Soustons. | 3oo » | |
| | | Tosse. | 200 » | |
| | | Saubion. | 100 » | |
| | | St.-Vincent de Tyssc. | 100 » | |
| | | | 18,933 » | |

| DÉPARTEMENS. | ARRONDISSEM. | INDICATION DES LIEUX où les marais sont situés | NOMBRE d'hectares | OBSERVATIONS. |
|---|---|---|---|---|
| LOIRE-INFÉ-RIEURE. | ARCENIS | Ancenis | 82 » | |
| | | Saint-Herblon | 180 » | |
| | | Anetz | 20 » | |
| | | Le Cellier | 24 » | |
| | CHATEAUBRIANT | Nort | 45 » | |
| | | Petit Mars | 152 48 | |
| | | Saint-Mars | 250 » | |
| | NANTES | Carquefou | 103 » | |
| | | Chapelle-Heulin | 71 58 | |
| | | Chapelle-sur-Erdre | 120 » | |
| | | Saint-Julien | 148 69 | |
| | | Machecoul | 2,000 » | |
| | | Saint-Mesme | 58 50 | |
| | | Sucé | 400 » | |
| | | Thouaré | 30 » | |
| | | La Chevrollière, St.-Lumine de Coutais, St.-Mars de Coutais, Pont Saint-Martin, Saint-Philbert, St.-Léger, St.-Aignaut, Bouaye | 2,800 » | Marais de Granllieu. |
| | PAIMBŒUF | Saint-Brévin | 40 » | |
| | | Cheix | 200 » | |
| | | Arthon, Chauvé, Clion | 950 » | Marais de la Haute-Perche. |
| | | Bourgneuf | 170 » | |
| | | Fresnay | 15 » | |
| | | Les Moutiers | 60 » | |
| | | Corsept | 50 » | |
| | | Frossay | 400 » | |
| | | Saint-Hylaire | 300 » | |
| | | St.-Jean de Boizeau | 20 » | |
| | | Sainte-Marie | 5 » | |
| | | S...ate-Pazanne | 300 » | |
| | | Le Pellerin | 50 » | |
| | | Saint-Père en Retz | 340 » | |
| | | Port Saint-Père | 300 » | |
| | | Rouans | 600 » | |
| | | Viaud | 120 » | |
| | | Vue | 500 » | |
| | SAVENAY | St.-André-des-Eaux | 55 91 | |
| | | Asserac | 115 23 | |
| | | Avessac | 388 96 | |
| | | Besné | 206 53 | |
| | | Bouée | 96 27 | |
| | | Cambon | 729 30 | |
| | | Chapelle-Launay | 379 23 | |
| | | Cordemais | 263 11 | |
| | | Coueron | 236 78 | |
| | | Brossac | 437 58 | |
| | | Donges | 1,239 81 | Concession renouvelée par ordon. du 3 juill 1827 |
| | | à reporter | 15,052 96 | |

| DÉPARTEMENS. | ARRONDISSEM. | INDICATION DES LIEUX où les marais sont situés | NOMBRE d'hectares | OBSERVATIONS. |
|---|---|---|---|---|
| S. de la Loire inférieure. | S. de Savenay. | à reporter | 15,052 96 | |
| | | Drefféac | 388 96 | |
| | | Saint-Etienne Montluc | 5-9 5 | |
| | | Fegréac | 817 » | |
| | | Saint-Gildas-des-Bois. | 457 3 | |
| | | Guerrouet | 223 65 | |
| | | Herbignac | 48 60 | |
| | | Saint-Joachim | 7,730 58 | Dans cette quantité est comprise la grande Tourbière de la Brière, qui contient 7295. |
| | | Lavau | 272 2. | |
| | | Saint-Lyphard | 93 36 | |
| | | Malleville | 21 88 | |
| | | Les marais | 1,021 48 | |
| | | Montoir | 4.8 4. | |
| | | Saint-Nazaire | 145 86 | |
| | | Saint-Nicolas | 534 87 | |
| | | Pleszé | 8- 52 | |
| | | Pont-Château | 432 58 | |
| | | Pringuiau | 196 91 | |
| | | Quilly | 72 93 | |
| | | Sainte-Reine | 224 63 | |
| | | Severac | 106 91 | |
| | | Masserac | 63? 6 | |
| | | | 29,514 52 | |
| LOIRET. | MONTARGIS et PITHIVIERS. | Sceaux, Corbeilles, Mignerettes, Courtempierres, Bordeaux et Auxi | 3,500 » | |
| LOT. | GOURDON. | Cavagnac, St.-Michel et Condat. | 32 » | |
| LOT ET GARONNE. | AGEN. | Brax | 21 50 | |
| LOZÈRE. | MARVEJOLS. | St.-Laurent de Muret | 8 » | |
| | | Marchastel | 72 » | |
| | | Nasbinals | 400 » | Lacs de Sailluns et de Souleirol. |
| | | | 480 » | |
| MAINE ET LOIRE. | BAUGÉ. | Andart, Beaufort, Brain, Brion, Corné, La Bohal, Ladaguenière, Les Ponts de Cé, Sorges, les Rosiers, Mazé, Saint-Clément, Saint-Mathurin et Trelaze, Antogné, Meron, Epics, Brezé, Saint-Just et Chassée | 5,000 » | Marais de Chaillen. |
| | | | 1,167 » | Marais de la Dive, dont la concession accordée... |
| | | | 5,167 » | |

| DÉPARTEMENS | ARRONDISSEM. | INDICATION DES LIEUX où les marais sont situés. | NOMBRE d'hectares. | OBSERVATIONS. |
|---|---|---|---|---|
| MANCHE. . . | AVRANCHES. . . | Aucey et Boucey. . . | 15 | » |
| | COUTANCES. . . . | Appeville. . . . . . . | 200 | » |
| | | Houtteville. . . . . . | 130 | » |
| | | Coigny et Cretteville. . | 80 | » |
| | | Vuidefontaine. . . . . | 70 | » |
| | | Varenguebec. . . . . . | 100 | » |
| | | Doville. . . . . . . . | 200 | » |
| | | St.-Sauveur-de-Pierre-Pont, St.-Nicolas-de-Pierre-Pont et Baudreville. . . . . . | 100 | » |
| | | Marchesieux. . . . . | 27 | » |
| | | Marchesieux, Aubigny, St.-Martin-d'Aubigny, St.-Cristophe et Feugères. . . . . . | 150 | » |
| | | St.-Germain-sur-Sèves | 70 | » |
| | | Nay. . . . . . . . . | 50 | » |
| | | Gorges. . . . . . . . | 20 | » |
| | | Le Plessis. . . . . . | 25 | » |
| | | Saint-Jores et Beaupte. | 100 | » |
| | | Bretal, Breville, Coudeville et Longueville. | 250 | » |
| | | Brisqueville sur mer. . | 150 | » |
| | | Surville. . . . . . . | 40 | » |
| | | Lessay, Créances et St.-Germain sur Ay. . . | 120 | » |
| | | Pirou et Geffosses. . . | 40 | » |
| | | Montmartin sur mer. . | 80 | » |
| | | Agon. . . . . . . . . | 100 | » |
| | | Tour-la-Ville. . . . . | 100 | Loin de mer. |
| | | Montchaton. . . . . . | 40 | » |
| | SAINT-LO . . . . | Anvers. . . . . . . . | 25 | » |
| | | Auxais. . . . . . . . | 130 | » |
| | | Carentan . . . . . . | 160 | » |
| | | Meautis. . . . . . . | 278 | » |
| | | Montmartin en Graignes. . . . . . . . | 535 | » |
| | | St.-André de Bohon. . | 100 | » |
| | | St.-Aubin de Lesque. . | 15 | » |
| | | Sainteny. . . . . . . | 269 | » |
| | | Saint-Fromond. . . . | 91 | » |
| | | St.-Georges de Bohon | 380 | » |
| | | St.-Hilaire-Petit-Ville. | 121 | » |
| | | Saint-Pellerin . . . . | 53 | » |
| | | St.-Pierre-d'Arthenay. | 160 | » |
| | | Tribehou. . . . . . . | 399 | » |
| | VALOGNES. . . | Carteret. . . . . . . | 60 | » |
| | | L'abaye-d'Ectot. . . . | 20 | » |
| | | Valdécie. . . . . . . | 6 | » |
| | | Notre-Dame-d'Allone. . | 60 | » |
| | | Ourville. . . . . . . | 100 | » |
| | | St.-Pierre-d'Allone. . | 60 | » |
| | | à reporter. . . . . | 5,731 | » |

| DÉPARTEMENS | ARRONDISSEM. | INDICATION DES LIEUX où les marais sont situés. | NOMBRE d'hectares. | OBSERVATIONS |
|---|---|---|---|---|
| | | Report. . . . . | 5,731 | » |
| Suite de la Manche. | Suite de Valognes. | St.-Pierre-d'Arthéglise. | 200 | » |
| | | Surtosville. . . . . . | 160 | » |
| | | Breuville. . . . . . . | 35 | » |
| | | Levretot. . . . . . . | 8 | » |
| | | Hagueville. . . . . . | 6 | » |
| | | Lestre. . . . . . . . | 62 | » |
| | | Quineville . . . . . . | 33 | » |
| | | Besneville. . . . . . | 12 | » |
| | | Sainte-Colombe. . . . | 12 | » |
| | | Brix. . . . . . . . . | 5 | 18 |
| | | Baubigny. . . . . . . | 60 | » |
| | | St.-Jean de la Rivière. | 20 | » |
| | | Bouche-Ville. . . . . | 329 | » |
| | | Cateville. . . . . . . | 20 | » |
| | | St.-Sauveur sur Douve. | 166 | » |
| | | Rauville-la-Place. . . | 60 | » |
| | | Crosville. . . . . . . | 25 | » |
| | | La Bonneville. . . . . | 68 | » |
| | | Etienville. . . . . . | 85 | » |
| | | Les Moitiers. . . . . | 60 | » |
| | | Le Hommet . . . . . | 51 | » |
| | | Hennesez . . . . . . | 17 | » |
| | | Vurville. . . . . . . | 24 | » |
| | | Orglandes. . . . . . | 36 | » |
| | | Gourbesville. . . . . | 23 | » |
| | | Amfresville. . . . . | 100 | » |
| | | Picauville . . . . . . | 240 | » |
| | | Bouzeville-Labastille. | 80 | » |
| | | Neuville au Plein. . . | 24 | » |
| | | Chef du Pont. . . . . | 40 | » |
| | | Carquebut. . . . . . | | » |
| | | Blosville, Houesville et Liesville . . . . | 376 | » |
| | | Bonteville. . . . . . | 15 | » |
| | | Turqueville. . . . . . | 20 | » |
| | | Biniville. . . . . . . | 7 | » |
| | CHERBOURG. . . | Biville. . . . . . . . | 25 | » |
| | | Branville. . . . . . . | 50 | » |
| | | Greville. . . . . . . | 25 | » |
| | | Sainte-Croix-Hague. . | 280 | » |
| | | Tonneville. . . . . . | 100 | » |
| | | Heauville. . . . . . . | 220 | » |
| | | Lespieur. . . . . . . | 164 | » |
| | | Sionville. . . . . . . | 50 | » |
| | | Hardinvast. . . . . . | 63 | » |
| | | Tourlaville. . . . . . | 190 | » |
| | | Brillevast . . . . . . | 82 | » |
| | | Carneville. . . . . . | 67 | » |
| | | Neville. . . . . . . . | 15 | » |
| | | Theville. . . . . . . | 30 | » |
| | | Beaumont. . . . . . . | 257 | » |
| | | Acqueville . . . . . . | 16 | » |
| | | Flottemanville-Hague. | 10 | » |
| | | à reporter. . . . . | 10,718 | 18 |

| DÉPARTEMENS. | ARRONDISSEM. | INDICATION DES LIEUX où les marais sont situés. | NOMBRE d'hectares. | OBSERVATIONS. |
|---|---|---|---|---|
| *Suite de la Manche.* | *Suite de Cherbourg.* | *Report* . . . . | 10,248 18 | |
| | | Herqueville . . . . . | 45 » | |
| | | Vasteville . . . . . | 207 » | |
| | | Vauville . . . . . | 8 » | |
| | | Briquebosq . . . . . | 38 » | |
| | | Sotteville . . . . . | 5 » | |
| | | Treauville . . . . . | 300 » | |
| | | Brotteville . . . . . | 200 » | |
| | | Couville . . . . . | 100 » | |
| | | Digoville . . . . . | 50 » | |
| | | Mesnil-Auval . . . . | 44 » | |
| | | Nouainville . . . . . | 39 » | |
| | | Deteville . . . . . | 45 » | |
| | | Teurteville-Hague . . . | 110 » | |
| | | Tollevast . . . . . | 30 » | |
| | | Virandville . . . . . | 35 » | |
| | | Fermanville . . . . . | 300 » | |
| | | Gonneville . . . . . | 45 » | |
| | | Maupertus . . . . . | 50 » | |
| | | Vrasville . . . . . | 41 » | |
| | | Augoville . . . . . | 2 4 | |
| | | | 12,855 58 | |
| MARNE . . . . | REIMS. | Auménancourt-le-Grand | 22 » | |
| | | Auménancourt-le-Petit | 22 » | |
| | | Auberive . . . . . | 16 » | |
| | | Bathieux-lès-Fismes . . | 5 3 | |
| | | Bourgogne . . . . . | 23 » | |
| | | Breuil . . . . . | 26 » | |
| | | Cormontreuil . . . . | 70 » | |
| | | Heutregiville . . . . | 10 » | |
| | | Juachery . . . . . | 12 6 | |
| | | Merxy . . . . . | 16 4 | |
| | | Maison . . . . . | 25 » | |
| | | Pontfaverger . . . . | 24 » | |
| | | Prunay . . . . . | 10 » | |
| | | Saint-Thierry . . . . | 40 » | |
| | | Sillery . . . . . | 25 » | |
| | | Taissy . . . . . | 100 » | |
| | | Thuizy . . . . . | 72 » | |
| | | Trigny . . . . . | 5 » | |
| | | Beaumont . . . . . | 55 » | |
| | | Vuazincourt . . . . | 10 » | |
| | | Bazancourt . . . . . | 8 » | |
| | | Courmelois . . . . . | 68 » | |
| | | Chenay . . . . . | 18 » | |
| | | Châlons-sur-Vesle . . . | 53 » | |
| | | Tillois . . . . . | 22 » | |
| | | Septsaulx . . . . . | 60 » | |
| | | Wuarmereville . . . . | 5 » | |
| | | Montigny . . . . . | 10 » | |
| | | Saint-Hilaire-le-Petit . . | » 9 | |
| | | Tuez . . . . . | 81 » | |
| | | *à reporter* . . . . . | 916 31 | |

| DÉPARTEMENS. | ARRONDISSEM. | INDICATION DES LIEUX où les marais sont situés. | NOMBRE d'hectares. | OBSERVATIONS. |
|---|---|---|---|---|
| *Suite de la Marne.* | STE.-MENEHOULD. | *Report* . . . . . | 916 31 | |
| | | Gizaucourt . . . . | 60 » | Marais des Bruss, 20 hect.; marais de Lochez, 40 hect. |
| | | Felcourt . . . . . | 5 » | |
| | CHALONS. ( sur Marne ) | Athis . . . . . | 123 57 | Marais Virot, 18 hect. 57 ares; grand marais, 103, et les Noues, 2 hect. 20 ares. |
| | | Aulnay-sur-Marne . . . | 66 » | |
| | | Champagne . . . . | 43 56 | |
| | | Champigneul . . . . | 178 » | |
| | | Cherville . . . . . | 5 92 | |
| | | Jalons . . . . . | 108 85 | |
| | | Matougues . . . . | 3 » | |
| | | Villers-aux-Corneilles . . | 8 86 | |
| | EPERNAY . . . . | Morains, Aulnay-aux-Planches, Coligny, Aulnireuls, Vert-la-Gravelle, Bannes, Broussy-le-Grand, Joches, Coizard, Broussy-le-Petit, Reuvres, Courjeonnes, Oyes, Villevenard, St.-Prix . | 2,415 » | Marais de Saint-Gond. |
| | | Gaye . . . . . | 42 » | |
| | | Pleurs . . . . . | 158 » | |
| | | Angluzelle et Courcelles | 220 » | |
| | | Marigny . . . . . | 56 » | |
| | | Taas . . . . . | 61 » | |
| | | Fauxfrenay . . . . | 195 » | |
| | | Courcemain . . . . | 210 » | |
| | | Lachapelle-Lasson . . . | 30 » | |
| | | Saint-Saturnin . . . . | 73 » | |
| | | Marangis . . . . . | 108 » | |
| | | Touares . . . . . | 52 » | |
| | | Anglure . . . . . | 80 » | |
| | | Quendes . . . . . | 10 » | |
| | | Tilevote . . . . . | 25 » | |
| | | Villeneuve-St-Vitré . . | 54 » | |
| | | St.-Quentin-Leveuger . . | 66 » | |
| | | Allemanche et Launay . | 158 » | |
| | | Sogex . . . . . | 3 » | |
| | | Potangis . . . . . | 36 » | |
| | | Villiers-aux-Corneilles . . | 33 » | |
| | | | 5 63 6 | |
| MARNE (H.). | LANGRES . . . . | Clezeaux . . . . . | 35 » | |
| MAYENNE. | . . . . . . . . | . . . . . . . . | . . . . | Il n'y a pas de marais à dessécher dans ce département. |

| DÉPARTEMENS. | ARRONDISSEM. | INDICATION DES LIEUX où les marais sont situés. | NOMBRE d'hectares. | OBSERVATIONS. |
|---|---|---|---|---|
| MEURTHE. | TOUL | Foug.... | 56 | " |
| | | Laye.... | 66 | " |
| | | Lindre, Dieuze, Moyal Moyenvic, Vic, Burtecourt et Chambrey | 563 | Marais de la Seille. |
| | | | 685 | |
| MEUSE. | MONTMÉDY | Avioth.... | 39 | " |
| MORBIHAN. | LORIENT | Queven, Pont-Scorff, Caudan et Cleguer. | 253 | Bassin du Scorff. |
| | PONTIVY | Saint-Aignan.... | 132 | " |
| | | Langoelan.... | 115 | " |
| | | Langonnet.... | 98 | " |
| | | Moréac.... | 150 | " |
| | | Plouray.... | 150 | " |
| | VANNES | Auzay.... | 200 | Indépendamment des marais désignés, il en existe encore un grand nombre d'autres qui, moins importans quand on les considère isolément, présentent ensemble une superficie de plus de 15,000 hectares, qui exigeraient que quelques soins pour être rendus à l'agriculture. |
| | | Saint-D-Lay.... | 60 | |
| | | Glénac.... | 800 | |
| | | Grandchamp.... | 280 | |
| | | Pennetin.... | 120 | |
| | | Rieux.... | 300 | |
| | | Théhillac.... | 121 | |
| | | | 2,979 | |
| MOSELLE. | THIONVILLE | Creutzwald.... | 15 | |
| | | Falck.... | 17 | |
| | | Hargarten-aux-Mines | 14 | |
| | | Ham et Guerting.... | 13 | |
| | | Porcelette.... | 8 | |
| | | Warsberg.... | 16 | |
| | | Lixhoff.... | 192 | |
| | | Nouveau Forvillers.... | 3 | |
| | | Pachten.... | 58 | |
| | | Homrradt.... | 39 | |
| | | Erbring.... | 24 | |
| | | Reimshach.... | 47 | |
| | | | 428 | |
| NIÈVRE. | COSNE | Suilly-Latour.... | 80 | |
| | | Perroy.... | 150 | |
| | | Saint-Quentin.... | 102 | |
| | | Saint-Martin.... | 660 | |
| | | | 992 | |
| NORD. | DOUAI | Roost-Warendin.... | 150 | |
| | | Belle-Forière.... | 350 | |
| | | Cuincy, Sanwin-Plaque, Dorigny, Flers, Waguonvilles.... | 80 | Marais de l'Escrebieux. |
| | | à reporter.... | 580 | |

| DÉPARTEMENS. | ARRONDISSEM. | INDICATION DES LIEUX où les marais sont situés. | NOMBRE d'hectares. | OBSERVATIONS. |
|---|---|---|---|---|
| | | Report.... | 580 | |
| Suite du Nord. | Suite de Douay. | Ennevelin, Fretin, Personne, Louville, Cisoing, Sainghin, Bouvines, Cicereng, Tressin, Asq, Forest, Annapes, Heu.... | 701 | Marais de la Marque. |
| | DOUAY et LILLE. | Auby, Flausin, Provin, Auberlin, Sabme, Hantai, Marquilis, Chemy, Sainghin, Atlesnes, Wavrin, Santes, Heriu, Goudecourt, Seclin, Bauplin, Ancoisne, Wattiguies, Haubourdin, Esmerin, Noyelles.... | 4,000 | |
| | DOUAY et CAMBRAY. | Arleux, Brumemont, Aubigny, Lechain, Wannesambacq, Wavrechain, Fouchain, Aubencheul, Hem-Lenglet, Paillencourt, Étrun, Hordain.... | 751 | Marais de la Sensée. |
| | | | 6,010 | On n'a point jugé convenable de faire entrer dans ce tableau les Moeres et les Wateringues situés dans l'arrondissement de Dunkerque, non plus que les marais des vallées de la Scarpe, de la Haine et de l'Escaut, dans l'arrondissement de Douay. Ces terrains sont des terches autant qu'ils sont susceptibles de l'être, et des règlemens d'administration publique ont statué sur le mode de leur entretien, auquel il est pourvu par les cotisations annuelles des propriétaires intéressés, réunis ou en associations. |
| OISE. | BEAUVAIS. | Troissereux.... | 44 | |
| | | Beauvais.... | 230 | |
| | | Breoles.... | 434 | Marais de Héns, 16; h. de Froidmont, 225; de Bons, 217. |
| | | Bailleux-sur-Therain | 33 | Marais de St-Sabin, 15 hect; de la Saule, 6; de Froidmont, 10; Vieux-Marais, 2. |
| | | Chaumont.... | 305 | |
| | | Ivry-le-Temple et Monts. | 115 | |
| | | à reporter.... | 1,161 | |

| DÉPARTEMENS | ARRONDISSEM. | INDICATION DES LIEUX où les marais sont situés. | NOMBRE d'hectares. | OBSERVATIONS |
|---|---|---|---|---|
| | | *Report* . . . . | 1,161 | |
| Suite de l'Oise. | CLERMONT. . . . | Sacy-le-Grand, La-bruyère, Rosoy, Ver-deronne, Laqueux et Montmair. . . . . . | 1,150 » | Marais de Sacy-le-Grand. Le dessèchement en a été concédé à madame la marquise de Villette et à ses fils, par décret du 29 octobre 1809. |
| | | Faillart et Breteuil. . . | 109 » | |
| | | Airion. . . . . . . | 25 » | |
| | | Étouy. . . . . . . | 10 » | |
| | | Bulles. . . . . . . | 85 » | |
| | | Larue-Saint-Pierre. . . | 50 » | |
| | | Breuil-le-Sec. . . . . | 33 » | |
| | | Breuil-le-Vert. . . . . | 35 » | |
| | | Bailleval, Rantigny et Cuy. . . . . . . | 60 » | |
| | | Liancourt. . . . . . | 15 » | |
| | | Cauffry. . . . . . . | 8 » | |
| | | Thury. . . . . . . | 10 » | |
| | | Mondainville. . . . . | 70 » | |
| | | Saint Félix. . . . . . | 30 » | |
| | | Heilles. . . . . . . | 95 » | |
| | | Mouy. . . . . . . | 32 » | |
| | | Angy. . . . . . . | 7 » | |
| | | Bury. . . . . . . | 10 » | |
| | | Cambronne. . . . . . | 35 » | |
| | COMPIÈGNE. . . | Noyon. . . . . . . | 71 » | |
| | | Beaurin. . . . . . | 23 » | |
| | | Genvry. . . . . . . | 23 » | |
| | | Sermaise et Bezincourt | 24 » | |
| | | Busy. . . . . . . | 74 » | |
| | | Muirancourt et le Ha-meau de Reimber-court. . . . . . . | 17 » | |
| | | Appilly, Babœuf, Bé-héricourt, Salency, Varennes, Pontoise et Noyon. . . . . . | 656 » | |
| | | Pont-l'Évêque, Sempi-gny, Passel, Chéry et Pimpré. . . . . . | 137 » | |
| | | Ville, Épiny, Évri-court, Canaulancourt, Cuy et Dives. . . . | 109 » | |
| | | Suzy et Larbroye. . . | 31 » | Sur le bord de la rivière de Mata, depuis sa source jusqu'à son embouchure dans l'Oise. |
| | | Machemont. . . . . | 491 » | |
| | | Montiers, Moyenne-ville, Gournay, Mou-chy, Baugy, Notre-Dame-de-Coudun, Bienville et Clairy. . | 648 » | Sur les bords de l'Arrêle, depuis sa source jusqu'à son embouchure. |
| | | *à reporter* . . . | 5,314 » | |

| DÉPARTEMENS | ARRONDISSEM. | INDICATION DES LIEUX où les marais sont situés. | NOMBRE d'hectares. | OBSERVATIONS |
|---|---|---|---|---|
| | | *Report* . . . . | 5,314 » | |
| Suite de l'Oise. | SENLIS. . . . | Marolles, Fulaines, Ma-reuil, Neufchelles et Vatinfroi. . . . . . | 528 » | |
| | | Marchémoutier, Thiers, Pontarmé, Coye. . . | 610 » | Marais de la Thève. |
| | | St-Vast et Montâaire, Vaumoise, Russy, Bé-mant, Feigneux, Rou-neuil, etc. . . . . | 52 » | Vallée de Therain. |
| | | | 51 » | |
| | | | 6,613 » | |
| ORNE . . . . | ARGENTAN. . . | Briouze. . . . . . . | 450 » | Grand marais, situé dans la Jacobsonnière et à Bargy, etc. |
| | MORTAGNE. . . | Bellou en Houlme. . . | 157 » | |
| | | St-Mars d'Égrenne. . | 13 » | Marais de Lalande d'Égrenne. |
| | | Rouellé. . . . . . . | 525 » | Marais de Laulé. |
| | | St-Brice-les-Marais. . | 25 » | Marais de l'eau de Messey. |
| | | St-Gervais de Messey . | 13 » | |
| | | | 703 » | |
| PAS-DE-CA-LAIS. | ARRAS. . . . | Saint-Laurent. . . . | 9 » | Vallée de la Scarpe. |
| | | Athies. . . . . . . | 25 91 | |
| | | Feuchy. . . . . . . | 7 » | |
| | | Roeux. . . . . . . | 61 » | |
| | | Fampoux. . . . . . | 54 65 | |
| | | Pelves. . . . . . . | 85 85 | |
| | | Plouvain. . . . . . | 84 » | |
| | | Biache. . . . . . . | 161 » | |
| | | Vitry. . . . . . . | 188 » | |
| | | Brébières. . . . . . | 17 93 | |
| | | Corbehem. . . . . . | 14 12 | |
| | | Avion. . . . . . . | 18 56 | |
| | | Fortiqueune. . . . . | 25 63 | |
| | | Amblain-les-Prés. . . | 6 » | |
| | | Batalle. . . . . . . | 20 » | |
| | | Saulchy-Gauchy. . . | 42 42 | |
| | | Oisy. . . . . . . . | 6 » | |
| | | Palud. . . . . . . | 98 60 | |
| | | Sandrmont. . . . . | 89 » | |
| | | Rumaucourt. . . . . | 62 » | |
| | | Escout-St-Quentin. . | 15 » | |
| | | Oury. . . . . . . | 19 58 | |
| | | Éterphigny. . . . . | 19 85 | |
| | | Estoing. . . . . . . | 5 27 | |
| | BÉTHUNE. . . | Wingles. . . . . . . | 293 » | Une grande partie du marais de cet arrondissement est située dans le département du Nord. |
| | | Pont-à-Vendin. . . . | 11 » | |
| | | Haisch. . . . . . . | 12 » | |
| | | Annay. . . . . . . | 34 » | |
| | | Vendin-le-Vieil. . . . | 42 » | |
| | | Meurchin. . . . . . | 73 » | |
| | | *à reporter* . . . . | 1,638 16 | |

***

| DEPARTEMENS | ARRONDISSEM. | INDICATION DES LIEUX où les marais sont situés | NOMBRE d'hectares. | OBSERVATIONS. |
|---|---|---|---|---|
| | | *Report....* | 1,828 ⸱⸱ | |
| Suite du Pas de-Calais. | Suite de Béthune | Courcelles-les-Lens.... | 42 ⸱ | |
| | | Noyelles-Godault.... | 35 ⸱ | |
| | | Courbin........ | 3o ⸱ | |
| | | Annequin........ | 8 ⸱ | |
| | | Esto-ville....... | 15 ⸱ | |
| | | Loison......... | 9 ⸱ | |
| | | La Bourse....... | 35 ⸱ | |
| | | Beuvry......... | 65 ⸱ | |
| | | Sailly-la-Bourse.... | 32 ⸱ | |
| | | Blessy......... | 10 ⸱ | |
| | | Hillen......... | 15 ⸱ | |
| | | F.-s'ubert....... | 17 ⸱ | |
| | | Verquigneul...... | 18 ⸱ | |
| | | Billy-Berclau..... | 40 ⸱ | Marais du Bois. |
| | MONTREUIL. | Maresme........ | 9 55 | Vallée de la Canche. |
| | | Heslin......... | 14 9 | |
| | | Huby-Saint-Leu.... | 40 3⁄4 | |
| | | Guisy......... | 15 ⸱ | |
| | | Maresonnelle...... | 55 36 | |
| | | Planoison....... | 13 15 | |
| | | Brain......... | 32 2 | |
| | | Loyseaucourt...... | 24 ⸱ | |
| | | Contes......... | 8 ⸱ | |
| | | Maresquel....... | 64 36 | |
| | | L'Épinoi........ | 59 9 | |
| | | Beaurainville..... | 128 25 | |
| | | Brimeu........ | 106 5 | |
| | | Beaumeri....... | 97 12 | |
| | | Maties......... | 65 ⸱ | |
| | | Neuville........ | 58 1 | |
| | | Montreuil....... | 191 ⸱ | |
| | | La Madeleine..... | 5. 27 | |
| | | Attin......... | 43 2⁄3 | |
| | | Labroye........ | 58 83 | Live droite de l'Aut... |
| | | Raye.......... | 91 6 | ... |
| | | Tortefontaine..... | 58 48 | ... |
| | | Douriers....... | 145 82 | ... |
| | | Sarcousy....... | 97 32 | Somaine. |
| | | Dannemartin..... | 10 31 | |
| | | Maintenay...... | 191 3 | |
| | | Roussot........ | 5.4 82 | |
| | | Nempont St-Firmin. | 65 28 | |
| | | Tigny-Noyelle..... | 161 9 | |
| | | Collines........ | 31 15 | |
| | | Bezonpas....... | 10 ⸱ | |
| | | Etree......... | 8 ⸱ | |
| | | Étrélies........ | 15 ⸱ | |
| | | Saint-Josse...... | 145 29 | |
| | | Airon-Notre-Dame.. | 44 63 | |
| | | Airon-Saint-Vast... | 15 ⸱⸱ | |
| | | Aubin-Saint-Vast... | 32 18 | |
| | | Merlemont....... | 80 ⸱⸱ | |
| | | Vetton......... | 617 13 | |
| | | *à reporter....* | 5,453 95 | |

| DEPARTEMENS | ARRONDISSEM. | INDICATION DES LIEUX où les marais sont situés | NOMBRE d'hectares. | OBSERVATIONS |
|---|---|---|---|---|
| | | *Report....* | 5,453 96 | |
| suite du Pas de-Calais. | SAINT-OMER.... | Aire et Hameaux.... | 6 54 | |
| | | Cohem......... | 4 36 | |
| | | Mametz........ | 10 66 | |
| | | Roberques...... | 14 53 | |
| | | Questede....... | 14 55 | |
| | | Vittes......... | 4 63 | |
| | | Boquebure...... | 58 37 | |
| | | Nielles-la-Thérouanne | 21 ⸱ | |
| | | Arques........ | 24 45 | |
| | | Delettes....... | 4 11 | |
| | | Balinghem...... | 135 ⸱⸱ | |
| | | Brosnes....... | 80 ⸱ | |
| | | Andres........ | 35 ⸱ | |
| | | Muncmiaillet..... | 5. ⸱ | |
| | | Eperlecques..... | 131 ⸱ | |
| | | Houlle........ | 105 ⸱ | |
| | | Moulle........ | 2 ⸱ | |
| | | Audruick....... | 520 ⸱ | |
| | | Nortkerque..... | 435 ⸱ | |
| | | Zudkerque...... | 58 ⸱ | |
| | | Ruminghem..... | 699 ⸱ | |
| | | Polincove...... | 181 ⸱ | |
| | | Crecques....... | 87 16 | |
| | | Oye.......... | 1,090 ⸱ | |
| | | Nouvelle-Eglise... | 108 ⸱ | |
| | | Saint-Folquin.... | 252 ⸱ | |
| | | Saint-Omer-Capelle. | 122 ⸱ | |
| | | Saint-Nicolas.... | 65 ⸱ | |
| | | Ste.-Marie-Kerque.. | 251 ⸱ | |
| | | Vieille-Eglise.... | 349 ⸱ | |
| | | Tarquembergues... | 4 50 | |
| | | Ecuty......... | 4 27 | |
| | | Coverques...... | 1 ⸱ | |
| | | Loubres....... | 27 ⸱ | |
| | | Sulpices....... | 9 ⸱ | |
| | | Houringhem.... | 20 ⸱ | |
| | | Arques........ | 25 ⸱ | |
| | | Saint-Martin-au-Laert | 17 ⸱ | |
| | | Salperwich..... | 9 ⸱ | |
| | | Tatbques....... | 3o ⸱ | |
| | SAINT-POL.... | Hermicourt..... | 3 87 | Sur le Ternoise. |
| | | Wavrans....... | 4 19 | |
| | | Mouchy-Cayeux... | 22 ⸱ | |
| | | Auvin......... | 7 ⸱ | |
| | | Erin.......... | 13 ⸱ | |
| | | Teneur........ | 2 ⸱ | |
| | | Blangy........ | 4. 5o | |
| | | Auchy-les-Mines... | 6 ⸱ | |
| | | Grigny........ | 3 ⸱ | |
| | | *à reporter....* | 10,611 85 | |

| DÉPARTEMENS | ARRONDISSEM. | INDICATION DES LIEUX où les marais sont situés. | SURFE d'hectares | OBSERVATIONS |
|---|---|---|---|---|
| | | Report. . . . . | 12,501 83 | |
| Suite du Pas-de-Calais. | Suite de S.-Pol. | Frevent-Capelle. . . . | 5 » | Hameau ville de la Caudc. |
| | | Conchy. . . . . . . | 2' 8¾ | Il existe encore dans |
| | | Vieil-Moulin. . . . . | 9 » | plusieurs communes d' |
| | | Saint-Georges. . . . | 25 » | nombre de communes qui |
| | | | | or, dans les communes |
| | | Magnicourt en Comté | 2 ½ | d'Imbercourt, de-sch- |
| | | Ponchel. . . . . . . | 105 ½ | Château, Capelle-Fr- |
| | | | 12,777 8 | mont, Villeroux, E-y, |
| | | | | sur-Canche, Belle-mot. |
| | | | | Tollent, M... et Villiers- |
| | | | | court, l'autre partie de |
| | | | | marais, où l'on n'a pas de |
| | | | | quels où n'a pas de nou- |
| | | | | vigments ni précis. |
| PUY-DE-DOME. | . . . . . . . | . . . . . . . . | | Il n'y a pas de marais à dessécher dans ce dép. |
| PYRÉNÉES (Basses). | BAYONNE . . . | Bayonne. . . . . . | 83 » | Marais de l'Estanot et de Pah. Les. |
| PYRÉNÉES (Hautes). | TARBES et BA-GNÈRES. | . . . . . . . . | | Il existe dans cet arrondissement un nombre de étangs à ... la ligne des routes de l'Adour. En... courts de ces eaux, ... tueraient à l'agriculture au moins 1200 hect, de fonds dont on ferait les plus fertiles prairies du pays. |
| PYRÉNÉES Orientales. | PERPIGNAN . . | Salces. . . . . . . | 63 » | |
| | | Saint-Laurent de la Fa-lanque. . . . . . . | 40 » | |
| | | Canet. . . . . . . . | 118 » | |
| | | | 218 » | |
| RHIN (Bas). | STRASBOURG. . | Kilstœdt. . . . . . . | 261 » | |
| RHIN (Haut). | ALTKIRCH. . . . | Hirtingen, etc. . . . . | . . . | Il existe dans cet arrondissement un grand nombre d'étangs dont le dessèchement est à dés... ... ... avantageux sous le rapport de la salubrité du pays. |
| RHONE. . . . | | . . . . . . . | | Il n'y a pas de marais à dessécher dans ce dép. |
| SAONE (H.). | GRAY. . . . | Apremont. . . . . . | 18 » | |
| | | Autrey. . . . . . . | 66 » | |
| | | Auvet. . . . . . . | 2 12 | |
| | | igny. . . . . . . | 1,440 » | |
| | | Poyans. . . . . . | 20 » | |
| | VESOUL . . . . | Bus-ignécourt. . . . | 1 6 » | |
| | | A reporter. . . . | 1,547 74 | |

| DÉPARTEMENS | ARRONDISSEM. | INDICATION DES LIEUX où les marais sont situés. | SURFE d'hectares | OBSERVATIONS |
|---|---|---|---|---|
| | | Report. . . . . | 1,547 74 | |
| Suite de Saone-Haute. | Suite de Vesoul | Conflandey. . . . . | 129 » | |
| | | Port-sur-les-Montbo-zon. . . . . . | 10 14 | |
| | | Vesoul. . . . . . | 3,000 » | |
| | | Vy-le-Ferroux. . . . | 50 » | |
| | LURE . . . . . | Au Mans. . . . . | 4 11 | |
| | | Lure. . . . . . . | 8 » | |
| | | Saulnot. . . . . . | 40 » | |
| | | Saint-Germain. . . . | 16 50 | |
| | | | 4,801 49 | |
| SAONE-et-LOIRE. | . . . . . . . | . . . . . . . . | | Il n'y a pas de marais à dessécher dans ce dép. |
| SARTHE. | . . . . . . . | . . . . . . . . | | Idem. |
| SEINE. . . . | SCEAUX. | Maisons et Créteil. . | 6 » | |
| | | Meng. . . . . . . | 2 » | |
| | | | 8 » | |
| SEINE-Infér. | . . . . . . . | . . . . . . . . | | Il existe sans doute l'un d'il paroisse ... la bon différente ... marais à dessécher, d l'un de son ou ailleurs à ce dépar... et à compa... car, mais toutes les re... cherches faites par l'on ne peut obtenir d'ass... renseignemens, font fa... cette partie de la soi... tique du départment ... est si infructueuses jus... qu'à ce jour. Si l'espoir qu'il est permis encore de con... ... dans un ... ... fait l'objet d'un ... ... qui sera ou sera pr... tatement à MM. les Ins... pécteurs. |

| ÉPARTEMENS | ARRONDISSEM. | INDICATION DES LIEUX où les marais sont situés. | NOMBRE d'hectares. | OBSERVATIONS. |
|---|---|---|---|---|
| | | | | |

| DÉPARTEMENS | ARRONDISSEM. | INDICATION DES LIEUX où les marais sont situés. | NBRE d'hectares. | OBSERVATIONS. |
|---|---|---|---|---|
| SEINE-et-MARNE. | FONTAINEBLEAU. | Bathiers. . . . . . . . . | 79 , | |
| | | Larchant. . . . . . . . | 15 , | |
| | | Nanteau-sur-Essone. . | 29 , | |
| | MEAUX. . . . . . | Crouy. . . . . . . . . | 34 , | |
| | | | 293 , | |
| SEINE-et-OISE. | CORBEIL. . . . . | Mennecy. . . . . . . . | 4 , | |
| | | Echarcon. . . . . . . | 64 , | |
| | | Fontenay. . . . . . . | 115 , | |
| | | Vert-le-Petit. . . . . | 116 , | |
| | | Ballancourt. . . . . . | 55 , | |
| | | Saint-Vrain. . . . . . | 181 , | |
| | | Lisses. . . . . . . . | 35 , | |
| | | Ourd. . . . . . . . . | 20 , | |
| | | Rillabe. . . . . . . . | 20 , | |
| | | Sucy. . . . . . . . . | 32 , | |
| | ETAMPES. . . . . | Mereville. . . . . . . | 2 5 | |
| | | Boissy-le-Rivière. . | 8 4 | |
| | | Etrechy. . . . . . . . | 4 5 | |
| | | Auvers. . . . . . . . | 17 3 | |
| | | Chamarande. . . . . | 12 , | |
| | | Gardy. . . . . . . . | 10 25 | |
| | | Chauffour. . . . . . | 1 5 | |
| | | Baigneville. . . . . . | 35 3 | |
| | | Mérai. . . . . . . . | 8 36 | |
| | | Courdimanche. . . . | 15 19 | |
| | | Vayres. . . . . . . . | 2 , | |
| | | Boisseau. . . . . . . | 30 , | |
| | | Bouloc. . . . . . . . | 25 , | |
| | | Ormeville. . . . . . | 15 6 | |
| | | Boutigny. . . . . . . | 10 57 | |
| | MANTES. . . . . | Bennecourt. . . . . . | 29 , | |
| | | Gommecourt. . . . . | 29 , | |
| | | Limetz. . . . . . . . | 31 , | |
| | | Sandrais. . . . . . . | 11 , | |
| | | Le Tertre Saint-Denis | 2 , | |
| | | Arnouville. . . . . . | 63 , | |
| | | La Roche-Guyon. . . | 29 67 | |
| | PONTOISE. . . . . | Boissy-Sailleri. . . . | 5 , | |
| | | Courcelles. . . . . . | 6 , | |
| | | Mercy. . . . . . . . | 5 , | |
| | | Ableiges. . . . . . . | 6 , | |
| | | Avrouville. . . . . . | 15 , | |
| | RAMBOUILLET. . . | Gazey. . . . . . . . | 4 , | |
| | | Voq. . . . . . . . . | 12 , | |
| | VERSAILLES. . . | Carrières-sous-Poissy. | 15 | |
| | | Vernouil . . . . . . | 4 , | |
| | | Gaillos. . . . . . . | 3 , | |
| | | Hardricourt. . . . . | 3 , | |
| | | à reporter. . . . . | 1,291 14 | |

| DÉPARTEMENS. | ARRONDISSEM. | INDICATION DES LIEUX où les marais sont situés | NOMBRE d'hectares. | OBSERVATIONS. |
|---|---|---|---|---|
| *Suite de Seine-et-Oise.* | *Suite de Versailles.* | Report..... | 1,293 1/4 | |
| | | Louveciennes..... | 1 » | |
| | | Villepreux..... | 1 » | |
| | | Herbeville..... | 5 » | |
| | | Ecquevilly..... | 3 » | |
| | | | 1,313 18 | |
| SÈVRES (Deux-). | BRESSUIRE... | Fourtenay..... | 200 » | Marais de la Dive. |
| | | Maçon..... | 250 » | *V. aussi le département de Maine-et-Loire, descendent de Liogé.* |
| | | Montbrun..... | 150 » | |
| | | Pas-de-Jeu..... | 300 » | |
| | | Crie..... | 600 » | |
| | | Saint-Cyr-Lalande..... | 400 » | |
| | PARTHENAY... | Saint-Jouin..... | 600 » | |
| | | Marnes..... | 300 » | |
| | MELLE..... | Sezay, Bonneuil..... | 500 » | |
| | NIORT..... | Bessines..... | 100 » | |
| | | Saint-Liguaire..... | 500 » | |
| | | Mague..... | 200 » | |
| | | Coulon..... | 150 » | |
| | | Sansais..... | 300 » | |
| | | Amure..... | 100 » | |
| | | Arcaire..... | 400 » | |
| | | Levanneau..... | 200 » | |
| | | Saint-Georges de Rex... | 130 » | |
| | | Saint-Hilaire..... | 1,374 » | |
| | | Le Bourdet..... | 170 » | |
| | | Arpanson..... | 117 » | |
| | | | 7,641 » | |
| SOMME..... | ABBEVILLE... | Rue, Lecerntoy, Favière et Noyelles..... | 500 » | Rive gauche de l'Authie |
| | | Depuis Grand-Laviers jusqu'à Noyelles..... | 1,000 » | *V. Département du Pas-de-Calais.* |
| | | Boisle..... | 128 »5 | |
| | | Dampierre..... | 233 16 | *Concession accordée à madame de Parisis par décret du 25 mai 1811.* |
| | | Ponches..... | 56 85 | |
| | | Estrual..... | 19 24 | |
| | | Pontirois..... | 14 75 | |
| | | Argoules..... | 88 31 | |
| | | Nampont-St-Martin..... | 417 88 | |
| | | Villers-sur-Authie..... | 122 8 | |
| | | Vallon de Pendé..... | 143 56 | |
| | | Quend, Villers et Vercourt..... | 738 » | |
| | AMIENS... | Glisy, Blangy, Aubigny, Daours, Corbie.. | 1,114 » | |
| | ROSSE... | Bouzencourt, Veaux, Sailly..... | 310 » | |
| | | à reporter..... | 5,055 61 | |

| DÉPARTEMENS. | ARRONDISSEM. | INDICATION DES LIEUX où les marais sont situés | NOMBRE d'hectares. | OBSERVATIONS. |
|---|---|---|---|---|
| *Suite de la Somme.* | *Suite de Péronne.* | Report..... | 5,065 61 | |
| | | Ceriry, Escuehu, Avray, Eclusier, Feuillières, Biache, Péronne.. | 781 » | |
| | | Briot, Pargny, Béthancourt, Vorennes, Epeville, Mon... | 1,211 » | |
| | | Etouilly, Pithou..... | 1,140 » / 89 » | |
| | | | 8,981 61 | |
| TARN..... | | | | Il n'y a pas de marais à dessécher dans ce dép. |
| TARN et GARONNE. | | | | *Idem.* |
| VAR..... | GRASSE... | Cannes..... | 13 » | |
| | DRAGUIGNAN. | Cogolin..... | 38 » | |
| | | Fréjus..... | 99 » | |
| | | Leluc..... | 232 » | |
| | BRIGNOLES. | Saint-Maximin, Brax, Seillons, Auriac, St-Estève..... | 132 » | |
| | TOULON... | Hières..... | 187 » | |
| | | Toulon..... | 19 » | |
| | | | 718 » | |
| VAUCLUSE. | ORANGE. | Sérignan..... | 41 » | |
| VENDÉE... | FONTENAY. | Ste-Gemme, Nalliers, Mouziel, le Langon, Auzay, le Poiré-Velluire, Montreuil, Chaix, Vouillé, Gué, l'Ile d'Elle, Vix et Mailli..... | 16,000 » | Entre le canal des Hollandais, la Vendée et le canal de Luçon. |
| | | Vix, Dampvic, etc..... | 6,400 » | *Bassin de la Sèvre Niortaise; d'autres portions du même marais sont situées dans les départements de la Charente-Inférieure et des Deux-Sèvres.* |
| | | La Couture, Rosnai, Saint-Vincent-sur-Graon, Champ-St-Père, Lairoux, la Claie et la Bretonnière Commune de l'Ile d'Olonne..... | 1,941 » | *Marais de la Claie.* |
| | | Châteauneuf, St-Gervais et Bois du Cond..... | 300 » | |
| | | à reporter..... | 31,041 » | |

| DÉPARTEMENS. | ARRONDISSEM. | INDICATION DES LIEUX où les marais sont situés | NOMBRE d'hectares. | OBSERVATIONS. |
|---|---|---|---|---|
| | | *Report.* . . . . | 34,641 » | |
| *Suite de la Ven-* *dée.* | | Entre le continent et l'île de Noirmoutier. | 15,000 | Lais de mer, atterrisse-mens formés par les eaux de la Loire, dans le pas-sage du Gos. |
| | | Commune de l'Aiguillon. | . . . . | *Il existe aussi sur cette* |
| | | | 49,641 » | *côte des atterrissemens formés par les vases que la mer y dépose et qu'il est facile de livrer à l'a-griculture.* |
| VIENNE. . . . | LOUDUN. . . . . | Morton. . . . . . . . . | 20 » | |
| | | Pouançay. . . . . . . . | 20 » | |
| | | Nueil-sur-Dive. . . . | 40 » | |
| | | Ternay. . . . . . . . . | 15 » | |
| | | Cursay. . . . . . . . . | 50 » | |
| | | Arsay. . . . . . . . . | 40 » | |
| | | Ousilly. . . . . . . . | 400 » | |
| | | Martaisé. . . . . . . . | 30 » | |
| | | Froulenay. . . . . . . | 40 » | |
| | | Saint-Chartres. . . . . | 20 » | |
| | | Sauves. . . . . . . . . | 100 » | |
| | | Mouterre. . . . . . . . | 30 » | |
| | | Chalais. . . . . . . . . | 15 » | |
| | | Pouant. . . . . . . . . | 40 » | |
| | | Nueil-sous-Faye. . . . | 30 » | |
| | | Monts. . . . . . . . . | 20 » | |
| | | Angliers. . . . . . . . | 100 » | |
| | | Guesnes. . . . . . . . | 30 » | |
| | | Messais . . . . . . . . | 40 » | |
| | | Moncontour. . . . . . | 420 » | |
| | | Marconnay. . . . . . . | 40 » | |
| | | La Grimaudière. . . . | 20 » | |
| | POITIERS. . . . . | Poitiers. . . . . . . . . | 300 » | |
| | | | 1.860 » | |
| VIENNE (H.) . . . . . . | . . . . . . . . | . . . . . . . . | . . . . | *Il n'y a pas de marais à dessecher dans ce dép.* |
| VOSGES. . . . | . . . . . . . . | . . . . . . . . | . . . . | *Idem.* |
| YONNE. . . . | . . . . . . . . | . . . . . . . . | . . . . | *Idem.* |

# TABLE ALPHABÉTIQUE

## DES MATIÈRES

Renfermées dans la loi du 16 septembre 1817,

### RELATIVE

### AU DESSÉCHEMENT DES MARAIS.

**********************************************************

# TABLE ALPHABÉTIQUE

## DES MATIÈRES

Renfermées dans la loi du 16 septembre 1817,

RELATIVE

AU DESSÉCHEMENT DES MARAIS (1).

---

## A

Acquisition. L'administration peut être obligée par le propriétaire à faire l'acquisition d'une maison ou d'un bâtiment dont il
est nécessaire de démolir ou d'enlever une portion pour cause
d'utilité publique. Formalités à remplir dans ce cas, 51.

Affiches doivent être apposées, 1°. pour annoncer au public le
dépôt du plan général de desséchement au secrétariat de la préfecture, pendant un mois, afin que les propriétaires puissent
fournir leurs observations, 11 ; — 2°. pour annoncer le dépôt
fait au secrétariat de la préfecture, pendant un mois, du procès
verbal d'estimation par classe, 14.

Administration de conservation après le desséchement, est composée de propriétaires chargés de faire exécuter les travaux, 26.
— La création de cette administration est proposée par la commission spéciale, *idem*.

---

(1) On a compris dans cette table toutes les matières que renferme
la loi du 16 septembre 1807, soit qu'elles concernent le desséchement
des marais, soit qu'elles embrassent tout autre objet d'utilité publique.

Administration publique. C'est à elle qu'est commise la conservation des travaux de desséchement, celle des digues contre les torrens, rivières et fleuves, et sur les bords des lacs et de la mer, 27.

Alignement. Quand un propriétaire démolit volontairement sa maison, ou lorsqu'il est forcé de la démolir pour cause de vétusté, l'alignement donné par les autorités compétentes ne laisse au propriétaire droit à indemnité que pour la valeur du terrain délaissé, 50. — Lorque l'alignement au contraire fait avancer le propriétaire sur la voie publique, il le met dans le cas de payer la valeur du terrain qui lui est cédé ; dans la fixation de cette valeur, les experts doivent avoir égard à ce que le plus ou moins de profondeur du terrain cédé, la nature de la propriété, le reculement du reste du terrain bâti ou non bâti loin de la nouvelle voie peuvent ajouter ou diminuer de valeur relative pour le propriétaire, 53. — Dans les villes, les alignemens pour ouvertures de nouvelles rues, ou élargissement d'anciennes, ne faisant point partie de grande route ou de tout autre objet d'utilité publique, sont donnés par les maires, sur des plans adressés par les préfets au ministre de l'intérieur, et arrêtés en conseil d'état, 52.

Alluvions, Accrues, Attérissemens appartenant au domaine, sont concédés par le gouvernement, 41.

Avancement sur la voie publique. *V.* Alignement.

## B

Barrages. *V.* Digues.

## C

Canaux de navigation ou de flottage : cas où les départemens et arrondissemens pourront être appelés à contribuer à leur construction, 28.

Carrières. Indemnités dues aux propriétaires à qui on prend des carrières en exploitation pour cause d'utilité publique, règles d'évaluation, 55.

opérés en trois ans, 16. — Ne peut élever aucune prétention pour les portions de marais qui n'auront pu être desséchées, 19. — Partage de la plus-value entre lui et les propriétaires, 20. — Leur portion de plus-value peut leur être payée soit en fonds de terre sur le pied de la dernière estimation, 21, — soit par une vente sur le pied de 4 pour cent sans retenue, et dont le capital est remboursable par portion, 22. *Voyez* SOUMISSION- NAIRE.

CONSEILS de préfecture, sont chargés de poursuivre les réparations et dommages contre la conservation des travaux de desséchement comme pour les objets de grande voirie, c'est-à-dire par voie administrative, 27. — Ont dans leurs attributions, ainsi que les préfets, les travaux de salubrité des villes, 37. — Sont appelés à délibérer sur les procès verbaux d'estimation pour les indemnités de terrains, 57.

CONTRIBUTIONS ou cotisations des propriétaires pour l'entretien des travaux après le desséchement des marais, 26. — *Idem* des départemens ou arrondissemens pour les travaux publics auxquels ils sont intéressés, 28, — et des propriétaires intéressés à l'ouverture d'une navigation, dont l'objet est d'exploiter avec économie des forêts, usines ou minières, 38. — Proportions dans lesquelles les contributions locales, départementales ou du gouvernement peuvent s'élever dans ces différens cas, 28 et 29.

CONTROLEUR des contributions. *Voyez* DIRECTEUR.

# D

DEGRÉS d'inondation, base de la formation des différentes classes des terrains à dessécher, sauf les variations de valeur qui peuvent provenir d'autres causes, 9.

DÉLAIS dans lesquels les travaux doivent être exécutés; sont fixés par l'acte de concession, sous les peines portées audit acte.

DÉLITS. Leur répression en matière de desséchement est envoyée devant les tribunaux criminels ou correctionnels, suivant l'espèce et la gravité, et en raison des cas, 27. *V.* DOMMAGES.

avis sur les procès verbaux d'expertise pour les indemnités des terrains occupés pour l'utilité publique , 57.

DOMMAGES causés aux travaux de desséchement , sont poursuivis par voie administrative comme pour les objets de grande voirie, 27. *Voyez* DÉLITS.

DROIT fixe d'un franc pour l'enregistrement des actes de mutation de propriété dans le partage de la plus-value, après le desséchement, 21.

## E

ENREGISTREMENT de l'acte de mutation de propriété dans le partage en nature de la plus-value, est réduit au droit fixe d'un franc, 21. — Application de cette disposition au paiement en nature qui serait fait au gouvernement pour la plus-value notable, acquise par un propriétaire par suite de la construction d'un ouvrage public , tel qu'un canal, l'ouverture d'une rue, etc., 31.

ENTREPRENEURS. *V.* CONCESSIONNAIRES et SOUMISSIONNAIRES.

ESTIMATION ou évaluation de terrains par classes avant le desséchement, 13, 14. — *Idem*, après le desséchement, 18. — Formation du tableau qui doit être dressé à cet effet par les entrepreneurs, 19. — Doit être faite par les experts d'après la valeur des terrains , avant l'entreprise et sans nulle augmentation du prix d'estimation , 49.

EXPERTISES. Droit laissé au préfet de les faire recommencer dans tous les cas où il le juge nécessaire , 57.

EXPERTS ; sont nommés : savoir , un par le syndicat , un autre par le concessionnaire , et le tiers expert par le préfet du département , 7, 8. — Cas particulier où le tiers expert est nommé par le ministre de l'intérieur , *ibid.* — Les experts ainsi nommés par le syndicat et le concessionnaire procèdent à l'estimation de chacune des classes en présence du tiers expert qui les départage, s'ils ne peuvent s'accorder, 13. — Leurs procès verbaux d'estimation par classes , déposés pendant un mois à la préfecture , 14

— Ils procèdent, de concert avec les ingénieurs, à la classification des fonds desséchés après la vérification et réception des travaux, suivant la valeur nouvelle acquise par le desséchement, 18. — Doivent avoir égard dans l'estimation de la valeur d'un terrain dont profite un propriétaire, dans le cas de nouvel alignement, à ce que le plus ou moins de profondeur du terrain cédé, la nature de la propriété peuvent ajouter ou diminuer de valeur relative pour le propriétaire, 53. — Leur nomination dans le cas d'estimation de terrains à occuper pour le service public, ou sur lesquels on prend des matériaux, ou dans le cas d'occupation d'une carrière déjà en exploitation, 56.

## F

FLOTTAGE. *Voyez* CANAUX.

FORÊTS. L'ouverture d'une route ou le perfectionnement d'une navigation pour l'exploitation d'une forêt sont mis à la charge des propriétaires intéressés, 38.

FRAIS de levée de plan remboursés aux premiers soumissionnaires dans le cas où ils ne demeureraient pas concessionnaires, 6.

## G

GOUVERNEMENT. C'est à lui qu'est réservé le droit d'ordonner le desséchement des marais, 1. — Il les exécute ou fait exécuter par des concessionnaires, 2. — Il en approuve les plans, 3. — Quand il les exécute lui-même, il se rembourse de toutes ses dépenses sur la plus-value, 20. — Détermine les cas où en raison des obstacles ou des oppositions que présenterait le desséchement d'un marais, il y aurait lieu à contraindre les propriétaires à délaisser leur propriété sur estimation, 26. — Contribue pour moitié aux travaux d'ouvertures de canaux de navigation, de perfectionnement de route, ou de navigation naturelle, construction de ponts auxquels un ou plusieurs arrondissemens, un ou plusieurs départemens sont jugés devoir recueillir une amélioration à la valeur de leur territoire, 28. — Donne des secours pour les travaux de même nature d'une utilité locale, tels que petite navigation, canal de flottage, etc., etc., 29. — Ordonne l'application des dispositions de la loi, relativement à la plus-value due par les propriétaires dont les fonds reçoivent une notable augmentation de valeur par l'exécution d'un ouvrage d'utilité publique, 32. — Ordonne la construction de digues à la mer ou contre les fleuves, rivières ou torrens navigables ou non navigables, lorsqu'il en a constaté la nécessité, sauf les secours qu'il jugerait utile et juste d'accorder, 33. — Établit sa part contributive dans les travaux de cette nature, ainsi que dans ceux de levées, barrages, pertuis, écluses, auxquels les propriétaires de moulins ou d'usines sont intéressés, 34, 38. — Ordonne les travaux de salubrité des villes et communes qui en supportent les dépenses, 35, 36. — Concède aux conditions qu'il règle, les lais, relais de mer, l'endiguage, les accrues, attérissemens, alluvions, etc. appartenant au domaine, 41. — Établit les commissions spéciales, 42; — en nomme les membres, 44; — fixe le mode de leur réunion, les époques de leurs séances et les lieux où elles se rassemblent, enfin tout ce qui en concerne l'organisation, 45. — Statue sur la cession des maisons et bâtimens dont il est nécessaire de faire démolir une portion pour cause d'utilité publique, lorsque le propriétaire exige la cession entière, sauf à en faire revendre les portions inutiles, 51. — Fixe les alignemens des villes pour l'ouverture de nouvelles rues et élargissement des anciennes, et statue sur les réclamations des tiers intéressés, 52. — Ordonne la dépossession du propriétaire qui ne voudrait pas acquérir la portion de terrain ajoutée à sa propriété par un nouvel alignement, et lui en paye la valeur telle qu'elle était avant l'entreprise des travaux, 53. — Statue sur la possibilité et le mode d'application de la loi du 16 septembre 1807 aux travaux entrepris avant l'émission de cette loi, 58.

*Nota.* Toutes ces décisions du gouvernement sont rendues en conseil d'état, excepté pour la nomination des membres des commissions spéciales.

# H

# I

✤✤✤✤✤

# L

Levées. *Voyez* Digues.

Lois spéciales; sont nécessaires lorsqu'il s'agit d'établir des centimes additionnels sur les départemens ou arrondissemens jugés devoir recueillir une amélioration à la valeur de leur territoire, soit par l'ouverture d'un canal ou d'une route, soit pour le perfectionnement d'une navigation ou la construction d'un pont, 28; — soit enfin pour des travaux d'utilité purement locale ou départementale, 29.

Limites jusques auxquelles se feront sentir les effets du desséchement; doivent être indiquées sur le plan général avant la concession, 6. — Les parties intéressées sont appelées par affiches à fournir leurs observations sur l'étendue donnée à ces limites, 11.

# M

Marais. Leur propriété est soumise à ses règles particulières, 1.

Maires : donnent l'alignement des rues qui ne font point partie des grandes routes, de même que pour l'élargissement des anciennes ou pour tout autre objet d'utilité publique, conformément au plan dont les projets auront été adressés aux préfets, transmis avec leurs avis au ministre de l'intérieur, et arrêtés en conseil d'état, 52. — Nomment l'expert pour l'évaluation des indemnités relatives à une occupation de terrain pour les travaux des villes, 56.

Matériaux pris dans les terrains des particuliers, soit pour des routes ou autres constructions publiques, sont payés aux propriétaires, 55. — De quelle manière ils sont estimés, dans le cas où l'on s'emparerait d'une carrière déjà en exploitation, *ibid.*

Minières. La dépense de leur exploitation appelle le concours de toutes les propriétés, soit générales, soit communales ou privées, qui devront en profiter, sauf les secours que le gouvernement jugerait nécessaire d'accorder sur les fonds publics, 38.

Moulins et usines. Les propriétaires appelés à contribuer aux

PLANS de desséchemens. Ils doivent être adoptés par le gouvernement, lors de la concession du desséchement, 3. — Ils sont
levés ou vérifiés et approuvés par les ingénieurs des ponts et
chaussées, 5; — aux frais des entrepreneurs qui en sont remboursés, s'ils ne demeurent pas concessionnaires, par ceux auxquels la concession est définitivement accordée par le gouvernement, 6. — Ils doivent comprendre tous les terrains *présumés*
devoir profiter du desséchement, *ibid.* — Chaque propriété doit
être distinguée, et son étendue exactement circonscrite sur le plan
général, *ibid.* — Il doit exprimer le plus possible par des cotes
particulières, tous les profils et nivellemens nécessaires, *ibid.*
— Le plan cadastral indique le périmètre des diverses classes,
10. — Il est soumis à l'approbation du préfet; il reste déposé
au secrétariat de la préfecture pendant un mois, afin que les
parties intéressées en prennent connaissance et fournissent leurs
observations sur leur exactitude, sur l'étendue donnée aux limites jusques auxquelles se feront sentir les effets du dessèchement, et enfin sur le classement des terres, 11.

PLANS des villes. *Voyez* ALIGNEMENT.

PRÉFETS : nomment les membres du syndicat qu'il choisit parmi
les propriétaires les plus imposés à raison des marais à dessécher, 7; — nomment le tiers expert qui doit procéder, avec
les deux autres experts nommés, l'un par le syndicat, l'autre
par le concessionnaire, aux estimations des terrains à dessécher, 8; — ordonnent les vérifications qu'ils jugent convenables sur les observations des parties intéressées, 12; — rendent
exécutoire le rôle des indemnités sur la plus-value obtenue par
le desséchement, s'il a été fait aux frais de l'état, 20; —
augmentent le nombre des syndics après le desséchement, pour
proposer les règlemens d'administration publique qui fixeront
le genre et l'étendue des contributions nécessaires pour subvenir aux dépenses, 26; — conservent dans leurs attributions,
ainsi que les conseils de préfecture, les travaux de salubrité des
villes, 35: — nomment le tiers expert pour l'évaluation des in-

FIN.

# TABLE GÉNÉRALE

## DES MATIÈRES

### RENFERMÉES DANS CE VOLUME.

## COMMENTAIRE. — TITRE I.

**Nota.** Ces deux titres étant étrangers au dessèchement des
marais, ils ne sont point compris dans ce commentaire.

# TITRE IX.

# TITRE X.

# TITRE XI.

# TITRE XII.

# TITRE IX.

FIN DE LA TABLE GÉNÉRALE.